成人(网络)教育系列规划教材

CHENGREN （WANGLUO） JIAOYU XILIE GUIHUA JIAO...

战略管理学

ZHANLüE GUANLI XUE

主　编　石江华

副主编　何峻峰　李亚西　孟春丽　宋剑涛

西南财经大学出版社

Southwestern University of Finance & Economics Press

成人（网络）教育系列规划教材
编 审 委 员 会

总 序

    随着全民终身学习型社会的不断建立和完善，业余成人（网络）学历教育学生对教材的质量要求越来越高。为了进一步提高成人（网络）教育的人才培养质量，帮助学生更好地学习，依据西南财经大学成人（网络）教育人才培养目标、成人学习的特点及规律，西南财经大学成人（网络）教育学院和西南财经大学出版社共同规划，依托学校各专业学院的骨干教师资源，致力于开发适合成人（网络）学历教育学生的高质量优秀系列规划教材。

    西南财经大学成人（网络）教育学院和西南财经大学出版社按照成人（网络）教育人才培养方案，编写了专科及专升本公共基础课、专业基础课、专业主干课和部分选修课教材，以完善成人（网络）教育教材体系。

    由于本系列教材的读者是在职人员，他们具有一定的社会实践经验和理论知识，个性化学习诉求突出，学习针对性强，学习目的明确。因此，本系列教材的编写突出了基础性、职业性、实践性及综合性。教材体系和内容结构具有新颖、实用、简明、易懂等特点；对重点、难点问题的阐述深入浅出、形象直观，对定理和概念的论述简明扼要。

    为了编好本套系列规划教材，在学校领导、出版社和其他学院的大力支持下，首先，成立了由学校副校长、博士生导师丁任重教授任主任，成人（网络）教育学院院长唐旭辉研究员和出版社社长、博士生导师冯建教授任副主任，其他部分学院领导参加的编审委员会。在编审委员会的协调、组织下，经过广泛深入的调查研究，制定了我校成人（网络）教育教材建设规划，明确了建设目标，计划用两年时间分期分批建设。其次，为了保证教材的编写质量，在编审委员会的协调下，组织各学院具有丰富成人（网络）教学经验并有教授或副教授职称的教师担任主编，由各书主编组织成立教材编写团队，确定教材编写大纲、实施计划及人员分工等，经编审委员会审核每门教材的编写大纲后再编写。

    经过多方的努力，本系列规划教材终于与读者见面了。在此之际，我们对各学院领导的大力支持、各位作者的辛勤劳动以及西南财经大学出版社的鼎力相助表示衷心的感谢！在今后教材的使用过程中，我们将听取各方面的意见，不断修订、完善教材，使之发挥更大的作用。

西南财经大学成人（网络）教育学院

2009 年 6 月

前 言

《战略管理学》将经济学、管理学、会计学、应用统计学、营销管理、生产运营管理、财务管理及人力资源课程的相关知识加以整合，综合运用于研究和解决企业带有全局性、长远性的发展方向和范围问题，为企业高层管理者拟定企业未来发展方向的分析与解决思路提供参数依据。本教材着眼于培养学生战略性思维，开发战略性管理能力。

随着经济一体化和全球化发展，中国现代企业欲立足于市场，在强有力的竞争中，机遇与挑战、利益与风险同在，制定正确的战略，实施有效的战略管理，既是高层决策者的技能，也是企业立足于市场形成核心竞争力且可持续发展的基础。战略管理是管理学科的一个新的重要分支，今天它已是工商管理、人力资源、市场营销等专业的一门核心专业课。通过教学，使学生对战略管理中的基本原理、基本知识以及这些理论、知识在企业和行政单位中的应用有较深的理解，熟悉基本的战略分析、制定、实施等方法和工具，具备良好的战略管理实际应用能力；使学生学会观察和分析影响企业和社会经济环境的变化，时刻关注企业和行政单位的战略发展的新动向，能够作一个简单的战略方案，明确战略方案的基本组成部分。

对于经济学及相关联的本科生，我们的教学目的主要通过对企业战略管理的含义、性质、内容、意义、原则的了解，以及战略的类型及内容，战略的制定、实施、评价等战略管理的基础知识，通过战略实施、案例分析（未注明出处的案例大部分是作者合编而成），使得学生掌握战略管理的结构性方法及各门专业课的综合运用，具备战略管理的基本技能、综合分析能力和应变能力。

本教程的内容分为战略分析、战略选择和评价、战略实施和控制三大部分。教学过程中，有关基本知识、基本原理按"了解、掌握、重点掌握"三个层次进行。

本书大致分为三大部分，即"战略管理导论"——教材的第一章；"战略管理的基本流程"——教材的第二、三、四、五、六、七章；"战略管理的一般性分析技术"——教材的第八、九、十章。在教学过程中，教师应全面阐述企业战略管理的基本理论和方法，力求反映战略管理理论的最新进展，教学方法上尽可能地采用案例教学法，使学生的个人管理技能得到有效的开发。

编者

2009 年 10 月于光华园

目 录

第一章　战略管理概述 ………………………………………………… (1)
　　第一节　战略概念的演变 …………………………………………… (4)
　　第二节　企业战略的含义 …………………………………………… (6)
　　第三节　企业战略管理的含义 ……………………………………… (8)
　　第四节　企业战略管理的作用和本质 ……………………………… (10)
　　第五节　战略管理的产生与发展 …………………………………… (12)
　　第六节　战略管理的要素和层次 …………………………………… (16)
　　第七节　战略管理的过程 …………………………………………… (20)

第二章　企业愿景、使命和目标 ……………………………………… (32)
　　第一节　企业愿景 …………………………………………………… (32)
　　第二节　企业使命 …………………………………………………… (33)
　　第三节　企业战略目标 ……………………………………………… (36)

第三章　企业战略的层次与类型 ……………………………………… (39)
　　第一节　战略的层次 ………………………………………………… (41)
　　第二节　企业战略的类型 …………………………………………… (41)

第四章　战略分析 ……………………………………………………… (47)
　　第一节　战略环境分析 ……………………………………………… (49)
　　第二节　竞争对手分析 ……………………………………………… (56)
　　第三节　战略环境分析流程 ………………………………………… (60)
　　第四节　战略分析的结果 …………………………………………… (67)

第五章　战略方案的选择 ……………………………………………… (76)
　　第一节　战略选择过程 ……………………………………………… (78)
　　第二节　增长率—市场占有率矩阵法 ……………………………… (81)
　　第三节　行业吸引力—竞争能力分析法 …………………………… (82)
　　第四节　生命周期法 ………………………………………………… (87)
　　第五节　产品—市场演化矩阵法 …………………………………… (87)
　　第六节　PIMS 分析 ………………………………………………… (89)
　　第七节　汤姆森和斯特克兰方法 …………………………………… (94)

　　第八节　顾客与生产者价值矩阵 ················· (95)

第六章　战略实施 ···························· (113)
　　第一节　战略实施的基本原则 ················· (116)
　　第二节　企业组织的战略调整 ················· (120)
　　第三节　战略实施的资源配置 ················· (128)
　　第四节　战略实施中的企业家 ················· (131)
　　第五节　适应战略实施的企业文化 ·············· (137)
　　第六节　企业战略的制定和实施 ··············· (145)

第七章　战略控制 ···························· (153)
　　第一节　战略控制的过程 ····················· (156)
　　第二节　战略控制的任务 ····················· (161)
　　第三节　战略的有效控制 ····················· (166)

第八章　公司战略 ···························· (173)
　　第一节　发展型战略 ························· (176)
　　第二节　稳定型战略 ························· (180)
　　第三节　收缩型战略 ························· (184)
　　第四节　混合型战略 ························· (188)

第九章　竞争战略 ···························· (196)
　　第一节　成本领先战略 ······················ (201)
　　第二节　差异化战略 ························· (207)
　　第三节　集中化战略 ························· (213)

第十章　职能战略 ···························· (219)
　　第一节　市场营销战略 ······················ (221)
　　第二节　财务战略 ·························· (226)
　　第三节　生产（作业）战略 ··················· (230)
　　第四节　研究与开发战略 ···················· (232)
　　第五节　人力资源战略 ······················ (235)

参考文献 ································· (245)

第一章　战略管理概述

学习要点：

1. 战略概念的演变；
2. 企业战略的含义与企业战略管理的含义；
3. 企业战略管理的作用和本质；
4. 战略管理的产生与发展；
5. 战略管理的要素和层次；
6. 战略管理。

开篇案例

战术上成功，战略上失败
——日本奇袭珍珠港

1941 年 12 月 8 日，日本出动以 6 艘航空母舰为主体的特混舰队，远离日本本土南下，秘密航行 4000 多海里，对美国在太平洋的最大海军基地——珍珠港，采取了一次规模巨大的突击行动。这次奇袭，使美国太平洋舰队遭受了惨重损失，半年之内不能作战，从而成为现代世界战争史上突然袭击的又一成功战例。

日本制造全面侵华战争的卢沟桥事变后，在很短时间内占领了中国华北、华中和华南大片领土，妄图把中国大陆作为北进前苏联南下东南亚及西南太平洋地区的基地，以便实现其"大东亚共荣圈"的迷梦。但由于中国军民奋力抗战，使日本侵略军深陷于中日长期战争的泥潭而不能自拔，同时北进前苏联的两次作战行动又受挫，日本深感同时实行"北进"和"南进"计划力不从心。于是，日本决定利用英法忙于欧洲战事而顾不上在亚洲的利益的有利时机，转而采取南攻北守的方针。1941 年 6 月 22 日苏德战争的爆发，解除了日本南进的后顾之忧。日本大本营于 7 月初召开御前会议，分析了形势，制订了计划，决心在年初侵占法属印度支那的基础上，进一步扩大在东南亚的进攻行动，同时发动太平洋战争。由于日本南下进攻行动直接威胁到美国在太平洋的利益和特权，美国政府采取了一些经济制裁措施，如冻结日本在美国的资产、实行全面石油禁运等，这样，日美矛盾就日益尖锐起来。美国为了保卫其在亚洲及太平洋地区的既得利益，以珍珠港为主要基地和活动中心，组建了一支上百艘的庞大舰队。

珍珠港位于夏威夷群岛的瓦胡岛南部，是太平洋上交通的总枢纽，素有"太平洋心脏"之称。这里是美国在太平洋地区的最大海军基地，它与关岛、马尼拉湾呈锥子形，指向西太平洋，成为日本南进行动的主要障碍。早在 1941 年初，当日美矛盾重重的时候，日本海军就提出了奇袭珍珠港的设想。8月，日本联合舰队司令官山本五十六大将具体制订了代号为"Z"的奇袭珍珠港的作战计划，并于10月得到日本大本营的正式批准。这个计划的中心环节就是从空中进行奇袭，猛烈攻击美太平洋舰队的主力。为了实现这一目的，其规定以6艘航空母舰为骨干，组成一支由300多架飞机、30多艘战舰编成的突击舰队。该舰队在开战前秘密接近夏威夷群岛，在到达瓦胡岛以北200海里处时展开，航空母舰上的飞机分两批，对停泊在珍珠港内的美舰及岛上飞机实施攻击。日本为了保证这次奇袭行动的成功，进行了充分而周密的准备。在军事上，反复进行图上作业和沙盘演练，还在佐伯湾以战列舰为目标进行了2次攻击预演；加强保密措施，严格限制作战计划、命令等文件的传阅范围，控制参战官兵的书信往来；以假乱真，突击舰队保持无线电静默，其他在日本内海的舰船和飞机却频繁进行无线电联络，还组织大批水兵到东京游览；指令日本驻夏威夷总领事要利用武官、领事、日侨及各种侦察工具，从地面、空中、海上、水下对瓦胡岛特别是珍珠港基地进行侦察活动；在中国东北边境地区集结关东军70多万人，搞了一次准备北进的军事演习。在政治外交上，日本近卫首相亲自给美国总统罗斯福写信建议举行和谈，并任命与罗斯福素有交情的海军上将野村为日本驻美大使；东条英机上台后也玩弄和谈骗局，表示要消除双方的敌意，阻止欧战蔓延远东。这些措施为日军奇袭珍珠港创造了有利条件，使美军完全处于被动挨打的境地。

奇袭珍珠港的各项准备工作基本就绪后，11月23日，根据山本五十六的命令，担负奇袭任务的南云特混舰队诡秘地在千岛群岛南端择捉岛的单冠湾集结，并做好了出发前的最后准备。26日晨，南云特混舰队在3艘潜艇的引导下，悄悄消失在波涛汹涌的北太平洋上，从而揭开了奇袭珍珠港作战行动的序幕。南云特混舰队沿着阿留申群岛和中途岛之间的航线，经过12天的秘密航行，于12月8日晨抵达瓦胡岛以北230海里的海域。8时整，由渊田美津雄率领的第一批183架飞机到达珍珠港上空。当时，由于是星期天，美国太平洋舰队除航空母舰出港外，其他舰船像往常一样整齐地停泊在港湾内，飞机一架挨着一架地排列在瓦胡岛的几个机场上，大部分官兵离开了战斗岗位，整个珍珠港基地呈现出一派假日的景象。就在这个时候，炸弹像倾盆大雨般泻落下来，霎时间，火光冲天，水柱四起，浓烟滚滚，爆炸声震耳欲聋。不到1小时，美军的数百架飞机几乎全部被击毁，大量舰船被击沉和炸伤。日军第一批机群顺利完成首次攻击任务安然返航后，第二批攻击机群又飞临珍珠港上空。168架飞机对机场和舰船轮番轰炸，疯狂扫射。与此同时，潜入珍珠港内的日本小型潜艇施放水雷，发射鱼雷，攻击美舰，封锁港口。这次攻击持续到9时30分，进一步扩大美军的损失。在历时仅约100分钟的奇袭过程中，日军共投炸弹100多吨，发射鱼雷约50枚，以损失29架飞机的轻微代价，击沉击伤美舰船40多艘，炸毁或击落美机300架，毙伤美官兵4500多人，使美国太平洋舰队遭受毁灭性打击。日军成功奇袭珍珠港后2小时，日本政府才向美国正式宣战。

日本奇袭珍珠港，宣告了太平洋战争的爆发。12月8日，美、英对日宣战，接着又有20多个国家对日宣战。12月11日，德、意对美宣战。这样，第二次世界大战进一步扩大了。日本在袭击美国太平洋舰队的同时，还出动大批军队向东南亚和西太平洋岛屿大举进攻。开战后的前5个月，美、英、法、荷四国在这一地区的殖民地、岛屿和军事基地，几乎全部落入日军之手。

日本奇袭珍珠港成功的原因是多方面的，除日本本身在军事上进行充分准备、精心计划、严密组织和在政治外交上进行欺诈外，与美国政府长期实行绥靖政策，战略判断失误，临战麻痹大意，战备工作懈怠是密切相连的。战前，美军曾多次截获有关日军准备袭击珍珠港的情报，但领导人却充耳不闻，视而不见，自恃兵力强大而盲目乐观，认为日本不敢冒犯美国。美国在战略判断上出现这种偏差，思想根源在于想坐收渔利，搞"远东慕尼黑"阴谋。第二次世界大战爆发后，美国趁机大做军火生意，大发战争横财；竭力逃避战争，明里暗里姑息日本，并以牺牲中国和解除经济制裁为诱饵和解与日本的紧张关系，一厢情愿地指望日本向北进攻前苏联。正是因为如此，美军上下思想懈怠，丧失警惕，无所防范，终落个舰队沉没珍珠港之厄运。太平洋战争爆发后，美国总统罗斯福忧伤地说：要牢记珍珠港事件！这虽为时已晚，无法挽回可以避免的损失，但给后世军事家留下了及其深刻的历史教训。

日本经过长期周密准备，取得了奇袭珍珠港及太平洋战争初期的重大军事胜利，初步实现了建立"大东亚共荣圈"的迷梦。但从战略上看，扩大战争对日本这一岛国却不是十分有利。战线拉长，兵力分散，兵员枯竭，保障困难，树敌太多。被侵占国家和地区的人民同仇敌忾，奋起抗战，这就极大地牵制和消耗了日军有生力量，为美、英在太平洋上组织力量进行反攻创造有利的条件和态势。偷袭珍珠港后远在英国的丘吉尔说了一句话："我们终于胜利了！"然后安然入睡。同时，日本的山本五十六在接到攻击珍珠港胜利的电文后，丝毫没有大胜的喜悦，对前来祝贺的部属只是淡淡地说："我们只不过唤醒了一个沉睡的巨人。"

（资料来源：凤凰网，历史综述）

那么战略是不是很复杂、很高深莫测的呢？

《战国策》中讲了这样一个故事：

魏国大臣李梁对魏王说："我来的时候，看见一个人驾车往北走，他说要去楚国。"

"我说：'楚国在南方，为什么往北走？'他说：'我的马好。'"

"我说：'马虽好，可这不是去楚国的路啊？'他又说：'我的路费多。'"

"我说：'路费虽多，但是这仍不是去楚国的路啊？'他又说：'我的车夫本领好。'"

读到这里，读者一定会"扑哧"一声笑出声来：这个人太愚蠢了，这不是南辕北辙，背道而驰吗？你看这个人，在各个细节上做得多完美！挑选了很好的马匹，带上了很多的路费，又请了一位本领很好的车夫，似乎各个细节都做到位了，唯独方向没有找对，战略错了。方向错了，马匹、路费、车夫这些细节条件愈好，只能离楚国愈远。

上面的案例可见战略方向多么的重要，没有正确的战略方针，你怎么努力都不会成功。一个时期以来，中国社会一些企业、一些人有些浮躁，总想一夜暴发。特别是一些刚走出校门的大学生，很着急，急于把花掉的学费尽快挣回来，急于孝敬父母，急于找女朋友，急于结婚，买房，买车，急于出国旅行，周游世界，急于当 SOHO 一族，但是这一切都需要钱，因此他们总是急于发大财，没有耐心老老实实地做好一件事情，干好一份工作。所以不言而喻其结局总是失败、失败、再失败！始终徘徊在成功的泡影前。

追寻成功之道，大到一国乃至全人类，小到一人乃至某一事，千百年来我们为之上下求索，求神、求人、求己。本书从战略之角度，旁征博引就成功之目标展开讨论，以期为在校学生及各界人士开拓思路，启发和改善现状而服务。

论是非成败，乃千古话题。古今中外论述甚多，但其中必不可少的皆谈到"战略"一词，本书也就从这个词开始……

第一节　战略概念的演变

中国以其伟大的民族性、历史性、传承性，拥有丰富的历史文化和思想遗产，是最早产生战略概念和战略理论的国家，理论著述之多，战略实践之丰富，其他任何国家都难以匹敌。长期的战争实践和军事战略实践，给我们后人留下了丰富的军事战略文化遗产，在这份沉甸甸的古代战略遗产中，既有成功的经验，也有失败的教训，更包含了中华民族生存与发展的线索与智慧。宋朝名臣范仲淹曾讲过："将不知古今，匹夫勇耳"。通古才能知今。所以，通晓和借鉴古代战略理论是非常重要的。清朝大学士陈澹然也有句名言，"不谋万世者，不足谋一时；不谋全局者，不足谋一域"。这说明干大事的人，没有战略头脑和战略眼光是不行的。战略领域，是统帅的世界，是伟人的天地，更是学者的舞台。战略是谋划，是计划，是对环境的判断和对全局的把握，要想成就一番大业，就必须学习和研究战略问题，包括研究和继承中国古代战略理论的精髓。所谓中国古代战略，顾名思义，就是中国古代历史上对战争实践的理论反映和理论实践以及理论完善。研究中国古代军事战略问题，首先必须对中国古代战略概念的产生及中国古人对战略本质的认识有所了解。战略及战略概念是随着战争的产生而产生的。有了战争，才有指导战争的战略。

战略是战争的伴生物。从理论上讲，应该是一有战争，就有战略。但是原始社会时期，基本上还谈不上有战略和战略指导艺术。我们现在看到的有文字记载的人类历史上第一次战略谋划应该是公元前 17 世纪的商汤灭夏之战。在这次战争中，商汤制订了灭夏的一整套战略计划。如针对夏王朝内部的社会矛盾，采取与夏相反的政策，稳定自己的内部；运用离间计，分裂夏王朝的团结，挑拨夏王朝与诸侯各国的关系；采取先弱后强，由近及远，剪除其羽翼，而后进行决战的战略方针等。其后的战争中，几乎都有战略上的运筹谋划，但是，"战略"这一概念的出现却远比战争实践和战略实践晚得多，而且战略概念可以说是分别在我国和西方国家互不联系地发展起来的，直到近代，东西方的战略理论才开始互相交流和影响。

在我国古代，最初的"战略"一词并不是现在的"战略"这个词，而是与"战略"一词意义相近的一些词。我国古代典籍中常使用的计、谋、画、策、算、韬、略、战道、将略、方略、兵法等词，所包含的意义，实际上已经接近于现代"战略"一词的定义。如《孙子兵法·谋攻篇》中讲"上兵伐谋"，这个"谋"字就是指军事战略。《军争篇》中讲："不知诸侯之谋者，不能预交"，这个"谋"字主要指的是政治战略。再比如《史记》中的《淮阴侯列传》记载韩信破齐后，武涉劝他背汉与刘、项三分天下，韩信说："臣事项王，官不过郎中，位不过执戟，言不听，画不用。"这个"画"字，实际上是指韩信为项羽谋划的大计，即取威定霸的战略。尽管军事战略实践和战略理论的发展源远流长，但真正意义上的"战略"一词的出现，距今只有1700多年的历史。西晋史学家和军事思想家司马彪曾撰写了《战略》一书。明朝的茅元仪撰写了《战略考》，汇辑了春秋至元代的战略史实和权谋形势，总共有33卷，613节，是其所编辑的《武备志》的一部分。可以说在古代，战略在中国源远流长，并具有比较完善的理论形态和存在形式。"战略"这个概念的出现，从战争实践上来看，它是随着战争的发展，人们对战争的认识越来越深刻，对战争的指导也日益成熟和自觉，才促进了战略概念的形成和战略的发展。从语源学上看，战略一词可能是从"战道"、"韬略"、"方略"、"将略"等词衍化组合而来，即从"战道"的"战"字和"方略"、"将略"等的"略"字组合而成"战略"这个词。鸦片战争后，近代西方战略理论开始影响中国。清末湖北武备学堂刊印了《中西武备新书》，其中收录了日本人石井忠利的《战法学》。1908年，陆军预备大学堂印发了由应雄图编辑的《战略学》（有人认为应雄图可能是被聘来华作步兵教习的日本步兵大尉樱井文雄的化名）。十月革命后，马克思列宁主义军事理论传入中国，为无产阶级的战略理论奠定了基础。在中国革命战争中，以毛泽东为代表的中国共产党人，把马克思列宁主义军事战略理论发展到了新境界，形成了中国特色的无产阶级战略概念与战略理论。

西方国家的"战略"（Strategy）一词，来源于希腊文的strategicon。这个词的语根为strategos，相当于现在的"将军"之意。在这个概念的基础上，发展出"战略"一词。18世纪时，欧洲国家的语言中才出现了"战略"这个词。首先使用这个概念的是法国人梅兹鲁亚，他在1771年首先把"战略"这个概念用于军事书籍中。在梅兹鲁亚之后，德国资产阶级军事科学的奠基人比洛也使用了这一概念。然而比洛所处的时代，"战略"一词仍然未能进入其他欧洲国家的词汇。如1802年出版的英国军语辞典中，就没有"战略"一词，表明战略概念当时在西方仍然没有受到重视。19世纪，瑞士的约米尼和普鲁士的克劳塞维茨，分别写了《战争艺术概论》和《战争论》，进一步揭示了战略的本质，成为近代战略理论的一个里程碑。从19世纪到第二次世界大战，西方战略思想日益活跃，新战略学派和战略思想家不断涌现，马汉的《制海权》、杜黑的《制空权》、福煦的《论战争原理》、鲁登道夫的《总体战》等理论非常有影响，现代意义上的战略概念也就形成了。中国古代战略和西方古代战略是在两大不同的文明体系的沃土中并蒂成长起来的两棵战略之树。

1960年以前，企业管理领域还没有明确提出"战略"一词。当时商学院的课程中称之为"企业经营政策"，并把"经营政策"认为是职能管理的整合。经营政策的意义在于在一个更加宽阔的视野中把企业看作一个整体——将各种职能的专业知识整合起来。由于社会生产力水平的提高，科学技术的高速发展，竞争日益激烈，企业外部环境更加复杂，企业经营难度增大，许多企业加深了生存竞争的认识，产生了研究和运用战略的需要，于是就提出了企业战略。进入 20 世纪 60 年代后，企业管理领域正式提出"战略"一词，1965 年美国专家安索夫发表了成名作《公司战略》，"战略"这个概念就进入了企业领域。

从此，制定和实施企业战略被看作是企业成功的关键，逐步普及起来。战略的影响从军事走向企业，并成为独立的战略体系。军队从事战争，企业从事竞争，两者虽然本质不同，但都存在一个"争"字。企业竞争的目标是通过赢得市场来盈利，战争则是要占领领土与资源；企业是通过赢得顾客和市场来战胜竞争对手，而战争则是通过消灭战争对手来获胜；企业竞争游戏的最重要规则就是"第三者（消费者）决定"，而战争最重要的是靠实力来取胜。

在现代，人们将"战略"一词引申到社会政治、经济领域中来，其含义也逐步演变成泛指统领性的、全局性的、左右胜败的谋略、方案和对策。

第二节　企业战略的含义

一、企业战略的几种典型概念

（1）较早在商业领域引入"战略"一词并下定义的学者是冯·诺依曼（Von Neumann）和摩根斯坦（Morgenstem）。他们在所著的《博弈理论与经济行为》（1947）一书中将企业战略定义为"一个企业根据其所处的特定情形而选择的一系列行动"。

（2）大部分学者认为第一个真正为企业战略下定义的人是钱德勒。1962 年，美国管理学家钱德勒（Chandler）出版《战略与结构》一书，首先将"战略"这一军事术语用于公司管理，从而拉开了公司战略。他在其《战略与结构》（1962）一书中，将企业战略定义为确定企业基本长期目标，选择行动途径和为实现这些目标进行资源分配。钱德勒的同事安德鲁斯为战略下了一个类似的定义。安德鲁斯认为："企业战略是关于企业使命和目标的一种模式，以及为达到这些目标所制订的主要政策和计划。通过这样的方式，战略界定了企业目前从事什么业务和将要从事什么业务，企业目前是一种什么类型和将要成为什么类型。"根据这个定义，战略管理者必须设计一系列展现企业经营领域的目标和计划，以及达到这些目标的方法。

（3）伴随 1965 年美国专家安索夫发表其成名作《公司战略》，"战略"这个概念就进入了企业领域。在这部著作中，安索夫提出了一个具有分析性和行动导向的战略定义。他认为战略是一条贯穿于企业活动与产品、市场之间的"连线"。这个"连线"由四部分组成：产品与市场范围、增长向量、竞争优势以及协同作用。战略就是将企业活动与这四个方面连接起来的决策规则。

（4）20 世纪 80 年代，哈佛大学的迈克尔·波特教授在产业经济学理论的基础上，对竞争战略进行了较为深入的研究，提出了很多颇有建树的观点。在他的成名作《竞争战略》（1980）一书中，将战略定义为"公司为之奋斗的一些终点（目标）与公司为达到它们而寻求的方法（政策）的结合物"。

二、魁因的定义

魁因（J. B. Qbinn）是美国达梯莱斯学院的管理学教授。他认为，战略是一种模式或计划，它将一个组织的主要目的、政策与活动按照一定的顺序结合成一个紧密的整体。一个制定得较为完善的战略有助于企业根据自己的内部能力与弱点、环境中的预期变化以及竞争对手可能采取的行动而合理地配置自己的资源。魁因对此定义作了进一步的解释。

（1）有效的正式战略包括三个基本要素：①可以达到的最主要的目的或目标；②指导或约束经营活动的重要政策；③可以在一定条件下实现预定目标的主要活动程序或项目。在魁因的定义下，确立一个组织的目标是战略制定过程中不可分割的部分。

（2）有效的战略是围绕着重要的战略概念与推动力而制定的。所谓战略推动力是指企业组织在产品和市场这两个主要经营领域里所采取的战略活动方式。不同的战略概念与推动力会使企业的战略产生不同的内聚力、均衡性和侧重点。

（3）战略不仅要处理不可预见的事件，也要处理不可知的事件。战略的实质是建立一种强大而又灵活的态势，为企业提供若干个可以实现自己目标的选择方案，以应付外部环境可能出现的例外情况，不管外部力量可能会发生哪些不可预见的事件。

（4）在大型组织里管理层次较多，每一个有自己职权的层次都应有自己的战略。这种分战略必须在一定程度上或多或少地实现自我完善，并与其他的分战略相互沟通、相互支持。

三、"5P"综合性的战略定义

20 世纪 80 年代以来，随着社会环境的发展，竞争程度的加剧，战略管理日益引起企业和学者的关注，理论有了很大的发展。加拿大麦吉尔大学的明茨博格教授在对以往战略理论进行梳理和深入研究的基础上，将人们对战略的各种定义概括为"5P"。具体内容如下：

（1）战略是计谋（Ploy）。它是威胁和战胜竞争者的计策和谋略。

（2）战略是计划（Plan）。它是有意识的、正式的、有预计的行动程序。计划在先，行动在后。这是早期的战略观念。

（3）战略是模式（Pattern）。它是一段时期内一系列行动流的模式，这是明茨博格为战略下的一个定义。该定义认为企业在某一时期基于资源而形成的使命与目标固然重要，但更重要的是企业已经做了什么和正在做什么。早期的战略观念强调分析，战略是模式强调行动。在明茨博格看来，即使企业没有任何书面形式的战略计划，它也可能是有战略的，也就是说，计划并不是战略的必要条件。模式意味着企业行动的一致性，这种一致性可能是也可能不是正式计划或建立目标的结果。

（4）战略是一种定位（Position）。战略应是一种定位，是一个组织在自身环境中所处的位置。对企业来讲，就是确定自己在市场中的位置。战略就是要把企业的重要资源集中到相应的地方，形成一个产品和市场的"生长圈"。这里，战略实际上成为企业与环境之间的一种中间力量，使得企业的内部条件与外部环境更加融洽。需要指出的是，战略是一种定位的概念，引进了"多方竞争"以及超越竞争的含义。

（5）战略是一种观念（Perspective）。这一定义把战略看成为一种观念，它体现组织中人们对客观世界固有的认识方式。例如，有些企业是进取型的，创造出新的技术，开拓了新的市场；而有的企业则一成不变，固守在早已建成的市场上。企业的经营者对客观世界的不同认识会产生不同的经营效果。

战略的这五种定义是在对企业在战略发展过程中不同的侧重点的基础上提出来的，既相互独立又相互联系，共存于企业发展的复杂过程中。

企业战略定义的核心要点：计划型战略定义——强调计划的重要性，企业管理人员要进行事前计划，计划指导；实践模式型战略定义——强调战略要注重行动，不能流于形式，战略也可以自发产生；计谋型战略定义——强调战略是对竞争对手采取的措施，目标是领先或击败对手，注重预期的结果；定位型战略定义——强调战略是对企业在环境中定位的导向器，企业必须适应环境进行竞争；观念型战略定义——强调战略观念形成的一致性和执行的一致性，企业需要形成凝聚力。

应该看到，这五种定义彼此之间存在着一定的内在联系，定义的不同是各自侧重点的不同，但它们之间有时是某种程度上的替代和重叠，如定位型战略定义可代替计划型战略定义。但在大多数情况下，它们之间的关系是互补的，使战略定义趋于完善。

因此，只能说每个战略定义有其特殊性，而不能说哪种战略定义更为重要。例如，日本本田公司曾被当作成功地利用观念型战略定义进入计划、进入某种预想位置的典型例子而被广为宣传，使人们了解到本田公司有意识地作为一个低成本的生产厂商，以进攻型方式进入了美国的摩托车市场，打破了美国本土产品的垄断，开创了小型家庭用车市场。实际上，本田公司事先并不是有意识地进入美国市场销售小型家庭摩托车的，不过在该公司的总经理清楚了他们在市场上所处的位置以后，马上制订出相应的计划，并深入占领了这一市场。这个例子说明战略的定义和顺序应根据企业自身情况采用。同时在对企业战略进行理解的过程中必须全面把握其定义，企业战略的制定和执行必须放到企业的发展过程中去考虑，结合企业特点和内外部环境，从企业长期发展认识企业战略的重要性，建立适合企业发展的战略模式和战略思想，构建企业核心竞争优势。以上所列举的战略观点不足以覆盖所有研究成果。应当指出，每一种理论都有其独到之处，都能给我们一些有益的启示。

第三节　企业战略管理的含义

对于企业战略管理，学术界存在着两种不同的理解：一种是狭义的战略管理，另一种是广义的战略管理。狭义的战略管理认为，企业战略管理是对企业战略的制定、实施、控制和修正进行的管理。其主要代表美国学者斯坦纳，在他 1982 年出版的《管理政策与战略》一书中指出，企业战略管理是确立企业使命，根据企业外部环境和内部经营要素设定企业组织目标，保证目标的正确落实并使企业使命最终得以实现的一个动态过程。广义的战略管理则认为，企业战略管理是运用战略对整个企业进行管理，从宏观整体上对企业进行管理。其主要代表美国企业家兼学者安索夫认为，企业战略管理是将企业日常业务决策同长期计划决策相结合而形成的一系列经营管理业务。

本书认为企业战略管理是对制定、实施、评估、调控和变革企业战略的全部活动的总称，它是一个全面的、复杂的管理过程，是一门综合性、多功能决策的科学和艺术，企业战略是企业适应环境和环境影响企业互动的过程。

企业战略管理的要点如下：

（1）它是一项"综合性的管理活动"，也就是说企业战略管理不是单指制定战略，它同时还包括战略的实施、评估、调控和变革等全部管理活动；企业战略管理是企业战略的"分析与制定、评价与选择、实施与控制"，其形成一个完整的、相互联系的管理过程。战略分析与制定，战略评价与选择战略实施与控制。

（2）它是一个"无止境的管理过程"，也就是说企业战略管理不是一次性的管理工作，企业战略管理关心的是企业长期稳定和高速度发展。它是一个不断循环往复、不断完善、不断创新的过程，是螺旋式上升的过程。

（3）它是一门"决策的科学和艺术"，也就是说企业战略管理这门学科既是一门决策的科学，又是一门决策的艺术。说它是"科学"，是因为它是反映企业战略管理客观规律的系统化的知识；说它是"艺术"，是因为这门科学的真正价值就在于应用、在于实践——只要将其付诸实践，就必然会呈现出不同的风格、不同的模式和不同的效果，这也就是艺术性的不同表现形式。

在理解上述要点时，要理解战略管理以下几个方面的内涵：

（1）企业应该把未来的生存和发展问题作为制定战略的出发点和归宿，也就是说，一个好的战略应有助于企业实现长期生存和发展的目标。而要做到这一点，企业不仅要了解本身所处行业的过去和现在，尤其需要关注行业内外环境因素以及将来发展变化的趋势，从而把握自身的未来。在当今政治、经济和其他外部环境因素发生突如其来变化的时代，仅凭过去的经验和传统的分析方法已不能满足企业建立持久竞争优势的要求，失去对未来动态的充分估计和把握，企业将失去目标和方向；反之，则可能抓住有利的时机，建立自身的竞争优势，从而获得加速发展。

（2）企业战略管理应该是在经营活动之前有目的、有意识制定的，应体现一种主动精神。尽管有人对这种事先筹划的科学性和有效性提出质疑，且实际生活中也不乏战略自然形成的先例，但正像很多人愿意采用理性主义的处理方法一样，我们认为系统分析和理性判断对战略的形成仍然是必要的。没有这样一种事先的科学分析，战略的形成过程尤其是在高层管理水平上可能就是混乱的。同时，某些关键决策可能变得易于受个别管理人员选择偏好和流行时尚的影响，而且对直觉和经验的过分强调有可能使人们陷入新的神秘主义的泥潭中。

（3）企业战略管理是为了获得持久竞争优势而对外部机会和威胁以及内部优势和劣势的主动反应。战略不是凭空产生的，它的制定建立在对影响企业内外部环境因素的全面了解和分析基础上，也就是说，它强调从内外部环境分析入手来构建自身的竞争优势，寻求有利的竞争地位，强调企业对环境的适应性。因此，在外部环境分析过程中，企业必须了解所在行业的吸引力大小、未来的发展趋势以及主要竞争对手的特点，它们既可以给企业带来重要的机会，也可能给企业带来严重的威胁；在分析内部条件和资源时，特别要注意评价企业的竞争能力如何，优劣势怎样，以便决定企业具备什么样的核心竞争能力并弥补自身的劣势。

（4）战略管理的实质是帮助企业建立和维持持久的竞争优势，即帮助企业保持一种强大而灵活的态势。这意味着战略不仅有助于管理人员处理可预见的事件，也有助于他们处理突发的和难以预见的事件。事实上，由于管理人员很难预料各种重要影响因素之间相互作用的方式和程度，也很难预料竞争对手的反应，同时对企业本身战略调整的时机和方法也很难把握，因此，战略应为企业提供若干个可以实现企业目标的途径，以应付外部环境可能出现的例外情况。更进一步说，正像军事战略谋求"进可以攻，退可以守"一样，企业战略应使企业在市场竞争中保持一定的灵活性和机动能力，保持良好的市场扩张和收缩通道。为此，企业的战略目标不宜过分具体化和数量化，有时可能仅仅表现为一种战略意向。从企业战略和企业战略管理的分析可以知道，企业战略实质上是一种"谋划或方案"，而战略管理则是对企业战略的一种"管理"，具体地说就是对企业的谋划或方案的制订、实施与控制。明确这二者之间的关系与区别是相当重要的。对企业界来说，有助于更好地加强战略管理；对于理论界而言，则有助于纠正目前很多人将这二者混淆的状况。

第四节　企业战略管理的作用和本质

一、企业战略管理的作用

1. 强化塑造企业自我的主动性

企业战略是把不适应（或适应）当前环境的企业，塑造成适应未来环境的企业，这是对企业进行的改造，对企业的重塑。强化战略管理，就是强化企业从事这种塑造的能力，实际上就是使企业得到了塑造企业的有效工具。对于塑造企业者来说，有了这样良好的塑造工具，当然会增强其从事这种"塑造"的主动性，也就是从事企业塑造自我的主动性。这种主动性会推动企业从小到大、从弱到强，走上持续成长的道路。

2. 提高员工对企业的责任心

实施战略管理，重要的目的是使企业全体员工了解企业当前和未来面临的经营形势，企业要进一步发展应解决的重大问题，企业下一步的发展目标和措施，企业各部门、各单位应当完成的任务，每个员工个人应当担负的责任，以及员工个人在企业发展过程中可能获得的成长和利益。实践经验表明，哪个企业在战略制定过程中能够达到此项目标，哪个企业员工的凝聚力就强，士气就旺，积极性和创造性就高，行为效果就大。其根本原因就是因为通过战略管理过程，特别是通过员工参与企业战略的制定，使员工了解上述情况，提高了员工的主动性，增强了员工的责任心。

3. 综合考虑企业环境，提高应对能力

战略管理可以促使企业将内部资源条件与外部环境因素结合起来考虑，对影响企业经营的种种重要的变化能有高度的警惕性，当一些问题发生后，不仅可以马上予以处置，而且可以预防某些不利问题的发生。

4. 有利于促进我国企业参与国际竞争，获得竞争优势

我国现在已经加入世界贸易组织，目前一个经济全球化、竞争国际化的格局已经形成。尤其值得重视的是，世界500强中已有300多家企业进入中国，这迫使我们不得不与这些世界强手进行竞争。而这些强手不仅经济实力雄厚、科学技术先进，而且都是战略管理的高手，与它们相比，我们还相差很远。因此我们只有很好地继承中华民族的战略文化遗产，同时又学好西方的战略管理科学和艺术，才可能在战略管理的某些方面赶上甚至超过竞争对手，实现战略制胜。

二、企业战略管理的本质

要具体地了解战略管理内容，首先有必要弄清楚战略管理与其他管理理论如生产（运作）管理、市场营销管理等的区别与联系——战略管理的研究对象和目的是什么；谁来执行战略管理等问题，即弄清楚战略管理的本质是什么。

1. 战略管理是整合性管理理论，是企业最高层次的管理理论

以往的管理理论，如生产管理理论、财务管理理论、市场营销管理理论等所谓的职能管理理论，是从企业局部的角度来讨论管理问题。企业战略管理理论从企业整体的、全局的角度出发，综合运用职能管理理论，处理涉及企业整体的和全面的管理问题，使企业的管理工作达到整体最优的水平。

从管理理论的层次来看，战略管理理论是最高层次的管理理论。自20世纪初温斯顿·泰罗创立科学管理以来，企业管理理论有了极大的发展。第二次世界大战后，管理理论的大发展使我们进入了"管理森林"时代，各派管理学说不断涌现。按照内容所涉及的范围和影响的程度，人们将管理理论分成下列三个不同的层次。

（1）管理基础——管理中带有共性的基础理论、基本原则和基本技术。它主要包括管理数学、管理经济学、管理心理学、管理原理和原则、管理组织学以及管理思想等。

（2）职能管理——将管理基础与特定的管理职能相结合，以提高组织职能部门的效率。它主要包括生产（运作）管理、市场营销管理、财务管理、人力资源管理、研究与开发管理等，是一种具体化的管理。

（3）战略管理——管理理论的最高层次的管理，它不仅要以管理基础和职能管理为基础，还融合了政治学、法学、社会学、经济学等方面的知识。从这种分类中可知，战略管理是管理理论中顶级的和整合性的管理理论。只有掌握了战略管理理论，企业管理人员才可能处理涉及企业整体性的管理问题。

2. 战略管理是企业高层管理人员最重要的活动和技能

美国学者罗伯特·卡茨将企业管理工作对管理者的能力要求划分成三个方面，即技术能力（战术能力）、人际能力（社会能力）和思维能力（战略能力）。

（1）技术能力。技术能力也称操作能力，它与一个人所做的具体工作有关，是一个人运用一定的技术来完成某项组织任务的能力，包括方法、程序和技术。

（2）人际能力。这种能力涉及管理人员和与之接触的人们之间的人际关系，是一个人与他人共事、共同完成工作任务的能力，包括领导、激励、排解纠纷和培养协作精神等。

（3）思维能力。这种能力包括将企业看成是一个整体，洞察企业与外界环境之间的关系，以及理解整个企业的各个部分应如何互相协调来生产公司的产品或提供服务的能力。处于企业中不同管理层次的管理人员，对他们的上述三种能力要求是不相同的。低层管理者所需要的能力主要是技术能力和人际能力；中层管理的有效性主要依赖于人际能力和思维能力；而高层管理者需要的能力是思维能力或战略能力，这是保证他们工作有效性的最重要的因素。因此对于企业高层管理者来说，最重要的活动是制定战略和推进战略管理，以保证企业整体的有效性。

3. 战略管理的目的是提高企业对外部环境的适应性，使企业做到可持续发展

企业组织是社会这个大系统中的一个不可分割的和具有开放性的组成部分，它的存在和发展在很大程度上受其外部环境因素的影响。这些因素或影响力有些是间接地对企业起作用，如政府、法律、经济、技术、社会、文化等；还有一些直接影响企业活动的因素或社会团体，如供应商、股东、竞争者、顾客及其他与企业利益相关的团体。战略管理促使企业高层管理人员在制定、实施企业战略的各个阶段上，都要清楚地了解有哪些外部因素影响企业，影响的方向、性质和程度如何，以便制定新的战略或及时调整企业现行的战略以适应外部环境的变化，做到以变应变，不断提高企业的适应能力。企业适应环境的过程，也要求企业战略必须是具有弹性的，应随着环境的变化而及时作出调整。因此，战略管理的目的是促使企业提高对外部环境的适应能力，使其能够生存和发展下去，做到可持续发展。

第五节 战略管理的产生与发展

一、战略管理产生的历史背景

从 20 世纪 50 年代起，由于科学技术的推动，全球经济特别是美国的经济在经过高速发展之后，进入了一个高度竞争的阶段。其主要特点如下：

（1）需求结构发生变化。由于竞争的激烈开展，社会产品极大丰富，市场由卖方市场向买方市场转变，消费者对产品的需求无论从质量还是其他方面都上升了档次和需求，对企业提出了新的要求。企业必须面对市场，依据市场的变化开发、生产产品。以市场为导向，以社会意义的价值销售促进企业的产品生产和企业长远发展。

（2）科技水平不断提高。由于信息技术、生物技术等高科技技术的发展，各国为了保持技术领先和技术优势，不断加大对技术的投入和支持，技术的发展日新月异。企业面对日新月异的技术变化就要不断地采取措施去适应技术环境，提高企业的科技

水平，配合企业战略的实施。

（3）全球性竞争日趋激烈。企业之间的竞争已不局限于一个国家或者地区，而是面向全球竞争，企业面对的竞争更加激烈，企业力求在全球范围内获得和保持竞争优势。那么企业不仅在微观领域更要在企业整体整合出竞争优势，企业战略就要从整体上把握企业未来的发展趋势，通过战略的管理和制定、执行，形成企业自己的竞争力量。

（4）社会、政府和消费者提高了对企业的要求和限制。企业已不是作为一个单独的主体存在于社会，社会、政府和消费者要求企业承担更多的责任和义务，企业更多的角色体现了一种社会性，而非单纯以获得利润为目的，企业的目标和使命更加复杂化。

（5）资源短缺。由于社会的发展，国家与国家之间、企业与企业之间对资源的竞争更加激烈，资源呈现越来越少的态势，资源是约束企业发展的关键因素，企业要发展就必须去争取更多的资源控制权。

（6）突发事件不断。由于技术和社会的发展，企业的外部环境更加复杂，突发事件呈增多的趋势，有些事件是可以调和的，有些事件是不可调和的，有些事件对企业是机遇，有些突发事件对企业却是挑战，企业成为了一个具有能动性的独立体。企业面临的变革、全球化竞争、需求结构从卖方市场向买方市场的转变等多种因素使企业外部环境庞大复杂、变化频繁、难以预料，使企业经常面临许多生死攸关的挑战，企业仅靠推断型的管理，再也不能保证自己的生存和发展了，必须对新的环境进行深入分析，作出新的响应，采用新的管理方式，来谋求自己的生存和发展。企业战略管理就是在这种条件下应运而生的。

二、战略管理的演进过程

战略管理理论是管理学整体理论中一门较新的学科。像其他任何一门管理学科一样，战略管理理论之所以发展到今天，是从科学管理理论以及现代管理理论中汲取了营养，是在总体管理理论的基础上顺应时代的要求而逐渐发展起来的。

(一) 科学管理先驱：法约尔和泰罗对企业计划理论的贡献

法国工程师、管理先驱者之一的亨利·法约尔总结 50 年的经理工作经验，在他的《工业管理与一般管理》一书中指出："管理就是实行计划、组织、指挥、协调和控制。计划，就是探索未来，制订行动计划；组织，就是建立企业的物质和社会的双重结构；指挥，就是使其人员发挥作用；协调，就是连接、联合、调和所有的活动及力量；控制，就是注意是否一切都按已制定的规章和下达的命令进行。"法约尔强调指出，制订行动计划是企业领导人最重要的工作。领导者应当"指出计划的目的与规模，确定整体任务中各部门所占的份额，调整计划的各部分，使整个计划协调。总之，他决定应遵循的行动路线"。另一位管理先驱者——泰罗，其科学管理理论对于"计划"的贡献，是他提出了将计划职能和作业职能分开。受当时经济和技术因素的限制，那时的企业可被看成是一个闭环系统，与外界没有太多的物质及信息交流。因此，法约尔和泰罗对"计划"的认识是相当狭隘的,计划是相对于企业内部的规划。根据安索夫的观点,从20世纪初到40年代末这段时间,西方企业中所采用的管理技术和管理系统是相对简单的,主要有财务控制、短期预算、资金预算和目标管理。

(二) 长期规划时代

长期规划理论是战略管理理论的雏形,这一时期开始于20世纪50年代初,持续到60年代初期。进入20世纪50年代后,西方企业(主要是美国企业)的外部环境发生了很大的变化,从而使企业面临着许多更为严峻的挑战。在这个时期,主要变化体现在:需求结构发生变化;科学技术水平不断提高;全球性竞争日益激烈;社会、政府和顾客等提高了对企业的要求和限制等方面。正是这些变化迫使企业管理人员来延展传统的管理概念,寻求新的管理技术,这就是"长期规划"产生的原因。这种理论的实质是根据历史情况,通过趋势外推法对企业未来环境的变化做出预测,从而制订出长期计划以应付这些变化。在这一时期,企业长期规划的主要活动集中于通过合并而实行企业经营多元化、跨国经营、前向一体化发展、产品—市场的革新等战略措施。

(三) 战略规划时代

这一时期开始于20世纪60年代初,持续到70年代初,战略规划由长期规划转变而来。应用长期规划这一管理技术有两个前提:一是认为促使环境变化的主动权在于企业本身,企业对环境的变化具有很大的影响力;二是认为外部环境是可以预测的,企业总可以制订计划以应付未来的变化。但当企业进入20世纪60年代后,由于政府严格的管制和各种调节政策,企业失去了对环境的控制。而且由于外部环境的复杂性和互相交互作用使得企业难以预测环境变化。企业要发展,必须具备能够对外部环境变化作出迅速反应的能力,并且要适应环境的变化,选择灵活性的战略。因此,长期规划被战略规划所取代。战略规划作为一种管理技术或系统,它首先对企业的外部环境进行分析,寻找出发展的趋势,发现对企业发展构成的威胁和新的发展机会,以使潜在的利润最大化。战略规划的目的是寻求外部环境和企业的最佳联合,它的侧重点是制订企业的战略或者是规划企业的行动方案。

(四) 战略管理时代

战略管理时代开始于20世纪70年代初期,一直发展到今天。上述战略规划理论的一个假设前提是:一个新的战略总是能够利用企业的历史优势,也就是说,即使企业的战略变化了,企业的能力或条件仍可保持不变。因此,这就导致了战略规划的一个缺点,即它忽略了企业能力这一关键因素。一个战略即使再有吸引力,如果企业没有能力将其实施,那也只不过是"纸上谈兵"。因此,战略的实施,即企业是否有能力将所制定的战略付诸行动,与战略的制定同样重要。这样,战略管理这一管理技术取代了战略规划。前者既包含了战略制定,也包括了战略实施过程和对战略的实施过程进行控制,以及对战略管理成果进行评价。因此,战略管理是一种全面地对战略进行的管理,也是一种动态的管理过程。

随着经济的不断发展,企业的经营环境变得日趋复杂,在市场竞争日益激烈的情况下，战略管理理论的研究重点逐步转移到企业竞争方面，特别是对企业如何获得和保持竞争优势的研究上，这样就为战略管理理论的发展与创新开辟了一片广阔的天地。目前，对企业竞争战略理论研究可分为行业结构学派、核心能力学派和资源学派等三大学派。

1996 年，美国学者詹姆斯·穆尔出版《竞争的衰亡》一书，标志着战略理论的新探索。作者从生物学中的生态系统这一独特的视角来描述当今市场中的企业活动，但又不同于将生物学的原理运用于商业研究的狭隘观念。穆尔认为，在市场经济中，达尔文的自然选择似乎仅仅表现为最合适的公司或产品才能生存，经济运行的过程就是驱逐弱者。而穆尔提出了"商业生态系统"这一全新的概念，打破了传统的以行业划分为前提的战略理论的限制，力求"共同进化"。穆尔站在企业生态系统均衡演化的层面上，把商业活动分为开拓、扩展、领导和更新四个阶段。在这种全新的模式下，穆尔认为制定战略应着眼于创造新的微观经济和财富，即以发展新的循环以代替狭隘的以行业为基础的战略设计。

三、战略管理的发展趋势

（1）制定企业战略的竞争空间在扩展。行业的界限、企业间的界限在日趋模糊，竞争已不在某一特定的区域或行业内进行，企业必须从全球的角度、跨行业的角度来考虑配置自身的资源，在资金、人力资源、产品研发、生产制造、市场营销等方面进行有机的组合，才能获得最佳的管理整合效果。

（2）企业的战略具有高度的弹性。企业面临的经营环境在快速变化，在不确定的风险下，在要求企业战略与外部变化节奏保持同步的条件下，企业要具备对不确定情况的快速应变能力，必须依赖战略的弹性才能伸缩自如。

（3）不过多考虑战略目标是否与企业所拥有的资源相匹配，而是较多地追求建立扩展性的目标。因为在未来的市场竞争中，制胜的手段正在发生变化，由单纯地寻找稀缺资源过渡到寻找稀缺智力和由此产生的稀缺知识的结合，寻找的范围不仅局限于企业内部，而是着眼于对离散的、创造价值的活动的识别与整合，通过这种方式来为价值增值或扩大稀缺价值的产出。这种战略要求企业不能平均分配资源，而是要创造性地通过各种途径来整合资源，通过与知识的组合来克服资源的限制，从而为消费者创造价值。

（4）由企业或企业联盟组成的商业生态系统成为参与竞争的主要形式。对一个单独的企业来讲，竞争更体现在加入或营造有影响力的、能为自己带来实际价值的企业生态系统，并且在一个系统中寻求一个更为有利的地位，当然也包括争取成为整个群体的领导。

（5）制定战略的主体趋于多元化。由于信息技术的日益发展与应用，使得组织结构扁平，导致了在整个企业内部拥有信息的权力趋于平等。每一个个体在整个网络系统中都是一个信息传播的结点，高层主管不再居于信息传播的中心，普通员工可以有更多的机会参加企业的战略制定，可以说，他们具有决策参与者和决策执行者双重身份的特征。

第六节 战略管理的要素和层次

一、战略管理的要素

企业战略一般由四种要素构成，即经营范围、成长方向、竞争优势和协同作用。安索夫认为这四种要素可以产生合力，成为企业的共同经营主线。有了这条经营主线，企业内外的人员都可以充分了解企业经营的方向和产生作用的力量，从而扬长补短，充分发挥自己的优势。

（一）经营范围

经营范围是指企业从事生产经营活动的领域，又称为企业的定域。它反映出企业目前与其外部环境相互作用的程度，也可以反映出企业计划与外部环境发生作用的要求。有的学者认为，确定一个企业的经营范围，应该以那些与企业最密切相关的环境为准。因此，对于大多数企业来说，他们应该根据自己所处的行业、自己的产品和市场来确定经营范围。就是说，只有产品与市场相结合，才能真正形成企业的经营业务。企业确定经营范围的方式可以有多种形式。从产品角度来看，企业可以按照自己产品系列的特点来确定经营范围，如半导体器件公司、机床公司等。企业还可以根据产品系列内含的技术来确定自己的经营范围，如计算机公司、光导纤维公司等。从市场营销的角度来看，企业可以根据自己的市场来描述经营范围。这种描述可以有两个出发点：一个是企业的使命，另一个是企业的顾客。两者是截然不同的概念：从某种意义上讲，企业的使命是指企业如何能够满足市场上顾客对现有产品的需求；而顾客是指产品的现实购买者。这两者的关系有时是一致的，即企业现有的产品可以满足顾客的需求；有时又是不一致的，顾客可能有多种需求，需要不同的销售渠道和不同的产品来满足。因此，企业在描述自己的经营范围时，就应该考虑从哪个角度出发，才能真正符合企业和社会的利益。在一般情况下，企业的使命与顾客的需求是不矛盾的。但是，在多种经营的情况下，企业便不能只从某一行业的角度来定义自己的经营范围，需要多方位多层次地研究市场和客户，尽量保证经营范围的稳定性。

（二）成长方向

成长方向又可称为增长向量，它说明企业从现有产品与市场相结合向企业未来产品与市场移动的态势。

（1）市场渗透是通过对目前的产品在现有市场上的营销活动促使本企业产品的市场份额增长，并达到企业成长目的的一种战略模式。

（2）单纯的市场开发是企业的现有产品与一个新开发的市场的组合。通过这种组合力图为企业现有的产品寻找新的消费群，从而使现有的产品承担新的发展使命，以此作为企业成长的增长点。

（3）单纯的产品开发是指企业推出全新的产品，以逐步替代现有产品，从而保持企业成长的态势。

（4）多种经营则是一种企业变革较大的战略模式，通常都会给企业带来较大的变化，形成独有的特色。对于企业来讲，它的产品与使命都是全新的，也就是说，企业通过这一战略的实施，会步入一个新的经营领域。这一战略模式追求的是更高的目标和更大的发展空间。在前三种选择中，其共同经营主线是明晰的、清楚的，或是通过实施新的市场营销方案，或是开发新产品和新技术，或是两者同时进行，来实现战略目标。但是在多种经营战略中，其共同经营主线就显得不十分清晰了。所以，在当代经济社会中，确定一个企业，尤其是一个大的或同时具有跨国经营业务的企业的经营性质，单从行业的概念去判断，已不容易做到。应该看到，成长方向指出了企业在一个行业里的变化方向，而且，它能指出企业战略方向所要跨越行业界线的方向，以这种方式描述共同经营主线是对以产品与市场范围来描述企业经营主线的一种补充，有利于更清晰地界定企业的经营范围。

（三）竞争优势

竞争优势是指企业通过其资源配置的模式与经营范围的决策，在市场上所形成的与其竞争对手不同的竞争地位。20 世纪 60 年代，传统的钢铁行业、机床行业等产业逐渐变成夕阳产业，销售额和利润都有下降的趋势。同时，新技术不断涌现，使得产品更新换代加速，竞争的问题在国际市场和国内市场变得格外突出，在这种情况下，战略管理的学者们把注意力转向了经营领域里的竞争行为，试图寻找出获得竞争优势的道路。有的学者认为个别产品和市场的特性可以给企业带来强有力的竞争地位，有的学者则认为企业的竞争优势来自企业根据自己的产品和细分市场所选择的资源和技能的应用方式。实际上竞争优势既可以来自企业在产品和市场上的地位，也可以来自企业对特殊资源的正确运用。一般来说，产品和市场的定位对于公司战略来讲相当重要，而资源配置则对企业战略的实施起着十分重要的作用。

（四）协同作用

协同作用是指企业从资源配置和经营范围的决策中所能寻求到的各种共同努力的效果，就是说，分力之和大于各分力简单相加的结果；在企业管理中，企业总体资源的收益要大于各部分资源收益之和。一般来讲，企业的协同作用可以分为四类：

1. 投资协同作用

这种作用产生于企业内各经营单位联合利用企业的设备、共同的原材料储备、共同研究开发的新产品，以及分享企业专用的工具和专有的技术。

2. 作业协同作用

这种作用产生于充分地利用已有的人员和设备，共享由经验曲线造成的优势等。

3. 销售协同作用

这种作用产生于企业的产品使用共同的销售渠道、销售机构和推销手段。这样，企业便可以少花些促销费用，获得较大的收益。

这三种协同作用实际上是发生在生产经营活动过程的各个阶段，说明企业在每个阶段上都可以形成自己的协同作用。最后，这种协同作用是从质的方面把握的，即管理协同作用。

4. 管理协同作用

这种协同作用不能用简单的定量公式明确地表示出来，但的确是一种相当重要的协同作用。例如，不同类型的行业在管理上会遇到不同的战略、组织和作业的问题，当企业的经营领域扩大到新的行业时，如果在管理上遇到过或曾处理过类似的问题，企业管理人员就可以利用在原行业中积累起来的管理经验，有效地指导和解决这些问题，这种不同的经营单位分享以往的管理经验的特性就是管理协同作用。协同作用的值可以是正值，如"2＋2＞5"的效应；但协同作用也会出现负值。从大量的实践中可以看出，当一个企业进入新的行业进行多种经营时，由于新行业的环境条件与过去经营环境截然不同，以往的管理经验发挥不了作用。在这种情况下，管理协同作用的值便为负值。对企业战略构成要素的探讨有两重意义。第一重意义是，认识构成对企业效能、效率的影响。所谓效能，是指企业实际产出达到期望产出的程度；而效率则是指企业实际产出与实际投入的比率，即实际的投入产出比。这两个概念是切·巴纳德（C. Barnard）最先在《总经理的职能》一书中提出来的，用来探讨它们与企业所面临的变化之间的关系：在企业战略的构成要素中，企业的经营范围、资源配置和竞争优势一般决定着企业效能发挥的程度；协同作用则是决定企业效率的首要因素，并在企业各种特殊能力与产品和市场之间形成与发展。正值的协同作用会大幅度地增加企业的效率，反之则相反。第二重意义是，要使管理人员认识到这四个构成要素存在于企业各个层次的战略之中。企业战略的层次不同，这四个构成要素的相对重要的程度也不同

二、战略管理的层次

一般来讲，在大中型企业中，企业的战略可以划分为三个重要的层次：总体战略、经营战略和职能战略。在这三类战略里，战略的四个构成要素又起着不同的作用，发挥着各自不同的特性。

（一）总体战略

企业总体战略是企业战略的总纲，是企业最高管理层指导和控制整个企业的一切行为的最高行动纲领。企业总体战略包括企业战略决策的一系列最基本的因素：企业宗旨与使命、企业资源与配置、企业组织结构与组织形式、企业从事的行业或业务、企业发展速度与发展规模、企业的投资决策，以及其他有关企业命运的重大决策因素。从战略管理的角度，企业总体战略涉及两个重要的问题。

（1）在各种不同的企业活动中，应当如何确定资源配置？企业内部某个单位应当得到哪些资源？各自应当得到多少？企业内部各个部门都在争夺资源，企业战略管理的一个重要任务，就是使企业内部的资源和企业经营规模相适应，并取得相应的经营成果。

（2）在各种不同的企业活动中，应当如何确定战略管理职能的范围、组合与重点？一系列的战略问题，如开发新业务的时机与方式，确定现有业务是应当放弃或者扩展，

以及进行这种调整的时机与速度，每一项战略行动中，基本战略方法的选择——是扩展、维持、转向还是收缩，都是企业总体战略所必须解决的。

（二）经营战略

企业经营战略是企业内部各部门在企业总体战略指导下的一个特定经营单位的战略计划。企业经营战略的重点是要改进一个经营单位在它所从事的行业中，或某一特定的细分市场中所提供的产品和服务的竞争地位。企业经营战略涉及企业在自己的经营领域中扮演什么角色，以及在经营单位内如何分配资源的问题。从企业外部来看，企业经营战略的目的是为了使企业在某一特定的经营领域取得较好的成果；寻求竞争优势；划分消费者群体；使自己的产品区别于竞争对手的产品；实现企业的市场定位；使企业市场经营活动适应于环境变化的要求。从企业内部来看，企业经营战略是为了对那些影响企业竞争成败的市场因素的变化作出正确的反应，需要协调和统筹安排企业经营中的生产、销售、财务、研究与开发等业务活动。

总体战略与经营战略的区别在于，前者主要是针对那些跨行业多种经营的企业而言。这些企业对不同的顾客、技术和产品，都有不同的战略。对于从事单一行业经营的企业来说，除非它打算转向多种经营，否则它的企业总体战略与经营战略是合二为一的。经营战略与总体战略的区别可以归纳为以下几点：

（1）总体战略是有关企业全局发展的、整体性的和长期性的战略。它对整个企业的长期发展产生深远影响；经营战略着眼于企业中有关二级单位（如事业部、子公司）企业的战略问题，影响的是某一具体的二级单位具体的产品和市场，只能在一定程度下影响总体战略的实现。

（2）形成总体战略的主要是企业高层；形成经营战略的主要是具体的二级单位的经理。

（3）一个企业在一定时期内，只能有一个总体战略。与此同时，它有多少个战略经营单位，就应该有多少个经营战略。可见，经营战略是在总体战略的指导、制约下管理具体经营单位的计划和行动，是为企业整体目标服务的一种局部性的战略。

（三）职能战略

企业职能战略是为贯彻和实施企业总体战略与企业经营战略，在企业特定的职能管理领域制定战略。其重点是提高企业资源的利用效率，使其最大化。与总体战略和经营战略相比较，企业职能战略更加详细、具体。它是由一系列详细的方案和计划构成的，涉及企业管理和经营的所有领域，包括财务、生产、销售、研究与开发、公共关系、采购、储运、人事等各个部门。实际上，企业职能战略是企业经营战略的具体化，使得企业的经营计划更为可靠、充实与完善。职能战略与总体战略之间的区别主要有以下几个方面：

（1）职能战略用于确定、协调企业的短期活动，期限较短，一般一年左右。这样，职能部门管理人员可以根据总体战略的要求，把注意力集中在当前需要进行的工作，可以更好地认识本部门当前的经营条件，及时地适应已经变化的条件。

（2）职能战略比总体战略更为具体。总体战略指出的是一般性的战略方向，职能战略则是为负责完成年度目标的管理人员提供的具体指导。同时，还能增强职能部门实施战略的能力。因此，职能战略的具体性体现在战略中增加了实际内容，明确了职能部门必须完成的工作，因而丰富和完善了总体战略；它向企业高层阐明了职能部门准备如何实施总体战略，因而可以增强企业高层实施、控制总体战略的信心；它还可以说明各个职能部门之间相互依赖的战略关系以及潜在矛盾，有利于促进相互的协调。

（3）在职权和参与方面，企业高层负责制定长期目标和总体战略；部门在总部授权下，负责年度目标和职能战略。在一个企业内部，企业战略的各个层次之间相互配合、相互联系，各战略层次都构成了其他战略层次得以发挥作用的环境和条件。

第七节 战略管理的过程

一、战略分析

企业在制定战略的时候首先必须明确一系列问题：企业面临的主要的关键的问题是什么？威胁企业生存的关键因素有哪些？企业能够有效利用的机会在哪里？企业具有优势的领域是哪些？企业的主要竞争对手是谁？等等。如果企业在制定战略的时候，对面临的问题并不十分清楚，就不可能制定出符合企业实际情况的战略，制定的战略也就不可能真正得到贯彻执行。如果企业对自身面临的问题不仅十分清楚而且加以认真总结，那么企业战略的制定就会水到渠成，战略的实施就具有较强的可行性。事实上，企业战略的制定过程就是一个不断地提出问题、分析问题和解决问题的过程，战略研究的过程应该体现出一种以问题为导向的方法论。而且提出问题和发现问题不仅是战略制定的核心，同时也是战略制定的基础，只有准确地找到了企业存在的问题，才有可能制定出符合企业生存和发展的战略方案。在这里应当明确一个重要的认识问题，即战略问题应当包括两个方面的含义：一是企业面临的真正的问题。如企业自身存在的劣势，或外部环境的变化给企业造成的威胁，这些问题将会威胁企业的生存和发展。另一类问题是企业面临的如何更好地发挥自身优势，或者如何抓住外部环境给企业带来的良好的发展机会的问题。而且这种优势的发挥和机会的利用会给企业带来巨大的利益，此时这样的"问题"也需要提升到战略管理层。在制定企业战略的时候，一般需要进行以下三方面的分析。

1. 外部环境分析

（1）宏观环境分析。这方面分析包括对宏观的政治环境、经济环境、法律环境、技术环境、人口环境、自然环境和社会文化环境的分析。

（2）行业环境分析。行业环境分析包括对行业内竞争者的竞争态势、行业潜在进入者的威胁、替代品的威胁、供应商和购买者（集团）的议价能力等方面的分析以及对行业所处发展阶段的分析、行业内战略集团的构成与竞争状况的分析等。

（3）竞争者分析。竞争者分析包括竞争者的确定、竞争者的战略目标分析、竞争者的现行战略分析、竞争者的假设及其能力分析等。

　　外部环境给企业带来一定的机遇和威胁，它是形成企业现状及其未来发展的外部条件。企业只能在外部环境的变化中求得生存与发展。企业高层管理者进行外部环境分析的目的就是：①了解有哪些因素会对企业的未来活动产生影响；②认清这些影响的性质，积极的影响因素称为机会，它对企业是有利的，消极的影响因素称为威胁，它对企业是不利的；③决定如何对这些不同性质的影响因素采取对策。

　　2. 企业内部环境分析

　　企业内部环境分析主要包括企业独特竞争力分析、管理能力分析、财务资源分析、市场营销能力分析、人力资源状况分析、生产运作分析以及企业文化分析等。对这些方面的因素进行系统的分析与评价，可以了解企业的现状及其所存在的优势与不足。

　　3. 机会、威胁、优势与劣势的分析

　　具体指在企业外部和内部环境分析的基础上，运用战略研究的各种方法确定企业所面临的外部环境中的机会与威胁、内部资源中的优势与劣势，为企业的战略方针、目标等战略管理要素的确定提供必要的信息。战略分析为制定战略提供了基础。同时也很有必要了解企业现行战略和现行目标在方向及发展结果上的一致程度。现行战略能够应付组织环境变化吗？现行战略不可能与战略分析所描述的结果完全相符，不符合程度就是战略制定者面临的战略问题。有时需调整的程度较小，有时则需要做出大幅度的变动。

二、战略制定

　　战略制定是指在对企业内部、外部环境综合分析的基础上，提出今后的中长期发展思路与方案。它包括明确企业的使命、目标与战略设想。战略制定的过程如下：

　　1. 明确制定战略的基本准则

　　（1）科学性准则。这一准则要求企业要依据科学的原理制定战略，要使用定量和定性的方法，经过科学的分析，提出可行的战略方案。不能凭着少数几个人对企业环境的认识，凭直觉作出决定。

　　（2）实践性准则。这一准则要求企业战略的制定要尊重企业发展的客观规律，从实践中来再回到实践中去，不仅要学习成功企业的经验，更要从失败的企业的教训中总结出适合企业具体情况的可借鉴的经验，以便使制定的企业战略更符合企业实际状态，能够真正被贯彻执行，并给企业带来期望的效果。

　　（3）风险性准则。战略决策是事关企业生死存亡的重大决策，一旦决策失误，后果很难挽回。因此，决策者在制定和选择战略的时候，必须具有强烈的风险意识和充分的心理准备，要对战略的风险性进行详细的分析评估，并制订必要的防范预案。

　　2. 确定企业的使命

　　企业的使命，又称为企业的宗旨，是指企业存在的理由和目的。确定企业的宗旨，就是根据企业内外部环境因素的分析，判断企业应该从事什么业务，它的顾客是谁，它要向自己的顾客提供什么样的产品和服务。简而言之，确定了企业的宗旨，就确定了企业应该从事哪一行业。确定企业的宗旨是企业战略管理过程中最重要同时也是最困难的工作。一般来说，企业宗旨的表述必须把企业的性质、特点和目的描述清楚，既不能把企业的宗旨界定得过窄，也不能把企业的宗旨界定得过宽。过窄的企业宗旨会限制企业的行动，使企业不能灵活地适应外界环境的变化；过宽的企业宗旨则因包罗万象而使企业无所适从，实现不了指导企业经营管理的目的。

一个恰当的企业使命定义，为企业战略的制定与实施提供了明确的指导方针，使企业既不至于在面临多种发展机会与方向面前无所适从，又不至于在复杂的环境中迷失方向。一般来说，企业不应当四面出击。对于一个优秀的企业家来说，必须在深刻认识企业的现状和需要的基础上，在分析环境的机会和风险基础上，通过确定企业的宗旨，明确自己应该做什么，不应该做什么，以及在什么时候转向新的发展方向。一个企业的使命是指向外部的，而不是指向内部的，换言之，企业宗旨必须定位于企业的外部。因为顾客是企业生存的基础，一个企业只有为自己的产品和服务找到足够的顾客，它才能够生存下去。因此，企业必须根据它所服务的顾客和顾客的需要来确定自己的宗旨。

3. 确定企业战略目标

企业要制定正确的战略，仅仅有战略思想和企业使命还不够，还必须把战略思想、企业使命与企业经营活动相结合，确定战略目标。战略目标是企业按照战略思想和企业使命的要求，依据企业内外条件与可能，所确定的对企业发展方向和前途有决定性影响的、企业在战略期内所要达到的理想成果。战略目标的性质和内容取决于企业的种类和性质、企业战略的类型和性质。因此，企业每次制定战略都要进行战略目标决策。长期目标和短期目标对企业都十分重要，正确地处理企业长期目标和短期目标的关系是每一个企业在制定战略时都必须慎重考虑的问题。作为战略管理来讲，一定要明确企业短期目标必须服从和服务于长远的战略目标，这一根本指导方针是不能改变的。在确定企业的战略目标时，要注意四个方面的问题：

（1）一个战略目标应该有一个明确的、特定的主题，不应该是模糊不清，过于抽象的。如"我们的战略目标就是要使本企业成为一家更有发展前途的企业。"这个战略目标就十分不明确。

（2）目标应该是可以测量的，能够从定性、定量方面加以准确反映，只要有可能，战略目标就应该用定量指标来描述。

（3）目标的设定要有一个实现目标的明确期限。

（4）目标应该是积极进取的，具有挑战性，同时又具有现实性和可操作性。

4. 企业战略方案的评价与选择

企业高层领导在制定战略决策时，应要求战略制定人员尽可能多地列出可供选择的方案，不要只考虑那些比较明显的方案，因为战略涉及的因素非常多，有些因素的影响往往不是那么明显，因此，在战略选择过程中形成多种战略方案是战略评价与选择的前提。高层管理人员对每个战略方案按一定标准逐一进行分析研究，以决定哪一种方案最有助于实现战略目标。战略评估过程要坚持三条基本原则，即适用性、可行性及可接受性。既要使企业资源和能力能够支持战略方案的实现，同时外界环境的限制条件是在可接受的限度内，也为企业内的干部、员工所接受。选择可行的战略并不完全是理性推理的过程，更为重要的要取决于管理者对风险的态度、企业文化及价值观的影响、利益相关者的期望、企业内部的权力及政治关系，以及高层管理者的需要及欲望等。因此，战略选择的过程是对各种方案进行比较权衡，进而决定一个较为满意的方案的过程。

5. 制定企业的政策

战略解决的是企业发展的基本方向、主要步骤和事关全局的重大项目等问题，而政策则是指导人们实施战略的细则。制定了政策，企业战略的全部含义就浅显易懂，而且政策渗透进企业的具体经营管理活动之中，它有助于建立一种规范的、可预测的行动方式。政策能够保证企业的所有单位在同一基本规则下运作，它同时也有助于促进企业各单位之间的相互联系与协调。为了实现战略，每一个企业都需要在生产经营中以一系列的政策来指导产品的开发、设计、生产、定价、销售和顾客服务。例如IBM 公司的企业宗旨之一是尊重个人，其公司政策之一就是允许员工自由陈述他们的意见。企业政策的制定受以下因素影响：

（1）政府的管制。如正当竞争法规、劳工法规、产品标准、会计惯例、工资标准、环境保护等。

（2）竞争对手行为。竞争对手的政策也会对一个企业的政策产生影响，特别是在人事政策方面，诸如员工工资、员工利益以及工作条件等。

（3）社会风俗与文化。因为企业是社会的一个基本细胞和人群组织，必然受到社会风俗与文化的直接或间接的影响。

（4）企业传统。例如一个企业历史上一直是稳健型经营企业，其政策制定必然会受影响。

（5）环境变动。当一个企业内外部环境发生改变时，政策也需要被重新评估。

三、战略实施

企业的战略实施是借助于中间计划、行动方案、预算和一定的程序，实现企业战略和政策的行动过程。它是一项行政性的管理工作，是在企业最高管理层的监督和指导下，由企业的中下层管理人员组织实施的。然而，作为企业的最高行政首脑，一个企业的 CEO（或总裁）必须对企业战略的实施承担全部的责任。战略制定过程与战略实施过程相比较而言，前者在很大程度上取决于战略决策者的洞察力与判断力，而后者在很大程度上依赖于管理者的经营管理艺术和有关员工的一线工作能力。因此，即使一个在理论上看上去非常完美，且充分考虑外部环境、内部实力与使命目标三方面协同一致的战略方案，若日常管理上不到位或存在各种失误，也可能达不到预期的结果。实际上，对于大多数企业家来说，较之制定企业战略规划，他们不得不将更多的时间用于把战略计划付诸行动，设法使其在客观条件的允许下顺利地运行。一般来说，战略实施需要考虑的主要问题包括以下方面：

1. 资源如何配置

资源，尤其是稀缺性资源，在不同的业务范围和职能领域如何进行配置是战略实施的一个关键问题。在任何组织内，第一流人才都是最稀缺的资源。因此，企业必须把人才当作资产看待，用发展的眼光来确定如何分配人力资源，并详细评估人才的使用结果。

2. 组织如何变革

为了实施既定的战略，组织结构也需要变革，即要对现行组织进行相应的设计与调整，以实现组织结构与战略的相互匹配。在战略实施中究竟应该采取何种组织结构，关键取决于企业的具体条件和战略的类型等要素，必须以权变、动态的观点看待战略与组织的匹配问题。例如，在一个大型公司选择了多样化经营战略之后，它的组织机构一般应分为以下相应的层次：

（1）战略总部。它负责制定企业战略，整合各个单位的具体目标，实施创新与变革，制定与实现战略目标相关的重大政策，并进行财务方面的总体安排。

（2）战略分部。战略分部从事本部门的战略规划和资源分配，协调分部与总部之间的关系。战略分部的任务更接近于战略的实际操作内容。

（3）战略经营单元。战略经营单元从事短期战略实施。它的任务更多的是确保短期目标的完成，并服从总目标的要求，更多履行实际操作。

（4）战略规划单位。战略规划单位从事本单位基本的营业规划、产品与市场策略的制定与实施管理。

（5）产品市场区隔。产品市场区隔从事一个细分市场的经营与竞争活动，是企业从事战略活动的最小单元。它更注重年度经营目标的完成，因此，它的实施方案更注重策略的研究和可操作性。

3. 文化如何创新

在战略管理中，优秀的企业文化可以突出企业特色，形成员工的共同信念，统一员工的行为，促进企业战略的有效实施。但是企业文化并不总是适应企业战略，由于企业文化的刚性与连续性，往往很难针对新制定的战略作出及时变革。对于欲实施新型战略的企业来说，必须在分析现有文化现状的基础上进行不断创新，努力实现战略与文化的协调。

4. 制度如何优化

在战略实施过程中，还必须以企业的制度保证为基础。因为一方面也许所有员工都知道战略的重要性，但不知道如何去运作，这就需要具体的实施步骤和操作程序指导所有员工如何去做；另一方面也不可能寄希望于所有员工会有实施现行战略的主观能动性，从企业的角度看，必须通过制度优化来保证员工的积极行为与战略的有效实施。

5. 各层次战略如何互相适应

企业战略分三个层次，即总体战略、经营战略与职能战略。总体战略是企业中最高层次的战略，经营战略是业务单元、事业部或子公司的战略，职能战略是企业内各主要职能部门的战略。这三个层面战略的侧重点是不同的，企业必须对其系统整合，使它们之间相互适应、相互匹配。

四、战略控制

战略控制阶段是对战略制定、实施的过程及其结果进行适当的评价与监控，从而确保所制定的企业战略能有效地执行并取得预期成果。即通过确定评价内容，建立业绩标准，衡量实际业绩，并将实际获得的业绩与预期目标进行比较以发现战略制定或实施过程中的问题，从而作出纠偏行动。因此，有效的战略控制，不但需要分析战略是否按原计划在实施，而且需要分析战略是否取得了预期的效果。这一切并不是要等到战略实施完毕之后才进行，而是与战略实施过程同步进行的。企业在进行战略控制时，必须能够获得及时、精确的信息。一般来说，战略控制过程可以划分为四个步骤。

1. 建立业绩标准

评价的目的是为了确保企业战略的有效实施与企业使命和目标的顺利达成，因此业绩标准的制定必须以企业使命与战略目标为前提。企业目标是战略评价的主要关键点，相应地对于实现目标有重大影响的因素与环节，也是应该加以控制的关键点。评价业绩标准可分为定量标准与定性标准。常用的衡量标准包括销售增长、投资报酬率、销售额、净利润、市场占有率、产品质量、顾客满意度等。

2. 衡量实际业绩

设定企业战略评价的标准是为了衡量战略实施的实际业绩。因此，管理者的主要工作就是根据所确定的评价内容与标准，按时对企业运作的实际业绩进行测评与记录，从而为战略监控提供最基础的数据。实际业绩的衡量取决于有关信息的准确性与及时性，要求有关部门建立信息档案，推进检查汇报制度，并对战略工作的关键点进行重点评价与监控。

3. 进行差异分析

通过将实际业绩与预定的业绩标准进行比较，以确认企业战略管理过程是否存在偏差，并据此对实际业绩进行评估，找出产生偏差的原因，从而制定相应对策以消除偏差。若无偏差，战略管理过程将照原计划进行；若存在偏差，就需要了解偏差是否在业绩标准容许的偏差范围内。对于实际情况与目标预期之间的偏差，若大到足以引起注意的程度或超出容许的偏差范围，则需要分析偏差出现的原因，以便为相应措施的出台提供依据。

4. 采取纠偏行动

在深入分析偏差产生的原因的基础上，管理者要根据不同的原因，采取不同的措施。在采取纠偏行动时，找出导致战略实施偏差的责任人是非常重要的，只有明确谁对这些问题负责，才可采取措施，真正清除这些偏差。企业在采取纠正措施时，有以下三种方式可供选择：

（1）常规方式，根据最常规的方式去解决偏差。

（2）专题解决方式，就目前所出现的难题进行专题重点解决。

（3）事先计划方式，对可能出现的问题事先有准备，以增强处理意外事件的能力。

战略控制要求企业始终能确保战略方向的正确性，并且能高效地运行，同时强调开放性、全局性、稳定性与灵活性的统一。战略控制的开放性指企业战略活动过程必须考虑外部环境的变革与影响；全局性指战略控制是对战略实施过程的整体评估，所依据的标准是企业的使命与总体目标；稳定性与灵活性的统一指战略控制既要保证战略实施的稳定性，又要对战略变革进行管理，具有适度的灵活性。

章末案例

苹果 iphone 降价——战略性价格

苹果有时候代表的不仅仅是产品本身。"人们对苹果公司怀有强烈的归属感，他们认为，自己就是苹果公司大家庭的一员。"当史蒂夫·乔布斯宣布其产品降价时，人们觉得自己被出卖了。苹果有一帮及其不一样的 fans，他们个性、不入流、叛逆、厌恶世俗、自行其道。这与苹果开始的企业文化相类似，从此这帮来自世界各个角落的 fans 就聚在了一起，共同的发泄、欢呼、疯狂的崇拜。但这一切都不能拯救苹果的生存。苹果逐渐步入时尚、大众、友好的企业文化。把人性化的操作界面和优越的产品体验带给了所有爱好它产品的人们。从芯片主流到双系统再到 iphone 的降价，都是其扩大顾客群的种种战略。但是，世界上有一句老话：物以稀为贵。希望苹果能把握好这种个性磨灭的尺度，记住世界永远是掌握在少数人手中，失去他们，苹果即将腐烂。

2007 年 9 月 5 日，苹果公司将存储容量 8GB 的 iPhone 智能手机价格从 599 美元下调至 399 美元，而这款手机上市刚两个多月。降价来得如此之快，幅度如此之大，让之前以全价购得这款手机的"苹果迷"愤怒不已。受降价消息影响，苹果公司股票在两天内下跌 6 个百分点，9 月 6 日报收 135.01 美元，公司市值蒸发 80 亿美元。苹果公司对此迅速做出反应，6 日，苹果公司创始人、CEO 乔布斯向这些用户道歉并予以补偿。苹果公司将向零售和在线商店发放面值 100 美元的代金券，补偿 iPhone 机主。苹果公司规定，凡在降价前 14 天内购买 iPhone 的顾客，可持原始票据按差价领取退款。但是乔布斯坚称 iPhone 降价是一个正确决定。

乔布斯再一次证明了自己的高明。10 月 24 日，苹果发布了 2007 财年第四季度财报，报告显示，得益于 Mac 计算机、iPod 音乐播放器和 iPhone 智能手机的热销，苹果第四财季净利润同比增长 67%，超过了分析师的预期，苹果公司股票价格上升 7%，创下了 186 美元的新高，市值达到 1620 亿美元，首次超过了 IBM。

当年可口可乐公司推出新口味可乐，引发消费者抗议，可口可乐公司难犯众怒，再度恢复生产经典口味的可乐，巩固了可口可乐的市场地位和品牌忠诚度。这是不是一次精心的营销策划，现在还是一个谜。有人现在把 iPhone 降价风波也说成是一次有预谋的营销策划，大加赞赏。但是也有毫不客气的批评，海外有博客撰文指出 iPhone 降价"四宗罪"：不够圆滑；没有选择合适时机；下调价格幅度过大；对合作伙伴 AT&T 不够尊重。

对苹果公司而言，独特的文化以及创新方式和品牌魅力是使它与众不同的关键。这一点，作为公司的创始人，乔布斯不可能不了解。"苹果迷"真正愤怒的并不是价格，对于抢先购得 iPhone 的机主而言，钱从来就不是问题，他们追求的是时尚人士的满足感。公司一味为了扩大顾客群而降价，使他们感觉受到侮辱和忽视，这才是他们愤怒的真正原因。所谓"卿本佳人，奈何作贼?"那个富于创新永远充满生机的苹果到那里去了? 这种失望对苹果品牌的负面影响将是非常巨大的。这一点，对于视苹果品牌为生命的乔布斯来说，事先也不可能没有考虑到。那么，到底是什么原因，使他如此毅然决然，甘冒天下之大不韪，走入降价竞争这一俗套呢？乔布斯的战略意图到底是什么？

iPhone 降价最直接的导火索是苹果公司与 NBC 环球谈判的破裂。NBC 环球 8 月 31 日宣布，将不再同苹果续约，停止在 iTunes 音乐商店销售其电视节目。NBC 环球拥有全球最大的唱片公司环球音乐公司，销售美国三分之一的唱片。而乔布斯的庞大帝国则控制了 70% 以上的 MP3 播放器市场，以及 80% 以上的网络影音销售市场。在此情形下，两大巨头的"离婚"本就是一大看点，而新闻集团、时代华纳、维亚康姆与迪斯尼等娱乐产业的领头羊们也都关注着事件的进一步发展，并很有可能采取与 NBC 环球类似的措施。这些媒体公司认为，苹果与他们谈判的姿态过高，苹果与一般渠道商并无差异，却要求特别定价、特别拆账。

不过苹果公司从来就没把自己定位为一般渠道商角色。苹果公司自 2003 年初推出 iTunes 下载服务以来，至今已出售了 25 亿多首歌曲、超过 5000 万期的电视节目，以及 130 万部以上的电影。乔布斯的底气就来源于该公司在网络市场上的垄断地位。乔布斯知道，如果 iPhone 的用户规模足够大，他就有足够的资本取得定价权，所以，他将 2008 年财年 iPhone 的销量定位在 1000 万部，这个数量约占全球手机市场的 1%。抢在圣诞节销售旺季前大幅度降价，对销售的刺激作用是非常明显的，短短时间内，iPhone 的销售迅速突破 100 万部，已经达到 138.9 万部。

对乔布斯而言，iPhone 不仅仅是一部手机，而是他全新商业模式的支点，是整合苹果公司软件、硬件和销售平台三方面优势的关键，通过 iPhone 巩固扩大苹果逐步建立起来的影音娱乐节目销售帝国，这才是 iPhone 降价的真正目的，也是乔布斯的大战略。今年 1 月，苹果电脑公司将公司的名字更改为苹果有限公司，表明该公司今后将更多地关注消费电子产品，并高调宣布将进入手机领域。乔布斯对 iPhone 充满激情，认为这款手机将彻底改变无线通信，超越目前一代的智能手机，他在世界电子产品博览会上发表的演讲中说："偶尔，一个革命性的产品或能改变一切，在职业生涯中哪怕能够参与其中的一个产品，你也是幸运的……苹果非常幸运推出其中的一些。"

iPhone 延续了 iPod + iTunes 的成功模式，并且增加了更多的运营商业务捆绑与激活，以显示其与众不同和延续性。据现在已经透露的细节分析，根据 AT&T 和苹果为期两年的合作协议，在合作结束之后，苹果从每个用户上获得的收入分成将是 432 美元，已经超过了一部 iPhone 的销售价格。苹果公司最近和英国移动运营商 O2 公司达成协议，由对方独家经销 iPhone 手机。据英国媒体报道，O2 公司为了获得合作机会，答应把 iPhone 用户所产生的 40% 的语音和数据收入分给苹果公司，这是一个"高得离谱"的收入分成。

这样丰厚的蛋糕必然会引来众多的竞争对手。10 月 21 日，美国第三大移动运营商 Sprint Nextel 与台湾宏达电（HTC）宣布将在 11 月合作发售 Touch 手机，这款触摸屏智能手机 2 年合约价 249.99 美元，将与 iPhone 手机正面交锋，HTC Touch 相比苹果 iPhone 最大的优势就是支持 3G 网络。另外据说，互联网巨擘谷歌（Google）酝酿已久的手机——Gphone 将于 2008 年中期推出，如果情况属实，这将是 iPhone 最大的竞争对手。还有不少对手竞相推出免费节目下载服务，对苹果的业务模式也是一个冲击。所以，苹果也不得不加快用户扩张的步伐，抢占市场的制高点。

iPhone 手机问世之后，其频遭诟病的一个缺陷是不允许第三方公司开发的软件在手机上运行，iPhone 的所有应用程序都只能由苹果公司预装，这种封闭性当年害了苹果电脑。10 月 18 日，乔布斯在网站上撰文宣布，苹果将开放智能手机 iPhone 的应用开发接口，所有第三方软件公司将可以为 iPhone 开发应用程序，这大大刺激 iPhone 的销售，出现了空前的热销场面。10 月 28 日，苹果公司不得不宣布其 iPhone 的限制销售政策，规定每人只允许购买两部，实行非现金支付，要求在购买时必须以信用卡或借记卡付账，以阻止未经授权的转手倒卖和为假日季节准备充足的库存。

现在，手机已经取代个人电脑，成为 IT 产业竞争的新焦点，苹果公司的加入使世界手机市场的竞争格局变得更加扑朔迷离，精彩纷呈。当年，由于固守技术路线，苹果电脑一度被挤出主流电脑市场。今天，乔布斯决心成为移动通信与互联网产业结合的领先者，用户规模成为他最关注的重点，他放下了技术至上者的高傲，理智地超越了自己。有人对此并不理解，iLounge 在线杂志主编杰瑞米·霍维兹一篇文章的标题为"苹果正在腐烂？"正反映了这种情绪。但是，作为一个把苹果公司从泥淖里拯救出来的企业家，乔布斯更清楚，一切都得回到"生存还是死亡"这个更根本的问题。定价策略是最后一个要塞。

当苹果公司在 iPhone 刚刚上市两个月之后便将其价格降低三分之一时，即使是最忠实的消费者也变得怨声载道，闹得沸反盈天，迫使苹果公司首席执行官史蒂夫·乔布斯为此道歉，并退还部分差价款。

沃顿商学院的教授和分析家们认为，在不断创新、激烈竞争和全球化浪潮正在改变游戏规则的市场环境中，iPhone 现象为我们揭示出定价策略失当的危险。"产品的生命周期很短，而且市场环境变化迅速。"沃顿商学院市场营销学教授张忠（John Zhang）说，"你没有多少从错误中吸取教训的时间，你必须从一开始就给产品确定恰当的价格。"

企业为增加收入，在多年来将注意力专注于裁员和削减成本之后，定价策略正在受到管理人员的青睐。现在，企业开始将搜集的数据、以往用于供应链管理和企业其他环节管理的工具引入定价过程。"定价策略是最后一个要塞。"埃森哲公司（Accenture）定价和利润优化业务的管理合伙人格雷格·卡达依（Greg Cudahy）说。

格雷格·卡达依认为，那些在运营中引入定价战略并密切监督相关数据的公司，每年的收入可提升 1% 到 2%。"单就企业的收入而言，这可是个不小的变化。"

比如，刊载于 2007 年 1 月埃森哲公司商业出版物 Outlook 上一篇题为《价格是恰当的，果真如此吗？》（The Price Is Right, Isn't It?）的文章谈到，纽约的医药连锁店杜安瑞蒂（Duane Reade）利用定价软件检测销售数据后，其产品年销售收入增长了 27%。在这篇文章中，格雷格·卡达依和乔治·L. 科尔曼（George L. Coleman），埃森哲公司零售定价研究小组的领导者写道，相关数据表明，比之幼儿的父母来，新生儿父母对价格的敏感程度更低。为此，杜安瑞蒂降低了幼儿纸尿布的价格，以保持自己对其他零售店的竞争力；同时，提高了婴儿纸尿布的价格。

　　格雷格·卡达依认为，更好的定价策略不仅仅有助于企业提升销售收入。比如，他曾与一家包裹递送公司合作，将捆绑价格策略引入公司运营，他们发现，这种策略能将用于解决投标报价问题的时间减少90%，从而使公司将更多的时间专注于与客户构建良好的商务关系。

　　他说，更为优秀的定价策略还能从其他方面为企业带来收益。埃森哲公司发现，在某些零售店，对某一货区的商品降价能为该店其他货区的商品销售带来有利影响。比如，对南方退休群体购买行为的研究表明，购物者对健康护理产品的价格极为敏感，但是，购买这类产品省下的几美分，能让他们在其他产品上多支出50美分。"定价策略不只是试图让购物者多掏钱，"他说，"定价策略还能当作发现消费者真正需求的检测机制。它是表明供需关系的根本，是弄清消费者是否愿意以某个价格购买自己需要的产品的最有效方式。"

　　时间性的差别定价

　　沃顿商学院市场营销学教授杰戈莫汉·雷朱（Jagmohan Raju）认为，苹果公司对iPhone的降价行为是"时间性的差别定价"（也称为"暂时价格歧视"）策略的典型代表。公司会根据购买者的购买欲望或者购买能力，对不同的消费人群实施不同的价格。据此，公司可以从两方面受益：首先，公司可以从那些愿意出高价购买产品的消费者那里获取高额利润；其次，还能通过构建更大的消费者群体，从产品以后的低价格大量销售中获益。杰戈莫汉·雷朱指出，"时间性的差别定价"策略还能应用于不同的地区、不同的季节，或者像学生软件产品的销售那样，通过增加或者去除某些功能而制定不同的价格。

　　消费者已经接受了航空业的这种价格策略。比起数月前通过互联网订购机票的那些节俭旅行者来，"最后一分钟"旅行者要为同样航班上的同样座位支付高得多的价钱。杰戈莫汉·雷朱说，服务业，比如航空业，比具体的制造性产品更容易实施这种"时间性的差别定价"政策。确实，就在上周，纽约市交通当局提出了一个"双重收费标准"计划，如果人们在交通非高峰时段乘坐地铁或者公交车，他们的车票钱会更低。这一计划将于2008年实施。此外，据《纽约时报》报道，布什政府正在考虑一项针对航班的差异化收费计划，那些在机场繁忙时间降落的航班的票价，会高于在机场非高峰时段降落的航班的票价。

　　不过，"时间性的差别定价"策略也可以应用于非服务业，包括技术产品市场，在这个市场上，如果消费者不去购买其他产品，而愿意等待一个令人激动的新产品上市之初再去购买，那么，他们享受的价格就会低得多。杰戈莫汉·雷朱说，在很多情况下，技术产品的经销商为了培育以后能为自己带来足以产生利润的消费者群体，产品上市之初就必须赔本定价。"如果我是唯一一个可视电话用户，那么，我能给谁打电话呢？"杰戈莫汉·雷朱问道。

　　沃顿商学院市场营销学教授戴维·瑞伯斯坦（David Reibstein）指出，尽管"时间性的差别定价"策略对很多企业而言颇具意义，不过，它也会成为棘手问题。他回忆说，当可口可乐公司试图提高夏天在售货机出售的饮料价格时，就遭到了市场的强烈反对，最终，公司收回了这一价格政策。"时间性的差别定价"策略"是一个日益得到普遍应用的策略，但是，就像可口可乐公司经历过的一样，你在使用这一策略时必须非常巧妙。"他说，专业运动队也在考虑提高受到广泛欢迎的那些比赛场次的票价，曼哈顿的杂货店已经尝试过在白天客流较少、顾客有更多时间比较各家商店商品价格的时段降低商品售价。

戴维·瑞伯斯坦发现，现在，产品种类不同，人们对"时间性的差别定价"策略的接受度也迥然相异。虽然消费者早就对演出的日场价格和给老年人的折扣价格习以为常，不过，当街头摊贩在雨天大幅提高雨伞售价的时候依然会怒不可遏。此外，人们也不会幻想能以老年人享受到的折扣价买到一款新汽车。戴维·瑞伯斯坦说，启动一项"时间性的差别定价"计划的最佳方式，就是将定价的合理性坦诚相告，千万不要"试图瞒天过海，要对自己价格政策的合理性保持公开和坦诚"。

价格咨询顾问公司 SKP（Simon - Kucher & Partners）设在波士顿的机构的合伙人弗兰克·鲁比（Frank Luby）警告说，很多公司没有认真考虑过竞争对手对自己的降价政策所作出的反应。在竞争者之间引发的连锁价格变化会导致整个业界的价格战，而这种价格战对所有企业来说，都可能是一场灾难。"我们认为，在某种情况下，对价格变化的最佳应对策略就是按兵不动。"弗兰克·鲁比说。他还谈到，公司在制定价格政策的时候，必须认真考虑"价格信息交叉"的影响。在企业之间，价格交叉的效力会随着员工从一家公司转到另一家公司从而将前一个公司的内部价格信息泄露出去而消失殆尽。购并对公司的产品定价同样会产生巨大压力，因为当公司之间打开对方的账本时，会看到不同的价格政策。"你给某一个客户的价格存在被泄露出去的风险，而且常常会让你困窘不堪。这也是很多公司将价格定得尽可能高的原因。"

杰戈莫汉·雷朱认为，某些行业比其他行业在制定成功的价格策略方面更具优势。除了航空公司和手机企业之外，零售商在价格政策把握方面同样经验老到。比如，沃尔玛会根据消费者的详尽数据和竞争对手的信息作出定价决策。他认为，服装行业相对而言要简单得多。服装零售商会在应季产品上市之初定高价，但是，随着季节渐渐过去，他们会系统性地降低产品价格，"产品的价值会随着时间的流逝而降低"。杰戈莫汉·雷朱指出，当公司进入其他国家的新市场环境时，产品的定价会变得越发复杂。"当全球化浪潮席卷而来的时候，人们对产品愿意给付的价格也会相去甚远，不过，这些市场确实让人垂涎欲滴。你怎么才能获得那些收入并不很高的消费群体的青睐呢？再有，你希望将产品卖给谁呢？"他补充说，为了进入发展中国家的市场，同时，又能确保自己在欧洲和美国等传统市场上获得的利润，制药公司就尝试了差异化的定价策略。

张忠说，公司现在已经意识到，尽管定价策略至关重要，但是，实施起来却困难重重。通常情况下，公司经理对全新的定价策略会避之唯恐不及，这不只是因为定价策略很复杂，而且还因为这些策略非同小可。"如果你的决策影响巨大，那么，你就不会去想尝试全新的方式。如果你对定价策略没有非常丰富的学识，那么，你就没有信心作出这类决策。万全之策就是遵从传统，无论传统是什么。"他说，通常情况下，公司定价时会考虑产品的生产成本，之后再加上一定比例的利润。据技术市场研究机构 Isuppli 估算，8G 的 iPhone 手机，其成本为 265.83 美元。张忠指出，新产品，尤其是精巧的技术产品,其定价的另一个障碍在于,公司无法不牺牲产品秘密(产品保密对防范产品被人抄袭、模仿是必不可少的)而进行大范围的市场测试。

产品定价的复杂性与不确定因素

我们常见的情形是,如果产品承载着附加情感或者已经成为产品所有者自我感觉的象征时,产品的定价策略往往有悖于传统定价模式,比如汽车、手袋和技术产品等,也包括手机和音乐播放器。

苹果公司 iPhone 的价格变化所引发的抗议之所以如此具有戏剧性,是因为公司在市场上已经将自己定位于消费者友好型企业。沃顿商学院市场营销学教授斯蒂芬·霍奇(Stephen Hoch)说:"人们对苹果公司怀有强烈的归属感,他们认为,自己就是苹果公司大家庭的一员。"

斯蒂芬·霍奇认为,苹果公司并没有遇到销量低于预期而承受提高销量的压力。他谈到,公司在两个月多一点儿的时间内就售出了 100 万部手机,提前一个月完成了销售目标。与此形成对照的是,公司售出 100 万个 iPod 音乐播放器则用了整整两年时间。尽管从某种程度上说 iPod 在市场上自成体系,不过,iPhone 在市场发育完善、竞争激烈的手机市场却是个"新兵"。"竞争对手会不遗余力地保护自己的市场地位,所以,市场上也将出现很多新产品和新的定价策略。"弗兰克·鲁比认为,针对 iPhone 定价策略的争论表明,即使是像苹果公司这类市场营销经验老到的公司,也可能在定价决策的复杂性和隐形效应面前摔倒。"苹果公司似乎犯了一个错误,很多人认为苹果公司确实犯了一个错误,但是这个事情里面有许多不确定因素。"他是指 iPhone 的新功能、iPhone 是唯一与美国电报电话公司(AT&T)无线网络捆绑的手机以及产品发布时的大肆渲染。他希望苹果公司的批评者能够制定一个模型用来评估以上这些因素并制定出一个正确的价格。他说:"我希望看到他们评论背后的逻辑。"

复习思考题

1. 简述战略概念的演变过程。
2. 企业战略的含义于企业战略管理的含义是什么?
3. 企业战略管理的作用和本质有哪些?
4. 战略管理的产生与发展和战略管理的要素和层次各是什么?
5. 战略管理包括哪几个阶段?

第二章 企业愿景、使命和目标

学习要点：

1. 重点掌握企业使命的表述方法、战略目标的设定方法和技术；
2. 掌握企业使命的构成；
3. 了解企业使命确立的要求和使命陈述要素；
4. 了解企业使命与愿景的异同。

开篇案例

联想新农村市场的战略目标

"作为联想圆梦计划第二阶段的发展目标，我们希望在未来三年内，能够把联想的信息科技产品带进中国 10 万个行政村，影响和带动 30 万个行政村。同时，要让 300 万以上的农户能够用得起和用得好信息科技产品。"2007 年 8 月 2 日，联想集团高级副总裁兼大中华区总裁陈绍鹏在"联想圆梦计划三周年暨新农村战略发布会"上向外界正式公布了联想未来三年针对新农村市场的战略目标。信息产业部信息化推进司陈伟司长、国信办推广应用组董宝青副组长和农业部等政府领导出席了会议。在本次发布会上，联想对从 2004 年开始实施的针对乡镇市场的圆梦计划进行了阶段性总结，并全面发布了联想面向未来的新农村战略。联想还推出了价格覆盖 1499 元到 2999 元的系列农村电脑新品，并向信息产业部捐赠了 2008 台电脑，以助力信息产业部综合信息服务试点工程，推广农村信息化普及工作。2004 年 8 月 2 日，联想正式启动针对乡镇市场的圆梦计划，凭借极具价格震撼力的 2999 元圆梦电脑吹响了撬动冻土层、进军乡镇市场的号角。圆梦计划实施三年来，联想不仅推出了已成为经典的家悦系列电脑，而且还开展了包括"圆梦快车千校行"、"同在蓝天下"、"奥运联想千县行"在内的一系列大规模的市场推广活动，迄今已有 400 万县镇用户用上了联想电脑。联想也借此获得了接近两倍于市场平均增速的高速增长，取得了在 4~6 级市场的绝对领先地位。

第一节 企业愿景

企业战略最重要的是方向。这个方向长远的看是愿景，短期的看是战略目标。根据企业愿景和使命，了解企业现在在干什么？未来准备干什么？发展的重点和方向在哪里？为了保证战略的实施，确定企业需要进入哪些市场？进行哪些变革？未来面临的薄弱环节和需要加强的领域有哪些？等等。

愿景即是让员工参与为共同努力后能完成的事绘制一个理想的蓝图，或是对使命达成后的景象的一种描述、一种超前的梦想和前瞻性的思考。也就是"我们寻求、创造的未来景象。"（彼得·圣吉，2002）例如员工要考虑：在这个企业里，我个人将来的发展是什么；作为企业的高层领导要考虑：企业这项业务将来如何发展？将来的业务是什么？往哪个方向发展？所以作为愿景来讲，就是要指出企业长期的发展方向，明确界定公司的未来，这就是愿景。

一个美好的愿景能够激发人们发自内心的感召力量，激发人们强大的凝聚力和向心力。今天的沃尔玛公司，将"给普通百姓提供机会，使他们能买到与富人一样的东西"的企业愿景变得家喻户晓。让我们看看那些世界级企业是如何描绘他们的愿景：

沃尔特·迪斯尼公司：让人们快乐。

3M 公司：创造性地解决那些悬而未决的问题。

惠普公司：为人类的幸福和发展做出技术贡献。

几个企业愿景提出的年代，见表 2 - 1：

表 2 - 1

公司名称	提出的"愿景"	提出年代
福特公司	汽车要进入家庭	20 世纪 20 年代
苹果公司	计算机进入家庭	20 世纪 80 年代
微软公司	计算机进入家庭，放在每一张桌子上，使用微软的软件	20 世纪 80 年代

今天看来，表 2 - 1 中这些公司的"愿景"确实实现了。所以这里要说的是，当时讲愿景的时候，绝不是那种非常遥远的战略，要通过 10 年到 20 年，甚至一个世纪，那样的话，企业就很难发展了。愿景提出来，虽然是比较远的事，但也就是 5 年到 10 年，可以一步步去努力，就会获得成功。

第二节 企业使命

有了愿景，然后就要把它落实，所以要谈到企业的使命。对使命的表述是"意图，存在的原因"（彼得·圣吉，2002）。"意图"即组织希望达到的一个或一组根本目标，这些目标成为组织集中力量的共同出发点；"存在的原因"则回答了组织"为什么存在"这一问题，使命给了组织成员一个前进的方向，而不是给了他们具体工作的清单；它指明了需要努力的方向，但并没有告诉目的地；它告诉组织的各个成员为什么要在一起工作，打算如何为这个世界做出贡献。成功的企业不但具有使命感，而且带领整个组织推进使命，所有员工都明白：我们的事业是什么？我们所从事的工作是为了什么？例如，麦当劳的使命是"主导全球食品服务业"；伊士曼·柯达的使命是"成为世界上最好的化学和电子感光企业"。这些使命宣言都很好的表达了使命的真正意义，但真的能实现这些使命吗？使命的重要意义在于它是公司决策的依据，各个部门合作的共同焦点，取得杰出成就的激发因素和一致。

一、企业使命的内容

1. 明确的目标

企业是在快餐业里从事生产经营活动，那么怎样获胜，就有一个定位问题。如今在北京，快餐业有很多比较著名的美国连锁店，如麦当劳、必胜客，肯德基、达美乐、星期五、应时、罗杰斯等等。到麦当劳，不到20元钱能够买一份套餐；到肯德基20元钱也可以买到一份套餐；到罗杰斯花38元钱一份套餐；到星期五，可能就稍微高一点。

2. 企业的定位

为什么同是快餐却提供不同的价格，却能满足顾客基本的需求？因为它服务于不同的层面。有的快餐店有这样的一种理念：我不仅是一个快餐店，还是一种酒吧。特别是在北京市海淀区，海淀区的大学生比较多，学生希望不仅仅是去吃一吃，还希望聊一聊，这就需要有一个酒吧的味道：有一点音乐，需要吵一点，闹一点。老年人不喜欢，年轻人觉得很舒服。这样你就找到一个很好的定位，使他们留在那里，不断地消费，你就盈利。

3. 企业的理念

企业是一种什么样的文化、一种什么样的价值观，使顾客或者其他的利益相关群体达到某种吻合。有些企业学日本的模式，星期一早上，训话，做操，这在中国不能够持久。美国在管理上采用文本主义，把每件事都写出条文来，面面俱到，不是那种留一定空间、实行中庸的管理。它们各有各的特色，但是一定要清楚，这套管理方法，会带来什么样的效果。

4. 要树立一种公众形象，为社区服务

例如，一些企业注重绿化的问题、环境的问题。环境问题不仅仅是环境保护，而且有环境管理。最典型的，企业在全面质量管理上再加上环境问题。加入WTO后，绿色壁垒在贸易中也是很重要的问题了。出口的罐头产品、玩具、服装都有一个环保的问题。如童装，现在有些童装含有的某种物质过高，对孩子的皮肤及身体都会有影响，所以没法出口，在国外也不能销售。

5. 沟通

"沟通"是一个很重要的问题。这需要企业的高层管理人员、中层管理人员学会沟通，学会表达自己的理念，和利益群体实行真正地沟通，使大家能够支持你，这样才能更好地发展。作为企业来讲，利益群体的问题不能忽略，如今讲现代企业制度，讲公司治理结构，是很重要的，也是不可忽视的，所以在讲使命的时候，要考虑这些因素。

二、企业使命的重要性

1. 首先要保证目标一致

为什么保证目标一致呢？因为企业有不同的利益相关群体。例如，高层管理人员提出一种理念，那么下一层的管理人员，就要充分理解；否则，目标和理念自然分崩离析。所有者和经理人的关系就出现了很多这样的问题，因为双方在目标上不一致的情况下，就会出现很多背离，使职业经理人不能真正忠实于你的企业，就会出现跳槽、贪污等现象，当然还有其他问题，但目标一致是很重要的。

2. 为资源的更好配置打下好基础

资源在企业无非是人、财、物这几个方面的内容以及技术等等，那么当企业提出一个很好的战略，怎样去实现它？不是几句空话，例如以人为本也好，标本兼治也好，所能实现的，是要把企业现有的资源或者希望得到的资源拿过来，怎样去分配、怎样能够保证企业使命的实现。

3. 调整利益相关群体间的分歧

股东也好，员工也好，可能和企业管理人员有冲突，他们自己之间也会有冲突，那么把使命提出来，大家一致往这个方向发展，这就逐渐地减少了他们的分歧，使他们在理念上趋于一致。

4. 解决管理者间的不同观点

管理者出身于不同的社会阶层，有着不同的教育背景，对于事物的认识是不同的，怎么能够更好地达到一种协调？通过使命，使他们更好地理解我们要做什么，这一点很重要。

5. 为目标和战略打下基础

指导企业更好地发展，这是企业的发展方向问题。

6. 使命必须与愿景相结合

仅有使命，没有愿景的组织不能有效地界定组织所希望达到的、最终可以评估的目标是什么。从本质而言，仅仅对照使命，组织无法衡量和评估他们所做的事情，使命是不能够达到的。因此，一个组织必须郑重宣布其愿景是什么。如果说使命为公司注入了激情，则愿景使激情得以延续。使命给予了公司一盏引路明灯，愿景则把使命转变为真正富有意义的预期结果，并指导组织如何分配时间、精力和资源。例如，Wal-mart 的使命是"永远低价"（Always Low Prices），在这一基础上，其所有的活动都是围绕这一原则展开的。在确定了这一使命之后，Wal-mart 在各个阶段都制定了愿景。"十年内成为阿肯色州收益最高企业之一"（1945年）；"4年内成为10亿美元企业"（1997年）；"到2000年，将店铺数扩大到两倍，每平方英尺的销售额增长60%"（1990年）。可见，只有激荡人心的愿景，才能唤起使命的活力。使命和愿景相结合，使员工既有了一个目标，也有了一个存在的理由。这使得组织能够做出许多不同凡响的事情。

第三节 企业战略目标

愿景和使命的概念建立起来以后，就需要确立企业的目标。目标是要把愿景转化成具体的效益，同时还要为效益提出一个衡量的标准，包括一些财务数据以及一些其他的数据。把目标具体化，就出现了财务目标和战略目标。但不管叫什么目标，它都是很具体的。例如企业提出轿车进入家庭，这样一种愿景，具体落实到怎么去做，需要通过一些数据来实现。战略目标是对企业战略经营活动预期取得的主要成果的期望值。战略目标的设定，同时也是企业宗旨的展开和具体化，是企业愿景中确认的企业经营目的、社会使命的进一步阐明和界定，也是企业在既定的战略经营领域展开战略经营活动所要达到的水平的具体规定。

战略目标包括以下几种类型：

（1）如何扩大公司的市场份额；

（2）如何获得低于经营对手的成本；

（3）如何扩大企业的声誉；

（4）如何在国际市场获得充分的发展；

（5）如何获得技术的优势；

（6）如何成为新产品的领导者；

（7）如何抓住发展的机遇。

以下是一些企业的战略目标：

达美乐——在30分钟内能够安全地运送热的、而且能保证质量的、低价位的或者是适当价位、满意价位的比萨饼；福特汽车——提高汽车的质量，开发新产品，减少新车上市的时间；GE公司——经营的业务，在各个市场上，都是独领风骚的，都是最好的；联想——做一个长久性的公司，做百年的老字号、做有规模的公司、做有国际性的市场定位的公司、一个高技术的公司。

德鲁克在《管理实践》一书中提出了八个关键领域的目标：

（1）市场方面的目标：应表明本公司希望达到的市场占有率或在竞争中达到的地位。

（2）技术改进和发展方面的目标：对改进和发展新产品，提供新型服务内容的认知及措施。

（3）提高生产力方面的目标：有效地衡量原材料的利用，最大限度地提高产品的数量和质量。

（4）物资和金融资源方面的目标：获得物质和金融资源的渠道及有效的利用它。

（5）利润方面的目标：用一个或几个经济目标表明希望达到的利润率。

（6）人力资源方面的目标：人力资源的获得、培训和发展，管理人员的培养及其个人才能的发挥。

（7）职工积极性发挥方面的目标：对职工激励，报酬等措施。

（8）社会责任方面的目标：注意公司对社会产生的影响。

企业的战略目标一般包括以下内容：

（1）盈利能力，用利润、投资收益率、每股平均受益、销售利润等来表示。

（2）市场，用市场占有率、销售额或销售量来表示。

（3）生产率，用投入产出比率或单位产品成本来表示。

（4）产品，用产品线或产品的销售额和盈利能力、开发新产品的完成期来表示。

（5）资金，用资本构成、新增普通股、现金流量、流动资本、回收期来表示。

（6）生产，用工作面积、固定费用或生产量来表示。

（7）研究与开发，用花费的货币量或完成的项目来表示。

（8）组织，用将实行变革获奖承担的项目来表示。

（9）人力资源，用缺勤率、迟到率、人员流动率、培训人数或将实施的培训计划数来表示。

（10）社会责任，用活动的类型、服务天数或财政资助来表示。

一个企业并不一定在以上所有领域都规定目标，并且战略目标也并不局限于以上十个方面。

章末案例

中国发展之路已行至大变革的前夜

中国在未来几年将面临巨大挑战，经济结构性问题、农村问题、社会问题、体制问题、贫富分化问题、区域问题以及环境问题成为中国能否逾越障碍，进入高速平衡的良性发展周期的关键因素。经济的快速增长并不能解决所有问题，我们所列举的七大问题绝非独立存在，它们之间存在千丝万缕的连动关系，这令中国解决这些问题的难度异常艰巨。

目前，中国经济结构性问题制约经济良性发展，过度投资的固定资产投资制约中国产业升级，越来越多的资金堆积在低效能的房地产等领域，使得中国的高科技产业发展缓慢，在全球产业转移的过程中，只能承接低端产业。从整个国家的整体来看，中国经济发展不平衡、低效率的增长模式在许多行业仍有发展空间，而中国经济的支柱又以低科技含量的地产为基础，使得中国的工业过多集中在高耗能的低端产业中，企业将剩余资金重复投入房地产业。目前中国已经形成了资金、地产和高耗能低端产业之间的恶性循环。回顾近几年的经济增长完全依靠投资拉动，而期望居民消费拉动经济增长的愿望年年落空，而居民消费指数却持续走低，中国必须寻求途径使消费支出在刺激经济增长方面扮演更为重要的角色，中国需要新的经济发展模式。

体制问题是中国下阶段改革能否成功的关键，2004年下半年以来，中国的整体改革局势及发展趋势开始发生一些微妙的变化，改革的步伐明显放缓，一些领域里的改革在原地踏步，甚至已出现倒退的迹象。保守改革思想开始占据主导位置，中国经济改革遇到了最难攻克的环节，正如中国经济改革的领导者邓小平曾经指出的，中国经济改革的关键在于自我改革。目前改革推进中已经触及国有经济体系内部及行政集权体制的切身利益，使得中国体制改革进入了短期内必须找到突破口的关键时刻。

社会问题的情况更加复杂，住房、教育、医疗、就业问题已经成为中国目前社会问题爆发的综合表现。在中国改革的过程中，如何保护社会的弱势群体成为中国能否获得稳定发展的社会基础的关键。目前中国存在着重效率轻公平，贫富差距不断加大，收入差距不断加大的现象，而且这些问题的不断出现正在影响社会的稳定和经济的平稳发展。中国全国人大提出了加大对农村投入的计划，以解决城乡差距和社会不平等问题。按照中国官方统计数字，到 2005 年底，中国绝对贫困的农村人口已经减少到 2365 万人。年人均收入在 683 元至 944 元的农村人口为 4000 万人。中国的消除贫困计划已进入到非常严峻的阶段。城市化发展过快导致资源过度使用，环境破坏严重，环境问题远比人们意识到的要严重，已经制约经济平衡发展，中国政府目前对于解决环境问题非常迫切，中国政府先后出台了一系列举措，而环境问题已经导致中国经济正在失去持续性增长的潜能。

因此我们建议中国需要站在全球化的视野去审视中国的未来发展，中国需要走的是更加开放的道路，在全球看好中国未来的基础上，将中国构建成为全球各方力量共同发展和竞争开放的舞台。中国的发展之路已行至大变革的前夜，目前经济高速增长为中国赢得解决问题的时间和资金，中国政府需要高瞻远瞩地处理好中国社会潜在的各种问题，而我们已经看到中国政府在"十一五"规划中，着重构建的和谐社会将是中国未来持续发展的关键。对于中国政府而言关键在于如何改善和完善国家制度，升华治国思想，优化社会矛盾，提升中国的国际地位，进而做到居安思危，找到有效化解矛盾的解决办法，为中国的可持续发展奠定基础。

复习思考题

1. 企业应该如何树立自己的使命和愿景？
2. 如何陈述企业的使命？
3. 如何理解企业愿景的内涵？
4. 在建立企业的战略目标体系时应该注意哪些方面？

第三章 企业战略的层次与类型

学习要点：

1. 战略的层次；
2. 企业战略的类型。

开篇案例

可口可乐（中国）关键成功因素分析

可口可乐公司从 1886 年创立以来，一直以其可口的碳酸饮料系列产品风靡全世界，历经 117 年长盛不衰。可口可乐公司于 1927 年进入中国，因故撤出后于 1979 年重返中国，并且成立了可口可乐（中国）有限公司。现在可口可乐（中国）有限公司已成为中国最大的饮料合资企业，每年上交国家各项税款达 30 亿元人民币。20 多年来，可口可乐（中国）有限公司取得了卓越的成绩，已成为软饮料销售市场的领袖先锋，被视为同行业的标本和典范。可口可乐公司为什么能在中国取得如此巨大的成功？通过在可口可乐（中国）饮料公司的切身工作体验，我深刻地认识到：可口可乐公司不仅是一个品牌营造公司，更是一个人才培训和实践基地，是快速消费品行业的"黄埔军校"。它努力为员工创造一切条件，发挥员工的特长，培养员工的技能，挖掘员工的潜能，真正做到人尽其才。正是可口可乐公司培养的这些优秀人才成就了该品牌。因此可以说，是独特有效的人才战略使可口可乐公司创造了骄人业绩，成为了全球第一品牌公司。

人才是企业最重要的经营资源，是一切财富中最为宝贵的财富。正确地制定和选择人才战略，努力开发挖掘人才，充分发挥各类人才的积极作用，是企业走向兴旺发达的关键。在经营发展过程中，人才对生产力的发展起着决定性的作用，对企业经营战略的实现起着保证作用。企业人才的业务技能、智力水平、管理水平的高低，直接制约着生产力中各要素效能的发挥，直接决定着劳动生产率的高低。总之，人才是企业生产经营活动不可缺少的要素，而且它对其他要素起着主导和决定性的作用。

下面让我们来具体分析可口可乐（中国）有限公司人才战略的一些成功经验和独到之处。不论是过去、现在、还是将来，只要是经营企业，销售商品，所有的发展战略、经营策略和市场营销手段均要切合当地实际情况，因为管理及营销均是科学性与实践性的统一。可口可乐公司 1979 年重返中国时，虽已有 90 多年的国际市场操作经验，但在中国真正开始经营实践却还是头一遭。如果坐在美国总部"纸上谈兵"，进行毫无针对性的经营决策，结果肯定不尽如人意。只有在当地了解具体实际情况，做出具体分析，进行针对性的决策，并让熟悉当地情况的本土人才去实施，才能达到预期的目的。纵观可口可乐公司用人策略，其最为独特的一点就是"本土化"。人才本土化理念对可口可乐公司的发展具有深远的意义，其理论精髓是：①在当地市场设立公司，所有员工都用当地人；②销售方针、人员培训由总公司统一负责，"让全世界的人都喝可口可乐"，历任可口可乐公司总裁都把这句话视为圭臬。要想让全世界的人都喝可口可乐，只有人才、市场销售等本土化，才能让这句豪言壮语成为可能，变成现实。所以，正是"用当地人"、"培训由总公司统一负责"这样的原则，使可口可乐（中国）公司取得了迅猛而又卓有成效的发展。可口可乐（中国）有限公司人才本土化战略具体体现在如下方面：

一、管理人员本土化

一般来说，跨国企业的中国公司员工给大家的印象往往就是大胡子、绿眼睛和西装革履的外国人；工作往往是一半时间在中国办公，一半时间在国外度假；除开秘书，没有更多的内部员工与之交流，一副深不可测的态势；交流语言毫无疑问是外方语言。而在可口可乐（中国）有限公司，则完全不是这种情况：①在中国，99%以上的可口可乐员工是中国籍员工；在可口可乐公司北京区，除总经理和财务总监来自中国台湾和澳大利亚，其他清一色是中国内地人。②所有管理人员的交流语言，不但有流利的英语，还有流利的汉语，甚至可口可乐（中国）有限公司外籍总裁均能用一口流利的中文进行对话和开玩笑；有许多外籍同事还能用上粤语和其他方言。③所有文件来往均用中英文两种文本。这毫无保留的管理人才本土化，是真正的本土化魅力所在。试想还有另外哪一家跨国企业能有如此的气度，在进入非本土国度之初就敢实施如此大幅度的高层次人才的本土化？只有"玻璃天花板"的巨大晋升空间，才能让本土管理人员能够真正解除后顾之忧，踏踏实实地与企业共同成长，毫无顾虑地为企业长期服务。

二、具体操作人员本土化

可口可乐产品的销售网络延伸到哪里，就在哪里选人用人。可口可乐公司管理层认为当地具体操作人员具有得天独厚的条件：一是熟悉商情，包括街区、商家情况、购买习惯等，能使可口可乐饮料的销售工作尽快融入当地环境；二是影响范围大，当地具体操作员工的亲戚朋友都会受其工作影响，对其工作拓展提供帮助；三是队伍稳定，当地员工在本地安家，无后顾之忧，工作心态稳定，可集中精力投入工作。这些先天优势是外来人员无法比拟的。所以，在中国的23个装瓶厂及可口可乐（中国）有限公司的所有办事机构，具体操作人员全都是本土人。在这里，本土化不仅仅包含招聘本地员工的意思，还会针对本地情况作更深一步的开发。如在北京区域招聘下岗大嫂作理货员，在上海招聘社区街道人员进行信息搜寻收集等，均是本土化策略最杰出最深入的延伸。通过这基本上清一色的中国籍员工来管理当地可口可乐系统，参与世界第一品牌的实际管理和运作，使得可口可乐（中国）有限公司员工能够站在巨人的肩上，运用最先进的管理和运作手段，开发市场和拓展渠道，因而可口可乐（中国）有限公司的成长速度非同一般。反过来，这又能促使企业充分考虑当地的实际情况，开展因地制宜的活动，因而就不会像许多跨国企业来到非本土国家后水土不服。所以，2001年本土人员推出的夏季"可口可乐方正电脑动感互连你我他"促销活动成功了，针对亚太区推出的"酷儿"果汁成功了，本土化品牌"醒目"上市成功了……可口可乐公司本土化策略虽取得卓有成效的成绩，但它并没有墨守成规，紧抱着其理念不放。近年来，可口可乐公司又推出"THINK LOCAL, ACT LOCAL"的本土化思想，其要点为：根据本土的需要而作相关的决定。顺应北京近年来取得的可观成绩和即将成为2008年奥运会主办城市所需强大的人力支持，可口可乐公司于2002年12月将原可口可乐（中国）公司北京办事处调整升格为隶属于亚太区的独立北京区。同时，为2008年做准备，对北京区实行更为本土化的人才政策，北京区选拔和提拔人才将有更大的自主权。可以看出，可口可乐（中国）有限公司被评为中国最成功的本土化跨国企业，其实施的本土化人才策略功不可没。通过本土化策略的实施，不但大大节约了管理资源，使管理更切合当地实际，同时与当地政府关系也更加紧密和融洽；不但培养了大批本土化管理人才、业务人才，使各项政策顺利实施，同时也为长远发展提供强有力的后劲；不但使本土文化跟上全球化发展，使内外沟通更加容易，为当地带来巨大的经济效益和社会效益，同时也使文化融合更加和谐，企业因而长盛不衰。"每一个企业均有两种价值：商业价值和社会价值，这两种价值是否完善，是企业领导人高远志向的体现。"可以说，人才本土化策略的实施，让可口可乐公司在中国达到了其他企业望之莫及的双重高度。

第一节　战略的层次

企业战略可分为三个层次：公司战略（corporate strategy）、业务战略或竞争战略（business strategy）和职能战略（functional strategy）。公司战略，又称总体战略，是企业最高层次的战略。公司战略关系到企业未来的发展方向。它需要根据企业的目标，选择企业可以竞争的经营领域，合理配置企业经营所必需的资源，使各项经营业务相互支持、相互协调。如在海外建厂、在劳动成本低的国家建立海外制造业务的决策。

公司的二级战略常常被称作业务战略或竞争战略。业务战略涉及各业务单位的主管及辅助人员。这些经理人员的主要任务是将公司战略所包括的企业目标、发展方向和措施具体化，形成本业务单位具体的竞争与经营战略，如推出新产品或服务、建立研究与开发设施等。

职能战略，又称职能层战略，主要涉及企业内各职能部门，如营销、财务和生产等，如何更好地为各级战略服务，从而提高组织效率，如生产过程自动化。

第二节　企业战略的类型

企业战略的类型，如果按照其内容和范围划分，可分为企业总体战略，职能战略（如人事战略、生产战略、销售战略、技术战略、财务战略等）和方法手段战略（含研究开发战略、协作战略、合并和收买战略、集团化战略、分散化战略等）；若按其特点分类，可分为扩张型战略，稳定型战略，收缩型战略和混合型战略。这些战略类型都或多或少地影响企业的发展。

一、按企业的成长方向划分

企业在管理过程中，要正确处理战略、环境、组织三者之间的关系。企业在确定了自身的使命和目标之后，就要选择发展的途径。可以将企业的成长方向划分为四种类型，即市场渗透、产品开发、市场开发和多角化。

（1）市场渗透战略是企业在原有产品和市场上进一步扩大，提高占有率的战略。这是进行纵向渗透的战略。所以，企业必须尽可能稳定原有顾客，设法使其增加购买量，并通过提高产品质量，降低产品价格改善服务，以及加强广告和促销等措施，占领竞争对手的市场，并深入进行市场调查，争取潜在的顾客。

（2）市场开发战略是企业用现有的产品开辟新的市场领域的战略。当市场上企业现有的产品已经没有进一步渗透的余地时，就必须设法开辟新的市场，比如将产品由城市推向农村，由本地区推向外地区等等。

（3）产品开发战略就是通过改进现有产品或开发新产品来扩大企业在现有市场销售量的战略。比如增加产品的规格式样，开发产品新的功能等，以满足不同顾客的需要。而对于过时的产品，就必须果断地加以淘汰。

（4）多角化经营战略指的是企业在市场和产品两方面都从现有领域面向新的领域求得发展，从而形成多个产品、市场领域。在美国众多的大型企业都经常采用这种战略。

生产产品的企业都需要使用到许多的资源，因此资源是企业经营的基本条件。它包括很多方面，比如矿藏、水、电力、煤炭等。现就投资战略和物资采购战略作一些说明。

企业投资战略对企业的生存和发展具有决定性的影响。因此，企业经营者必须审时度势，抓住机会，制定正确的投资战略。为此，要正确分析投资机会的制约因素，并采取适当的投资战略决策方法。

投资机会的制约因素，通常都包括以下四个方面：一是产品寿命周期；二是产品赢利水平；三是资源供应状况；四是科技发展动向。而其选择的方法一般有两类：一是产品群组合法，它是依据市场占有率和市场成长率将企业现有产品组合成各类产品群；二是投资分类管理法，它主要根据市场吸引力和企业实力这两方面的情况将企业所有产品分成9类。这一方法是由美国通用电气公司创立的。

物资采购战略是企业为维持生产经营活动的连续性，而及时购入的各种生产资料，包括设备、原材料、零部件及其他生产过程中必要的消耗品。这个物资采购战略，既不能拖延供应或供应的物资不符合生产要求而造成再生产过程中断，也不能盲目过量地采购而造成的物资积压。

二、按企业之间的竞争划分

在同一产业部门内部相互竞争的企业，都会采用不同的战略来争取自身的竞争优势，以求获取稳定的高额利润。企业之间的竞争战略概括为如下几种类型：

（1）低成本战略，又称为全面成本战略，是通过采取各种措施，全面降低成本，从而以比同类产品更低的价格战胜竞争对手的战略。为此，企业主就必须不断地进行技术设备更新，借以提高劳动生产率；同时采取措施，不断降低生产费用，销售费用，科研开发费用及其他间接费用。

（2）产品差异性战略，它通常是指在同类产品市场中，突出自己产品同竞争对手的差异与不同特点，以加强自己产品竞争力的战略。

（3）集中性战略，它在市场整体中选定一个细分化市场，包括某一类顾客，某种特定用途的产品，或某一特定地区等，集中投入资源，以取得成本方面或差异性方面优势的战略。

以上三种竞争战略各具优势，美国目前有影响力的大企业就是根据自身的资源情况、产品和市场特点，以及竞争企业的战略等因素灵活地加以运用，最终赢得了市场竞争中的领先地位。但是，这三种竞争战略如果运用不好，也能使企业陷入被动的境地。

三、按经营发展划分

企业的国际化经营战略，事实上就是指企业以国际市场为舞台进行的经营活动，包括出口贸易和国外直接投资，发展企业，参与国际分工和国际竞争。其经营发展战略大体上可以分成以下四种类型：

1. 市场渗透型战略

这种战略是按照"以现有产品满足国内现有需求——以现有产品出口满足相同需求——向国外发展企业生产相同产品"的模式展开的战略类型，它首先是把面向国内市场的现有产品转向出口，用于满足与国内市场相同的国外市场需求，然后发展为按照相同需求在国外投资设厂组织生产。美国的许多跨国公司就是按照这种模式渗透到世界各地的。大家知道的世界著名可口可乐公司就是典型。

2. 产品开发型发展战略

这种战略是按照"以现有产品满足国内需求——以新产品满足国外市场的现有需求——到国外发展企业"的模式发展。它的要求是首先要从生产满足国内需求的现有产品转为生产满足国外市场现有需求的新产品，然后过渡到在国外发展企业，生产满足国外市场现有需求的新产品。

3. 市场开发型战略

它是按照"以现有产品满足国内现有需求——以现有产品满足国外市场新需求——到国外投资发展企业"的模式展开的战略。它首先要将满足国内现有需求的现有产品转为面向国外市场的新需求，然后发展到国外设厂就地组织生产这种产品的生产和销售。

4. 多角化经营型战略

这种战略按照"以现有产品满足国内现有市场需求——以新产品满足国外市场的新需求——到国外投资发展企业"的模式发展。按照这种战略，企业首先要过渡到按照国际标准、国际水平和国际市场多种需求组织生产新产品，并相应地建立国外销售系统，然后再过渡到在国外就地组织生产多种新产品，以适应国外市场的新需求。

章末案例

东阿阿胶：养在深闺人未识——从波特模型看东阿阿胶的投资价值

中国有所谓"大道至简"一说，从投资界的实践来看，的确如此。几乎所有的大投资家，从巴菲特到彼得·林奇，从格雷厄姆到一批海外华人巨头，无不遵循一个简单的投资理念，即投资决策主要是基于对基本面的研判。重视基本面的投资理念，在中国资本市场上曾经弃之如敝屣，愈穷愈光荣是二级市场的真实写照，绩优公司的股价静如古井，ST、PT 公司的股价倒是一飞冲天。此情此景，令许多著名境外投资机构连呼"看不懂"。但是，不规范的东西终究不能长久，在本轮下跌行情中，许多不注重公司基本面的投资者损失异常惨重，一些缺乏基本面支撑的所谓庄股其下跌幅度远远大于大盘的同期跌幅。以"坐庄"和"跟庄"为标志的过度投机时代已经成为历史。由此，经历了风风雨雨的洗礼后，中国资本市场上主流的投资理念将渐趋成熟，去繁就简，以基本面指导投资决策将成为大多数机构遵循的基本准则，而一些基本面相当出色却未必善于修饰自己的企业将从后台走向前台，而率先挖掘出这些企业的机构将充分体会领先一步的种种优势。

关于企业基本面的评判，目前投资界并没有形成统一的观点。在欧美市场上，高水平的分析师在评判企业基本面时用得比较多的是波特的竞争优势理论，即从现有竞争对手的竞争、进入威胁、替代威胁、买方砍价能力、供方砍价能力五个方面来评价企业在市场竞争中所具备的竞争优势并由此推断企业未来的发展潜力。

笔者以中国资本市场上一个并不善于推销自己的企业——东阿阿胶（0423）为例来说明波特理论在研究企业基本面中的作用。从财务业绩来看，东阿阿胶显然是一家相当优秀的企业。作为一家地理位置相当偏僻的上市公司，东阿阿胶在过去的几年中一直保持了飞速的增长。在优秀的财务业绩的背后，是其倾心培育并不断成长的核心竞争优势。东阿阿胶所立足的中药产业是中国为数不多的具备国际竞争力的产业之一，产业发展空间广阔，这一点可以从港商巨头如李嘉诚等马不停蹄地奔波于海内外以求大手笔介入中药业等可以看出。在高科技的泡沫渐渐退去之后，国内的许多企业也意识到真正能做大的还是自己有优势的产业。产业选择仅仅是建立竞争优势的前提条件之一。波特指出："企业在产业中的地位更为重要。"公司在产业中的地位也就是公司与现有竞争对手的竞争。东阿阿胶在阿胶产业内的优势显然是有目共睹的。在阿胶市场上，东阿阿胶的市场占有率约为70%左右，尤其是，东阿地区的天然水质非常适宜阿胶产品的泡制，其上千年的阿胶制作历史使这一地区的阿胶产品已经形成了源远流长的声誉。东阿阿胶几乎就是优质阿胶的代名词。因此，在与现有竞争对手的竞争中，东阿阿胶显然已经取得明显的竞争优势。考虑到有很多行业是因为存在新的进入者而使得整个行业竞争格局发生急剧的变化——华润携巨资介入啤酒行业就是一个典型——潜在进入者的威胁对企业竞争优势的形成也具有重要影响。潜在进入者的威胁在相当大程度上是取决于行业的进入壁垒，阿胶产业的进入壁垒初看并不高，其实行业外的企业真正要介入并不容易。其一是东阿阿胶的制作工艺是经历了上千年的发展而渐趋成熟的。其二是东阿阿胶已经在市场上树立起领先的品牌优势，对于保健品而言，消费者的信赖对品牌的发展几乎具有决定性的意义。但是，在保健品领域真正建立起品牌并不容易。消费者可能有跟着广告走的倾向，但这并不意味着广告投入可以建立起消费者的信任感。任何希望新进入阿胶产业的企业都必须考虑自己在与东阿阿胶进行品牌竞争时有几分胜算把握。从替代产品的威胁来看，有可能替代阿胶的产品不外乎是三种，其一是化学合成类补血药物，其二是生物医药类补血药物，其三是其他中药类补血药物。但是，化学合成类补血产品的长期效果尚待市场检验，而生物制药类补血产品受技术条件的制约，短期内不可能对东阿阿胶的产品造成很大的影响。尤其是，在安全性问题上，化学合成类补血产品以及生物医药类补血产品很难与历史悠久的阿胶产品相比。天然药物得到全世界的空前重视也说明了医学界对于药物安全性的高度重视。从各种中药类补血药物的疗效来看，阿胶的独特疗效已经历史考验，为其他中药类产品替代的可能性几乎不存在。东阿阿胶在与供应商的讨价还价过程中处于非常有利的地位，驴皮是生产阿胶最主要的原材料，而东阿阿胶垄断了国内大部分优质驴皮的采购，其完善的采购渠道既可以确保在采购环节上东阿阿胶与竞争者相比处于有利地位，同时由于驴皮的供给方相对分散而需求却相对集中于东阿阿胶等数家厂商，东阿阿胶可以通过供应商之间的竞争提高自身控制成本的能力。从东阿阿胶与消费者的砍价能力来看，由于缺乏强有力的竞争对手，东阿阿胶可以凭借自己在阿胶产业中的垄断地位主导阿胶的产品价格，而且，随着人类保健意识的增强和对天然药物需求的提高，阿胶的客户生态链将更趋稳固，这一趋势将使得东阿阿胶在面向消费者的竞争中居于主动地位。基于波特五要素模型的分析表明：无论是从现有的产业地位还是从进入威胁、替代威胁、买方砍价能力、供方砍价能力等角度，东阿阿胶都已经建立起明显的竞争优势，这种蕴藏在财务业绩后面的核心能力，才是企业真正的"基本面"，值得所有投资者关注。当然，基于波特模型的分析也表明存在一些需要东阿阿胶关注的问题：例如如何提高行业的进入壁垒以减少潜在进入者的威胁，可以采取的手段可能包括形成更强大的规模优势、提高对销售环节的控制能力以及如何在自身已经居于产业主导地位的产业上通过开发更符合消费者需要的产品来扩大产业空间。另外一个值得考虑的问题是：如何将其在阿胶产业上形成的品牌优势渗透到其他相关的产品链中。但东阿阿胶良好的基本面则是毋庸置疑的。有意思的是，这样一家具备核心能力的上市公司，其市盈率却长期低于医药行业的平均市盈率，更低于中药板块的平均市盈率，此种状况，既表明中国资本市场存在非常明显的信息不对称现象，也表明市场尚未形成成熟的投资理念。

复习思考题

1. 公司的二级战略的具体内容有哪些?
2. 企业经营发展战略大体上可以分成哪几种类型?

第四章　战略分析

学习要点：

1. 战略的形成经过战略环境分析；
2. 判断竞争对手主要分析的要素；
3. 战略环境分析流程；
4. 战略的分析结果。

开篇案例

严介和揭秘逼债风暴：都是苏商集团惹的祸

　　总共 3.82 亿元的银行贷款，竟然让胡润 2005 年百富榜第 2 名和 2006 年百富榜第 16 名的严介和陷入了巨大的风暴之中。严介和上周接受本报专访的时候，揭开了其中的奥秘。祸起苏商集团太平洋建设集团有限公司法人代表严介和陷入的债务风暴，完全来自江苏省内，始作俑者是中国银行江苏分行。江苏省外银行没有加入追债队伍，虽然可能与发放 0.99 亿元贷款时采用了应收账款质押的方式有关，但江苏省内的 2.83 亿元贷款也不完全都是信用贷款。严介和说，其中有 1 亿多元贷款也采用了应收账款质押。发现中国银行江苏分行提出收贷后，其他银行相继跟进追收未到期的贷款。对于银行的群起逼债，严介和最初给记者的解释仍旧和在其他场合的一样，即胡润 2005 年百富榜是灾祸的根源，由于媒体普遍质疑自己骤增财富的真实性，因而银行出于风险意识考虑竞相追收贷款。但在记者的再三追问之下，严介和承认这和自己在上海设立苏商建设集团有限公司有关。苏商集团的前身是江苏长城建设有限公司。今年 1 月 4 日，江苏长城从南京迁往上海。1 月 16 日，浦东工商局准予其变更为苏商集团。虽然严介和是苏商集团的法人代表，但他和其没有任何的产权关系。在苏商集团 5500 万元的注册资本中，陈晓明、沙正大、胡建军、胡宽和张文每人出资 1100 万元，各自持股 20%。太平洋建设集团成为"皮包公司"。虽然苏商集团和太平洋建设没有产权关系，但太平洋建设控制下的大量优质资产却迅速向其积聚。按照严介和把太平洋建设改造成为控股式的"皮包公司"计划，太平洋建设下辖的江苏太平洋房地产开发有限公司、江苏太平洋装饰设计工程有限公司、江苏太平洋玻璃有限公司、江苏太平洋酒业有限公司、江苏太平洋工程机械有限公司和淮安太平洋工程有限公司等 6 家子公司，主要去处就是苏商集团。用严介和的话说，苏商集团目前的总资产在 30 亿元左右，而净资产占到 80% 以上。苏商集团把太平洋建设旗下大量优质资产拿走的同时，却把子孙公司的贷款担保责任留给了将成"皮包公司"的太平洋建设。严介和也承认，太平洋建

47

设目前在江苏省内承担的 2.83 亿元担保贷款，苏商集团旗下子孙公司占了相当部分。在这种情况下，贷款银行面对一个微妙的态势：持有贷款公司股权的苏商集团和银行没有担保关系，而有担保责任的太平洋建设却是个近乎虚拟的"皮包公司"。因此，尽管严介和一再表示自己有数倍于贷款金额的应收账款可以保证贷款的安全，但银行仍然毅然决然地通过司法途径以求尽快拿回贷款。于是，苏商集团从上海回撤南京，是严介和眼下"救火"的核心步骤。苏商集团将撤回南京"苏商集团最晚将在明年撤回南京，目前已经准备在上海新设沪商集团。苏商集团的部分股东也将撤回南京，还有部分股东则留下来投身沪商集团。"严介和继续说："但与沪商、京商、龙商、渝商和粤商等另外 5 大集团的跨省市发展模式不同，回撤南京后的苏商集团将只做江苏省的业务，以充分表明太平洋建设对江苏的感情。目前可以明确的是，回撤南京后的苏商集团将肯定不会和太平洋建设在一起办公，这与另外 5 大集团一样严格建立'防火墙'。"这显然不是严介和的初衷。严介和今年年初在接受记者专访时还表示，自己要在太平洋建设之外再行组建两大集团，一个是在上海组建负责为太平洋建设融资的苏商集团，一个是在北京组建负责为太平洋建设融通关系的长城集团，以此来形成产业、资本等方面的完美链条。显然，组建才几个月就要回撤南京的苏商集团，其定位与严介和当初的想法已经大相径庭。据了解，由于太平洋建设旗下企业每年为所在的江苏各地创造了大量的税收，因而严介和收购的几十家江苏企业很少有从收购地外迁的。在这之前，只有置换进 SST 纵横的江苏省东辰公路工程有限公司从收购地的泗阳县搬到了苏州工业园区，搬到苏州后即更名为苏辰公路工程有限公司，但前不久，严介和又将苏辰总部回迁到了泗阳县。不过，他拒绝透露回迁的原因。同样，对记者就苏商集团回撤南京的追问，严介和没有做出正面的回应，只是意味深长地感叹道："我以前的个性太过张扬，太过激情，这不是我名字中的中庸本意。悲壮跳下汨罗江的屈原，痴迷到疯疯癫癫的李白，都不是我严介和效仿的榜样。要知道，明明白白的妥协是高尚，坦坦荡荡的妥协是英雄。"

相关资料：

严介和 BT 模式之忧：中国宏观调控的产物

太平洋建设集团一直以 BT 模式生存于市场，即带资建设城市基础设施后再移交业主，由业主分期还款。例如，假设太平洋集团为某城市建设一个耗资 1 亿元的某项目，市政府有关部门只需付 30% 左右的首付款，其余款项可按工程进度逐年支付。一般而言，地方政府会为该项目提供支付担保。如果严介和仅立足于他所独创的 BT 项目建设模式的话，也许今天至少资金链不会如此紧张。但是，严介和的真正用意是通过为欠发达地区搞 BT 建设，并与地方政府建立良好的合作关系，从而能够以"零成本"、"零竞争"方式收购当地国有企业，由其重组后，或经营或出售而获利。成也萧何，败也萧何。严介和正是在收购国企上面栽了大跟斗。严介和收购欠发达地区国企有"四不"：很少或根本不进场尽职调查、不管各自所处行业相差多么悬殊、不需要提供收购可行性研究报告、不考虑地区经济发展现状，加之严介和缺乏收购成功最为关键的人才和整合能力，其收购与整合当地国企的成功概率很低。但是，收购的一个负面后果是：要整合这些企业，严介和需要投入太平洋集团的大量资金，一旦这些资金不能很快产生现金流，出现危机也就在所难免。

以下是战略分析图：

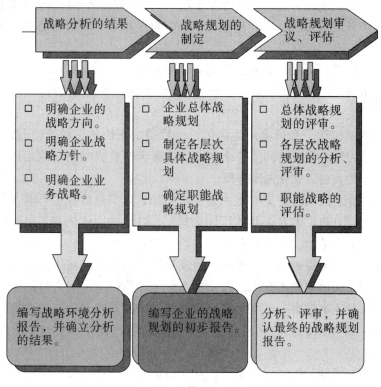

图 4 - 1　战略分析图

第一节　战略环境分析

战略环境分析是企业在制定战略之前，对企业所处的环境进行分析、评价，并预测这些环境未来发展的趋势，以及这些趋势可能对企业造成的影响及影响方向。

战略环境分析包括企业外部环境分析和内部环境分析两部分。

一、外部环境分析

外部环境分析包括宏观环境分析和微观环境分析：

（一）宏观环境分析

1. 政治法律环境分析

政治法律环境是指一个国家或地区的政治制度、体制、方针政策、法律法规等方面。这些因素常常制约、影响企业的经营行为，尤其是影响企业较长期的投资行为。

2. 经济环境分析

经济环境是指构成企业生存和发展的社会经济状况和国家经济政策。社会经济状况包括经济要素的性质、水平、结构、变动趋势等多方面的内容，涉及国家、社会、市场及自然等多个领域。国家经济政策是国家履行经济管理职能，调控国家宏观经济水平、结构，实施国家经济发展战略的指导方针，对企业经济环境有着重要的影响。

企业的经济环境主要由社会经济结构、经济发展水平、经济体制和宏观经济政策四个要素构成。

企业的经济环境分析就是要对以上的各个要素进行分析，运用各种指标，以准确的分析宏观经济环境对企业的影响，从而制定出正确的企业经营战略。

3. 社会文化因素分析

社会文化环境包括一个国家或地区的社会性质、人们共享的价值观，人口状况、教育程度、风俗习惯，宗教信仰等各个方面。从影响企业战略制定的角度来看，社会文化环境可分解为人口、文化两个方面。

人口因素对企业战略的制定有重大影响。例如，人口总数直接影响着社会生产总规模；人口的地理分布影响着企业的厂址选择；人口的性别比例和年龄结构在一定程度上决定了社会需求结构，进而影响社会供给结构和企业生产；人口的教育文化水平直接影响着企业的人力资源状况；家庭户数及其结构的变化与耐用消费品的需求和变化趋势密切相关，因而也就影响到耐用消费品的生产规模等。对人口因素的分析可以使用以下一些变量：离婚率、出生率和死亡率，人口的平均寿命，人口的年龄和地区分布，人口在民族和性别上的比例变化，人口和地区在教育水平和生活方式上的差异等。

企业对文化环境的分析过程是企业文化建设的一个重要步骤，企业对文化环境分析的目的是要把社会文化内化为企业的内部文化，使企业的一切生产经营活动都符合环境文化的价值检验。另外，企业对文化的分析与关注最终要落实到对人的关注上，从而有效地激励员工，为顾客服务。

4. 技术环境分析

企业的技术环境指的是企业所处的社会环境中的科技要素及与该要素直接相关的各种社会现象的集合。粗略地划分企业的技术环境，大体包括四个基本要素：社会科技水平、社会科技力量、国家科技体制、国家科技政策和科技立法。

在战略制定过程中必须考虑技术因素所带来的机会与威胁。技术进步既可催生新兴企业，也可促进现有企业的衰亡。

（二）微观环境分析

1. 产业环境分析

（1）波特五力分析

迈克尔·波特（MichaelPorter）于 20 世纪 80 年代初提出，对企业战略制定产生了全球性的深远影响。用于竞争战略的分析，可以有效的分析客户的竞争环境。

五种力量模型将大量不同的因素汇集在一个简便的模型中，以此分析一个行业的基本竞争态势。五种力量模型确定了竞争的五种主要来源，即供应商和购买者的讨价还价能力，潜在进入者的威胁，替代品的威胁，以及来自目前在同一行业的公司间的竞争。一种可行战略的提出首先应该包括确认并评价这五种力量，不同力量的特性和重要性因行业和公司的不同而变化（如图4-2所示）。

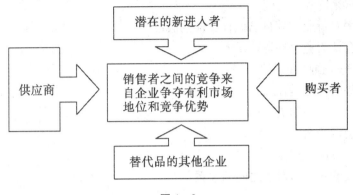

图4-2

（2）行业所处的的生命周期分析

每一行业均有各自不同的生命周期，就是同一行业也因其发展的不同，而处于不同的阶段。在一个行业的生命周期的不同阶段，企业所面临的微观环境有较大差别，客观上要求企业必须制定相应的匹配战略。因此，在制定企业发展战略时，明确企业所处的生命周期阶段，至关重要。

（3）行业动态性、复杂性的分析

在企业进行多元化发展时，对欲进入的行业的动态性、复杂性的分析，有助于企业识别该行业的前景，以及对该行业盈利性的把握度，初步作出是否进入的结论。

（4）行业关键成功因素分析

各行各业的成功均有其成功的基础和必须具备的关键成功因素，掌握和分析其关键成功因素，是制定战略的重要手段。

2. 主要竞争对手分析

成熟市场不乏大量的竞争对手，其中有市场领先者、市场挑战者、市场追随者和市场补缺者。在分析竞争对手时，对所有竞争对手进行分析是不现实的，也是不必要的。确定主要竞争对手，并对其进行详细分析，确定其优势与劣势、对公司的威胁，以及其成功的关键因素，是公司制定进攻或防守战略的关键。主要竞争对手分析，可从以下四种判断要素进行分析：

（1）长远目标

什么驱使着竞争对手？

未来的重点在哪里？

我们的目标与对手的目标相比如何？

对待风险的态度如何？

（2）现行战略

对手在做什么？

我们现在如何竞争？

这种战略是否符合竞争规则？

（3）假设——关于自身和产业

我们认为未来容易变化吗？

我们的对手对行业及其自己做什么样的假设？

我们是否会认为竞争环境稳定？

（4）能力——强项和弱项

对手的优势和劣势是什么？

与对手相比，我们的能力如何？

对手未来会做什么？

我们在哪些方面具有竞争优势？

这会如何改变我们与对手之间的关系？

3. 标杆分析

在对主要竞争对手进行分析后，找出行业的标杆企业，进行标杆学习，是企业得以快速提升的有效捷径 。目前国内有相当一批企业都在朝着世界 500 强企业的方向努力着，他们有远大抱负和不畏挑战的勇气。但是，我们可以清晰地看到，他们在成为世界一流企业的路上还有十年甚至几十年的路要走，而认识到与 500 强为代表的世界优秀企业之间的差距或许正是迈向未来成功目标的第一步。通过深入对比国内外知名企业在制定战略、经营管理等方面的差距，从而为企业找到一面镜子，从中得到启发，为战略制定提供依据。

4. 顾客分析

满足顾客的需求，以顾客为导向，是现今买方市场的必然要求。一切以顾客为导向，就要从战略管理的源头抓起，从战略的高度加以重视，并贯彻到具体操作战略上去。顾客分析主要进行分析顾客群体结构、消费文化、消费习惯、消费能力和消费方式等。

二、内部环境分析

1. 公司既有使命、目标和策略的分析

分析评价公司目前的既有使命、目标和策略的运行效果，从中检验出其优缺点，为重新调整、制定战略提供依据。

2. 资源分析

在公司层战略，有一项重要的工作就是在确定各业务单位的业务组合后进行资源分配，以使战略能很好地与资源匹配，充分发挥战略的主导作用。

资源分析一般包括：

（1）有形资源分析：财物资源、组织资源、实物资源、技术资源。

（2）无形资源分析：人力资源、创新资源、声誉资源。

3. 能力分析

能力指是在企业经营运作的价值链中，每一环节的运作优势。在众多的能力中，企业如在关键环节建立了自己独特的竞争优势，则能形成企业的核心竞争力。持久性核心竞争力是企业参与竞争并取得胜利的重要法宝。

判断持久性核心竞争力的四种标准有：

（1）有价值的能力；

（2）稀有的能力；

（3）难于模仿的能力；

（4）不可替代的能力。

4. 价值链分析

价值链是一个公司为顾客创造价值的主要活动和相关的支持活动的总和。

通过价值链分析，可以揭示公司内部开展的各项活动和功能的优劣及各环节的成本。在此基础上进行标杆学习和绩效分析，可以找出与竞争对手的差距，降低公司各环节经营成本，提高绩效，优化价值链，提高公司运营管理水平，形成并增强公司的核心竞争能力。

5. 组织结构和组织文化的分析

组织结构是实施企业战略、进行规范化管理、传达组织命令的神经网络。组织结构的设计是否与现行公司战略相匹配，是评价组织结构设计合理与否的重要指标。战略的变化将导致组织结构的变化，组织结构也可影响战略的选择，但是如果一项新战略要求进行大规模的组织结构调整，那也不是一个理想的选择。进行企业战略咨询时，分析企业组织结构是否与现行战略相匹配，是咨询分析工作的重要环节。与现行战略相匹配的组织文化，能给战略顺利实施以适宜的土壤，帮助战略在组织内顺利生根、发芽，枝叶茂盛。战略的实施需要组织内全体人员的参与，而组织内人员的工作态度和工作方式，与组织文化息息相关。在战略制定过程中应重视和保存现有企业文化中那些支持新的战略的方面，确认和改变企业现有文化中与新的战略相矛盾的方面。

补充材料

（一）外部环境分析

企业的外部环境是指存在于组织外部，影响企业经营活动及其发展的各种客观因素与力量的总和，是由短期内不受企业所支配的变量组成的、不可控的因素。企业通过收集信息来认识外部环境。外部环境的关键战略要素包括社会环境和任务环境两个部分。其中社会环境包括：

（1）经济环境：企业经营过程中所面临的各种经济条件、经济特征、经济联系等客观因素。研究经济环境的主要指标有国民生产总值、人均收入、人口、价格等，此外还有利率、货币供给、通货膨胀率、失业率、工资物价、汇率、能源供给成本、市场机制完善程度等。

（2）技术环境：一个国家和地区的技术水平、技术政策、新产品开发能力以及技术发展动向等。技术对企业的经营影响是多方面的，比如技术进步使企业的产品和服务需求发生变化，从而给企业提供新的发展机会。但一种新技术往往还带来对其他技术或行业的"破坏"。衡量技术环境的指标包括整个国家的研发经费总额、技术开发力量集中的焦点、知识产权与专利保护、实验室技术向市场转化的最新发展趋势、信息自动化技术带来的生产率提高前景等。

（3）社会文化环境：一个国家或地区的民族特征、文化传统、价值观、宗教信仰、教育水平、社会机构、风俗习惯等。文化和价值观是较为稳定、难以改变的。每种文化都是由许多亚文化组成的，亚文化群体有共同的社会态度、偏好和行为，从而表现出相同的市场需求和类似的消费行为。社会组织结构的变动表现在共同利益群体成为影响社会经济生活的重要力量，如政党、行业协会等。社会文化的关键战略要素有：生活方式的演变、人们期望的工作水平、消费者的活跃程度、家庭数量及增长速度、人口年龄的分布状况及其变动趋势、人口区域的迁徙情况、平均寿命增长情况、出生率等。

（4）政治环境：一个国家或地区的政治制度、体制，政治形势、方针政策、法律法规等方面。政府的政策广泛地影响着企业的经营行为。企业战略应对政府具有长期作用的政策有所准备，对短期性的政策则视其有效时间或有效周期而作出不同的反应。作为国家意志的强制表现，法律、法规对规范市场和企业行为有着直接的作用。立法在经济上的作用主要表现在维护公平竞争、维护消费者利益、维护社会最大利益三方面。因此企业制定战略时，要充分了解法律的规定，特别是关注那些正在酝酿的法律，比如反不正当竞争法、环境保护法、税法、外贸法规、外企政策、政府政策稳定性与持续性等。

（5）自然环境：企业所在地域的全部自然资源所组成的环境，包括各种矿藏和地理气候等自然条件。

（6）任务环境：泛指能够直接影响企业主要运行活动或为企业主要运行活动所影响的要素及权利要求者，如供应商、竞争对手、社会公众、股东、客户等。

（二）行业分析

行业泛指由于产品类似而相互竞争以满足同类买主需要的一组企业。行业的生命周期与产品生命周期类似，也可以分为四个阶段，如图4-3所示：

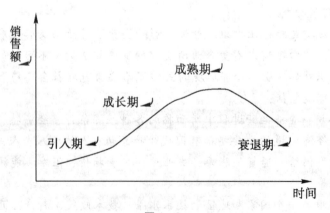

图4-3

（1）引入期：销售增长缓慢，产品设计未定型，竞争较少，风险很大，利润很低。

（2）成长期：顾客对产品的认知能力提高，购买踊跃，销量大增，产品差别化趋势出现以满足不同的需求，生产能力不足，市场竞争开始形成，企业抗风险能力增强，利润加速增长。

（3）成熟期：重复购买成为顾客行为的重要特征，销售趋于饱和，产品设计缺乏变化。生产能力过剩，竞争激烈，利润不再增长甚至回落。

（4）衰退期：销售明显下降，竞争由于某些企业的推出而缓和，利润大幅度下降。

一个行业并不一定随着时间的箭头自然老化，即不完全是时间的函数。许多衰退的行业后来又恢复了活力。文化、技术是影响行业生命周期的重要因素，经济、政治、法律会促进、抑制或延长行业生命周期的某一个阶段。

行业分析的首要任务是探索行业长期盈利的潜力，发现影响行业吸引力的因素，其内容包括行业性质、竞争者状况、消费者、供应商、中间商及其他社会公众等。

波特的竞争理论认为企业的获利能力取决于企业所在行业的竞争强度，而竞争强度则是由五种竞争力决定的。这五种竞争力包括：

（1）潜在的进入威胁：包括行业中新增企业和现有企业新增生产力两个方面。新进入者会造成价格暴跌或行业内企业费用飞涨，减少获利能力甚至威胁生存。竞争性进入威胁的严重程度取决于进入新领域的障碍大小和预期现有企业对进入者的反应情况，如图4-4所示：

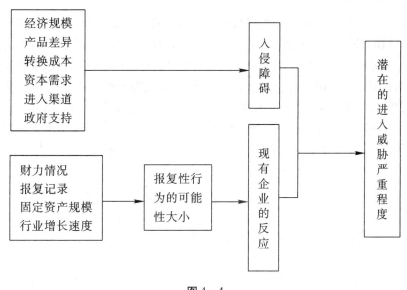

图4-4

（2）行业内现有企业的竞争：某厂商的竞争行为会对其他对手产生消极影响，从而触发报复或抵制该行动的努力，如果行动和抵制逐步升级，最后会使行业内的企业都蒙受损失。以下情况意味着竞争加剧：

①行业进入壁垒少，竞争者多；

②市场成熟，产品需求增长缓慢；

③产品差异性小，用户转换成本低，竞争者采取价格促销等低级营销手段；

④行业退出障碍高。

（3）替代品的威胁：替代品是一种竞争性产品，它通过规定某个行业内的企业可能获利的最高限价来限制该行业的潜在收益。

（4）供应商的讨价还价能力：这是指供应商通过提高价格或降低产品或服务的质量等手段来对行业内的企业所产生的威胁的大小。

（5）买方的讨价还价能力：买方主要通过压低价格和提高对产品质量和服务质量的要求，来影响行业中企业的盈利。

第二节　竞争对手分析

知己知彼，百战不殆。在当今经济全球化的市场经济条件下，竞争愈演愈烈，企业欲生存发展，就要采取有效的竞争战略，了解企业所在行业和市场以及参与竞争的对手，以提高每一步决策成功的把握。因此，竞争对手分析成为企业制订竞争战略中必不可少的一个组成部分。

一、竞争对手分析的主要的内容

1. 竞争对手的市场占有率分析

市场占有率通常用企业的销售量与市场的总体容量的比例来表示。竞争对手市场占有率的分析目的是为了明确竞争对手及本企业在市场上所处的位置。分析市场占有率不但要分析在行业中，竞争对手及本企业总体的市场占有率的状况，还要分析细分市场竞争对手的占有率的状况。分析总体的市场占有率是为了明确本企业和竞争对手相比在企业中所处的位置是什么？是市场的领导者、跟随者还是市场的参与者。分析细分市场的市场占有率是为明确在哪个市场区域或是哪种产品是具有竞争力的，在哪个区域或是哪种产品在市场竞争中处于劣势地位，从而为企业制定具体的竞争战略提供依据。

2. 竞争对手的财务状况分析

竞争对手财务状况的分析主要包括盈利能力分析、成长性分析和负债情况分析、成本分析等等。

竞争对手盈利能力分析。盈利能力通常采用的指标是利润率。比较竞争对手与本企业的利润率指标，并与行业的平均利润率比较，判断本企业的盈利水平处在什么样的位置上。同时要对利润率的构成进行分析，主要分析主营业务成本率、营业费用率、管理费用率以及财务费用率，看哪个指标是优于竞争对手的，哪个指标比竞争对手高，从而采取相应的措施提高本企业的盈利水平。比如，本企业的营业费用率远高于竞争对手的营业费用率。这里就要对营业费用率高的具体原因作出详细地分析。营业费用包括：销售人员工资、物流费用、广告费用、促销费用以及其他（差旅费、办公费等）。通过对这些具体项目的分析找出差距，并且采取相应的措施降低营业费用。

竞争对手的成长性分析。主要分析的指标是产销量增长率、利润增长率。同时对产销量的增长率和利润的增长率做出比较分析，看两者增长的关系，是利润的增长率快于产销量的增长率，还是产销量的增长率快于利润的增长率。一般说来利润的增长率快于产销量增长率，说明企业有较好的成长性。但在目前的市场状况下，企业的产销量增长，大部分并不是来自于自然的增长，而主要是通过收购兼并的方式实现。所以经常也会出现产销量的增长率远大于利润的增长率的情况。所以在作企业的成长性的分析的时候，要进行具体的分析，剔除收购兼并因素的影响。

其他的财务状况分析，如资产负债率的分析、成本分析，在很多财务管理书里都提到，这里就不再讨论。

3. 竞争对手的产能利用率分析

产能利用率是一个很重要的指标，尤其是对于制造企业来说，它直接关系到企业生产成本的高低。产能利用率是指企业发挥生产能力的程度，很显然，企业的产能利用率高，则单位产品的固定成本就相对低。所以要对竞争对手的产能利用率情况进行分析。分析的目的，是为了找出与竞争对手在产能利用率方面的差距，并分析造成这种差距的原因，有针对性地改进本企业的业务流程，提高本企业的产能利用率，降低企业的生产成本。

4. 竞争对手的创新能力分析

目前企业所处的市场环境是一个超竞争的环境。所谓的超竞争环境是指企业的生存环境在不断的变化着。在这样的市场环境下，很难说什么是企业的核心竞争力。企业只有不断地学习和创新，才能适应不断变化的市场环境。所以学习和创新成了企业的主要的核心竞争力。对竞争对手学习和创新的分析，可以从如下的几个指标来进行：

（1）推出新产品的速度，这是检验企业科研能力的一个重要的指标。

（2）科研经费占销售收入的百分比，这体现出企业对技术创新的重视程度。

（3）销售渠道的创新。主要看竞争对手对销售渠道的整合程度。销售渠道是企业盈利的主要的通道，加强对销售渠道的管理和创新，更好地管控销售渠道，企业才可能在整个的价值链中（包括供应商和经销商）分得更多的利润。

（4）管理创新。在我国，企业的管理水平一直处于一种较低的层次上。随着中国加入 WTO，国外的资本更多地参与到了国内的市场竞争中。在这样激烈竞争的市场环境下，企业只有不断的提高自身的管理水平，进行管理的创新，才能不被激烈的市场竞争所淘汰。通过对竞争对手学习与创新能力的分析，找出本企业在学习和创新方面存在的差距，提高本企业的学习和创新的能力。只有通过不断地学习和创新，才能打造企业的差异化战略，提高企业的竞争水平，以获取高于行业平均利润的超额利润。

5. 对竞争对手的领导人进行分析

领导者的风格往往决定了一个企业的企业文化和价值观，是企业成功的关键因素之一。一个敢于冒险、勇于创新的领导者，会对企业做大刀阔斧的改革，会不断地为企业寻求新的增长机会；一个性格稳重的领导者，会注重企业的内涵增长，注重挖掘企业的内部潜力。所以研究竞争对手的领导人，对于掌握企业的战略动向和工作重点有很大的帮助。对竞争对手领导人的分析包括：姓名、年龄、性别、教育背景、主要的经历、培训的经历、过去的业绩等等。通过这些方面的分析，全面地了解竞争对手领导人的个人素质，以及分析他的这种素质会给他所在的企业带来什么样的变化和机会。当然这里还包括竞争对手主要的领导人的变更情况，分析领导人的更换为企业的发展所带来的影响。

二、从平衡计分卡中对竞争对手的分析

从总体上讲，企业做竞争对手分析，大体包括以下几个方面：①确认公司的竞争对手。广义而言，公司可将制造相同产品或同级产品的公司都视为竞争对手。②确认竞争对手的目标。竞争对手在市场里找寻什么？竞争对手行为的驱动力是什么？此外还必须考虑竞争对手在利润目标以外的目标，以及竞争对手的目标组合，并注意竞争对手用于攻击不同产品/市场细分区域的目标。③确定竞争对手的战略。公司战略与其他公司的战略越相似，公司之间的竞争越激烈。在多数行业里，竞争对手可以分成几个追求不同战略的群体。战略性群体即在某一行业里采取相同或类似战略的一群公司。确认竞争对手所属的战略群体将影响公司某些重要认识和决策。④确认竞争对手的优势和弱势。这就需要收集竞争者几年内的资料，一般而言，公司可以通过资料、个人经历、传闻来弄清楚竞争对手的强弱，也可以进行顾客价值分析来了解这方面的信息。⑤确定竞争对手的反应模式。了解竞争对手的目标、战略、强弱，都是为了解释其可能的竞争行动，及其对公司的产品营销、市场定位及兼并收购等战略的反应，也就是确定竞争对手的反应模式。此外，竞争对手特殊的经营哲学、内部文化、指导信念也会影响其反应模式。⑥最后确定公司的竞争战略。

平衡计分卡从四个方面来考察企业的业绩，学习与创新、内部业务流程、客户与市场、财务。既然可以用平衡计分卡来考察一个企业的绩效，那么同样可以用平衡计分卡的思想来分析竞争对手。

表4-1是用平衡计分卡对竞争对手进行分析的一个例子。

表4-1　　　　　　　平衡计分卡导向的竞争对手分析框架

平衡计分卡	总分	指标	分数	竞争对手	本公司
市场	40	市场占有率 品牌 宣传费用	20 10 10		
流程	20	物流管理 质量管理 客户满意	10 5 5		
学习和创新	30	培训 新产品流和推出	10 20		
财务	10	盈利能力 公司成长性	5 5		
总分	100		100		

表4-1中只是给出了竞争对手分析的一个框架，并没有列出所有的分析指标，企业可以根据自己所在的行业的关键成功因素，来选择指标，然后对竞争对手进行分析。并且在指标权重的选择也需要企业自己来掌握。在以上的框架里，有些信息是可以公开获得的，比如市场信息和财务信息，有些信息则比较难以获得，比如企业的内部业务流程的信息。内部业务流程方面的分析最好的方法就是采用标杆管理的方法来进行。标杆管理（Benchmarking），也叫做基准管理或参照管理。这种管理方法在20世纪70年代末由施乐公司首创，后经美国生产力与质量中心系统化和规范化。据美国1997年的一项研究表明，1996年世界500强企业中有近90%的企业在日常管理中应用了标杆管理，其中包括AT&T、Kodak、Ford、IBM、Xerox等。标杆管理的基本思想是以最强的竞争企业或那些在行业中领先和最有名望的企业在产品、服务或流程方面的绩效及实践措施为基准，树立学习和追赶的目标。通过资料收集、比较分析、跟踪学习、重新设计并付诸实施等一系列规范化的程序，将本企业的实际情况与这些基准进行定量化的比较和评价，在此基础上选取改进本企业绩效的最佳策略，争取赶上或超过竞争对手。中国海洋石油总公司（简称中海油），为了进一步增强企业的核心竞争力，选择了挪威国家石油公司作为基准，进行了标杆管理。这是我国企业第一次选取国外的大公司全方位的进行标杆管理。挪威国家石油公司成立于1972年，在世界石油公司中排名第14位，而中海油排名50位左右。挪威国家石油公司在发展历史上跟中海油有很多相似之处，而中海油跟它的差距又很大，有一定的可比性。这也是中海油选取挪威国家石油公司作为基准对象的原因之一。通过标杆管理中海油的管理水平和核心竞争力有了较大的提高。标杆管理为企业分析竞争对手的内部业务流程，找出与竞争对手的差距提供了一个很好的途径和方法。

三、波特的竞争对手分析模型

在波特的《竞争战略》一书中提出了竞争对手分析的模型，从企业的现行战略、未来目标、竞争实力和自我假设四个方面分析竞争对手的行为和反应模式。通过对未来目标的分析，可以看出是什么驱使竞争对手在向前发展。在企业常用的目标体系中，分析竞争对手的目标多是财务目标。这里我们不只是要了解它的财务目标，同时要了解它的其他方面的目标，比如对社会的责任、对环境保护、对技术领先等方面的目标设定。同时目标是分层级的，要了解总公司的目标，还要了解各个事业单位的目标，甚至于各职能部门的相应的目标。见图4-5：

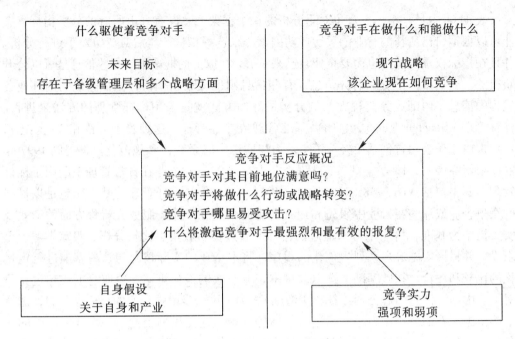

图 4-5 竞争对手分析的内容

(注：摘自迈克尔·波特的《竞争战略》)

现行战略的分析，表明竞争对手目前正在做什么，和将来能做什么。列出竞争对手所采取的战略，对其尽心分析，以便本企业做出有效及时地回应。竞争实力的分析，可以找出本企业与竞争对手的差距，找出企业在市场竞争中的优势和劣势，从而更好地改进自身的工作。分析竞争对手对自身和产业的假设，可以很清楚地看到竞争对手对自身的战略定位，以及它对行业未来发展前景的预测。竞争对手对自身和对产业的假设有的是正确的，有的是不正确的，通过掌握这些假设，可以从中找到发展的契机，从而使本企业在竞争中处于有利的地位。不同的行业有不同的特点，比如有的行业关注投资回报率，有的行业更关注市场占有率。同时行业所处的阶段不同，关注的焦点也会不一样。所以企业有必要建立符合自身行业特点的竞争对手分析模型，绝对不能照搬照抄。

第三节 战略环境分析流程

以下是战略环境分析流程图：

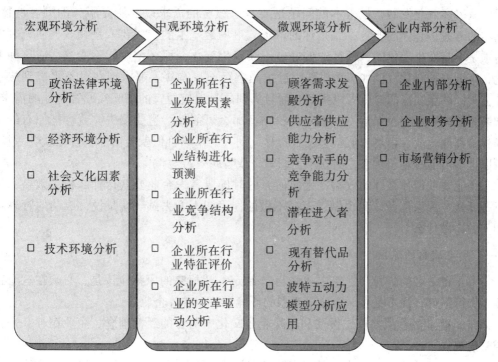

图 4-6　战略环境分析流程

一、企业战略的制定

战略制定是企业的决策机构组织各方面的力量，按照一定的程序和方法，为企业选择合适的经营战略的过程。战略制定是指企业在把握时代潮流、发展趋势和经营环境变化基础上，为谋求长远、可持续、协调、稳定的发展，以正确的战略思想指导，对企业的方针目标、方向、产品结构的选择及进行相应的企业经营资源分配时所需。

怎样在一个不断变化的商业环境中制定一个发展战略？例如，柯达公司以每年投入5亿美元用于研发一系列数码照相产品，并以此改变人们拍摄、储存、浏览相片的方式。同时，惠普公司则每年投入5000万美元用于生产以家庭打印为主的竞争产品。企业战略制定时思考的要点：我们现在何处？走向何方？我们如何做到这一步？企业面临的形势。现处何处，实际上就是企业面临什么样的形势，即企业处于什么样的一种市场环境、竞争的激烈程度、目前的业务是什么？

例如可口可乐公司，它的业务有软饮料业务、硬饮料业务，也有快餐业务，它在快餐、娱乐和饮料方面面临怎样的一种竞争环境？而可口可乐的竞争对手百事可乐，同样也进入到快餐业。麦当劳是可口可乐的其中一个终端消费者，百事可乐也找到了肯德基和必胜客。由饮料的竞争变成快餐中饮料的竞争，哪种销售方式更能满足顾客的需求，这是两家公司所要考虑的问题。

企业的市场位置也就是从目前企业的市场位置，以及所从事的业务来看，企业如何发展的问题。是保持企业目前的位置、继续扩张和扩大呢？还是进入新的领域、新的业务，即所谓的多元化发展？

从事多元化发展，最根本的问题是要考虑顾客的需求以及所要服务的顾客群体。基本的考虑一是你的业务，二是你的市场。市场最基本的构成要素是顾客，而顾客的需求是不断发生变化的，顾客的偏好也不断发生变化，那么企业能不能够适应这种变化，跟上这种变化。例如买飞机票，过去是去民航局购买，那么现在可不可以到旅行社去买，甚至在家门口就可以买到，而且买到的是比较便宜的票呢？顾客有他的需求。如果企业固守不变，保持一个固定的价格，那么可能就会遭受损失，就会把原有的市场让给其他企业，市场价值就会发生转移，别人的市场价值就会增加，自己就会亏损，所以也不可能有竞争优势，更谈不上绩效，或者叫效益。

企业要获得什么样的效益？走向何方的时候要考虑企业要获得什么样的效益，是不是要做？人家都做，我也做；人家不做的，我能不能去做。就是说，成功的管理者如何做，做什么。

（一）制定战略的原则

韦尔奇著名的"第一、第二战略"："制定一切战略的原则应该是，必须在这个行业里做得最好，而不是在一个竞争激烈的环境做一个中等企业。"

（1）企业经营战略首先贯彻和反映企业文化中蕴含的经营理念、企业精神、宗旨与价值观。

（2）要符合企业的内在条件，充分发挥优势，扬长避短，并营造新的优势资源。

（3）企业战略要打特色牌，形成自身独特模式。其他企业战略模式只可供借鉴观照，不能盲目照搬。

（4）战略要有前瞻性，要预测到未来规划期内社会、经济、科技、环境、人口、市场诸多方面的重大变化的影响，考虑相应对策，从而使战略有相当的适应性。

（5）立足现有企业基础起步。战略目标订得太高，"可望不能及"则变成空中楼阁；战略目标订得太低，"可望便可及"则没有足够的吸引力和动力；适度目标是"可望跳可及"，企业在艰苦努力经过几个"惊险的一跳"后跃迁到高阶目标。

（6）企业战略应划分为若干战略阶段和设定一些战略控制点，渐进式地逼近终极目标。在该进程中，短期利益与长远利益结合、局部利益与整体利益兼顾，既积极推进又稳妥，在这些因素约束下选择相对合理的发展轨迹。

（7）制定企业发展战略事先要小心论证，要聚集企业全体员工的共同愿望，当然主要反映企业领导层的未来设想。必要时，可邀请社会有关专家参加战略制定或咨询企证。

（8）企业战略体系一经确定或批准，则具有长期指导性、持久性、一贯性和严肃性。除非遇到不可抗力事件或未预测到事件的严重影响，一般不宜对发展战略频繁修改或调整。尤其反对"一茬领导一个调"，后任领导随意否定前任发展战略的现象。

（二）战略制定方法

1. SWOT分析方法

SWOT分析是企业战略制定中一种常用的分析工具，被广泛运用在企业战略管理、市场研究、竞争对手分析等领域中。SWOT分析法又称为态势分析法，它是由旧金山大学的管理学教授于 20 世纪 80 年代初提出来的，SWOT 四个英文字母分别代表：优势（Strength）、劣势（Weakness）、机会（Qpportunity）、威胁（Threat）。所谓 SWOT 分析，即态势分析，就是将与研究对象密切相关的各种主要内部优势、劣势、机会和威胁等，通过调查列举出来，并依照矩阵形式排列，然后用系统分析的思想，把各种因素相互匹配起来加以分析，从中得出一系列相应的结论，而结论通常带有一定的决策性。SWOT 分析的目的，是通过给出一个有关组织内外环境、问题的有效的信息，清晰地展示出现有情况下组织的优势与不足，并激励组织调动其优势，从而最大限度地利用机会，规避风险。它在制定公司发展战略和进行竞争对手分析中经常被使用（见图 4-7）。

图 4-7　swot 示意图

进行 SWOT 分析时，主要有以下几个方面的内容：

（1）分析环境因素

运用各种调查研究方法，分析出公司所处的各种环境因素，即外部环境因素和内部能力因素。外部环境因素包括机会因素和威胁因素，它们是外部环境对公司的发展直接有影响的有利和不利因素，属于客观因素，一般归属为经济、政治、社会、人口、产品和服务、技术、市场、竞争等不同范畴；内部环境因素包括优势因素和弱点因素，它们是公司在其发展中自身存在的积极和消极因素，属主动因素，一般归类为管理、组织、经营、财务、销售、人力资源等不同范畴。在调查分析这些因素时，不久要考虑到公司的历史与现状，而且更要考虑公司的未来发展。

（2）构造 SWOT 矩阵

将调查得出的各种因素根据轻重缓急或影响程度等排序方式，构造 SWOT 矩阵见图 4-8。在此过程中，将那些对公司发展有直接的、重要的、大量的、迫切的、久远的影响因素优先排列出来，而将那些间接的、次要的、少许的、不急的、短暂的影响因素排列在后面。

	优势	劣势
机会	so 战略（增长性战略）	wo 战略（扭转型战略）
威胁	st 战略（多种经营战略）	wt 战略（防御型战略）

图 4-8　SWOT 矩阵

（3）制订行动计划

在完成环境因素分析和 SWOT 矩阵的构造后，便可以制订出相应的行动计划。制订计划的基本思路是：发挥优势因素，克服弱点因素，利用机会因素，化解威胁因素；考虑过去，立足当前，着眼未来。运用系统分析的综合分析方法，将排列与考虑的各种环境因素相互匹配起来加以组合，得出一系列公司未来发展的可选择对策。

SWOT 分析的目的，是通过给出一个有关组织内外环境、问题的有效信息，清晰地展示出现有情况下组织的优势与不足，并激励组织调动其优势，从而最大限度地利用机会，规避风险。

2. SWOT 分析的步骤

（1）罗列企业的优势和劣势，可能的机会与威胁。

（2）优势、劣势与机会、威胁相组合，形成 SO、ST、WO、WT 策略。

（3）对 SO、ST、WO、WT 策略进行甄别和选择，确定企业目前应该采取的具体战略与策略（见图 4-9）。

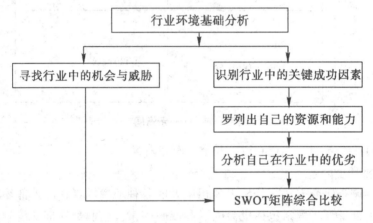

图 4-9 SWOT 分析步骤

竞争优势（S）是指一个企业超越其竞争对手的能力，或者指公司所特有的能提高公司竞争力的东西。例如，当两个企业处在同一市场或者说它们都有能力向同一顾客群体提供产品和服务时，如果其中一个企业有更高的赢利率或赢利潜力，那么，我们就认为这个企业比另外一个企业更具有竞争优势。

竞争优势可以是以下几个方面：

（1）技术技能优势：独特的生产技术，低成本生产方法，领先的革新能力，雄厚的技术实力，完善的质量控制体系，丰富的营销经验，上乘的客户服务，卓越的大规模采购技能。

（2）有形资产优势：先进的生产流水线，现代化车间和设备，拥有丰富的自然资源储存，吸引人的不动产地点，充足的资金，完备的资料信息。

（3）无形资产优势：优秀的品牌形象，良好的商业信用，积极进取的公司文化。

（4）人力资源优势：关键领域拥有专长的职员，积极上进的职员，很强的组织学习能力，丰富的经验。

（5）组织体系优势：高质量的控制体系，完善的信息管理系统，忠诚的客户群，强大的融资能力。

（6）竞争能力优势：产品开发周期短，强大的经销商网络，与供应商良好的伙伴关系，对市场环境变化的灵敏反应，市场份额的领导地位。

竞争劣势（W）是指某种公司缺少或做得不好的东西，或指某种会使公司处于劣势的条件。

可能导致内部弱势的因素有：

（1）缺乏具有竞争意义的技能技术。

（2）缺乏有竞争力的有形资产、无形资产、人力资源、组织资产。

（3）关键领域里的竞争能力正在丧失。

公司面临的潜在机会（O）：市场机会是影响公司战略的重大因素。公司管理者应当确认每一个机会，评价每一个机会的成长和利润前景，选取那些可与公司财务和组织资源匹配、使公司获得的竞争优势的潜力最大的最佳机会。

潜在的发展机会可能是：

（1）客户群的扩大趋势或产品细分市场。

（2）技能技术向新产品新业务转移，为更大客户群服务。

（3）前向或后向整合。

（4）市场进入壁垒降低。

（5）获得购并竞争对手的能力。

（6）市场需求增长强劲，可快速扩张。

（7）出现向其他地理区域扩张，扩大市场份额的机会。

危及公司的外部威胁（T）：在公司的外部环境中，总是存在某些对公司的盈利能力和市场地位构成威胁的因素。公司管理者应当及时确认危及公司未来利益的威胁，做出评价并采取相应的战略行动来抵消或减轻它们所产生的影响。公司的外部威胁可能是：

（1）出现将进入市场的强大的新竞争对手。

（2）替代品抢占公司销售额。

（3）主要产品市场增长率下降。

（4）汇率和外贸政策的不利变动。

（5）人口特征，社会消费方式的不利变动。

（6）客户或供应商的谈判能力提高。

（7）市场需求减少。

（8）容易受到经济萧条和业务周期的冲击。

由于企业的整体性和竞争优势来源的广泛性，在做优劣势分析时，必须从整个价值链的每个环节上，将企业与竞争对手做详细的对比。如产品是否新颖，制造工艺是否复杂，销售渠道是否畅通，价格是否具有竞争性等。如果一个企业在某一方面或几个方面的优势正是该行业企业应具备的关键成功因素，那么，该企业的综合竞争优势也许就强一些。需要指出的是，衡量一个企业及其产品是否具有竞争优势，只能站在现有潜在用户角度上，而不是站在企业的角度上。

　　企业在维持竞争优势过程中，必须深刻认识自身的资源和能力，采取适当的措施。因为一个企业一旦在某一方面具有了竞争优势，势必会吸引到竞争对手的注意。一般地说，企业经过一段时期的努力，建立起某种竞争优势；然后就处于维持这种竞争优势的态势，竞争对手开始逐渐做出反应；而后，如果竞争对手直接进攻企业的优势所在，或采取其他更为有力的策略，就会使这种优势受到削弱。所以，企业应保证其资源的持久竞争优势。资源的持久竞争优势受到两方面因素的影响：企业资源的竞争性价值和竞争优势的持续时间。评价企业资源的竞争性价值必须进行四项测试：

　　（1）这项资源是否容易被复制？一项资源的模仿成本和难度越大，它的潜在竞争价值就越大。

　　（2）这项资源能够持续多久？资源持续的时间越长，其价值越大。

　　（3）这项资源是否能够真正在竞争中保持上乘价值？在竞争中，一项资源应该能为公司创造竞争优势。

　　（4）这项资源是否会被竞争对手的其他资源或能力所抵消？

　　影响企业竞争优势持续时间的主要因素有三点：

　　（1）建立这种优势要多长时间？

　　（2）能够获得的优势有多大？

　　（3）竞争对手做出有力反应需要多长时间？

　　如果企业分析清楚了这三个因素，就可以明确自己在建立和维持竞争优势中的地位。当然，SWOT分析法不是仅仅列出四项清单，最重要的是通过评价公司的强势、弱势、机会、威胁，最终得出以下结论：①在公司现有的内外部环境下，如何最优的运用自己的资源；②如何建立公司的未来资源。

　　示例——中国牛仔工业的SWOT分析，见图4-10：

优势	机遇
1. 巨大的生产能力 2. 灵活，市场化 3. 巨大的劳动力资源 4. 较低的生产成本（和发达国家相比） 5. 熟悉本国企业运作环境	1. 快速增长的本国市场 2. 原材料棉花的供应控制放松 3. 潜在的巨大海外贸易空间
劣势	威胁
1. 资金短缺 2. 产品附加值低 3. 开发利用新技术的能力低，市场研究能力弱 4. 产品创新能力低，缺乏企业核心优势 5. 劳工技能较低 6. 劳动力成本增长 7. 品牌与市场网络竞争能力弱	1. 受多种贸易壁垒的制约 2. 来自发达国家和发展中国家生产者的强大竞争 3. 欧美零售市场的集中化趋势

图4-10

第四节 战略分析的结果

一、中国电信的 SWOT 分析

中国电信企业面对新的一轮改革，即不要怨天尤人，妄自菲薄，也不要强调客观，满肚委屈。通过这次改革重组，重要的是深刻反省，系统思考，究竟是"谁动了我的奶酪"？如果这个问题想明白了，这次中国电信的改革对电信企业就是利大于弊。

下面通过 SWOT 分析方法来解剖电信企业。

优势（Strength）：网络覆盖面广，基础设施比较完善，网络的规模和范围效应显著；品牌优势，消费者认知度高，消费者的惯性很大；市场垂直经济效应作用很大，市场潜力巨大；人才丰富和强大的科研能力；网络标准和发展控制权。

劣势（Weaken）：体制不顺，机制不活；企业融资渠道单一，发展后劲不足；传统业务增长下滑，结构性存在问题；与世界先进电信水平有差距。

机遇（Opportunity）：国家信息化产业政策的提出；社会主义市场经济体制的不断完善；消费者信息意识的提高；新技术的突破和新业务的开发；国家重视大型企业国际竞争力的提高，企业将上市。

威胁（Threaten）：加入 WTO，电信发展的不确定因素增多，国外资本进入电信业，影响企业的产权结构；业务的异质竞争激烈，替代作用明显；人才面临流失，人力成本加大；政府的管制政策影响力加强，管制风险加大；消费者服务要求提高，消费者意识的超前给企业带来压力，企业必须控制好成本与服务的关系。

二、DoCoMo 的 SWOT 分析

日本是继中国、美国之后的世界第三大移动通信大国。近些年移动电话用户发展速度飞快，在 2000 年移动电话的用户数超过了具有百年历史的固定电话的用户数。截至 2004 年 1 月，日本的移动电话用户达到 8013 万人，用户渗透率达到 68% 以上。作为日本移动通信市场的领先者，DoCoMo 公司赖以成功的经营战略自然会吸引到全球电信经营和管制机构的关注。

企业在激烈的市场竞争当中需要选择和推行一种基本的战略以创造和保持竞争优势，这种基本战略细化了通向企业所寻求的竞争优势的根本途径，并且提供了在每一个相关领域内所采取措施的内容。DoCoMo 为了保持目前在日本移动通信市场的竞争优势，也同样的制定了相应的竞争战略。

表 4-2   DoCoMo 的 SWOT 分析

优势	弱点
· I-mode 成功的业务模式 · DoCoMo 宽松自由的企业文化 · 优质的客户服务 · 日本市场的领先者 · i-mode 通信网的开放 · 低水平费率的支持 · 品牌优势 · 掌握核心技术	· FOMA 业务开展遇阻 · 海外投资失利 · 核心业务市场增长率下降 · 3G 手机品种少 · 现有 2G 网络升级为 3G 困难 · 业务单元间形成竞争 · 缺乏国际公关人才 · 投资其他公司而不能控股
机会	威胁
· 建立广泛的合作关系 · 产品市场的进一步细分 · 人力资源优势 · 移动数据业务需求 · 全球扩张机会出现 · 其他移动需求的出现 · 欧洲 3G 部署困难 · 移动终端技术方面的发展 · 无线局域网应用的兴起	· 在特定技术方面受制于人 · 被认定垄断可能会被整治 · 用户对 3G 认同感低 · 国内市场接近饱和 · 竞争对手越来越大 · 政府管制加强 · 全球互联网及宽带接入业务的发展 · 欧美通信厂商的抵制 · 3G 标准不确定

　　DoCoMo 目前的经营状况整体说来还处于竞争的优势一方，但前景不容乐观。面对着自己的弱势项目以及未来可能遭遇的威胁，DoCoMo 必然会奋力反击，保持自己的竞争优势，谋求企业在未来的生存和发展。

　　DoCoMo 面临的威胁看似繁杂，其实各个项目之间都存在着一定的关联。这些关联交织在一起，形成了对 DoCoMo 发展的障碍。将这些关联进行梳理，大致可以分为以下几类：

　　未来通信发展的冲击。DoCoMo 在 2.5G 时代依靠 I－mode 业务取得了巨大的成功。在 3G 到来之际，移动数据业务取得了突飞猛进的发展，移动终端产品技术的进展也预示着未来将是一个绚丽多彩的世界。DoCoMo 可以依靠 NTT 集团背景的强大支持，凭借着自身在日本以及全球树立的品牌优势及良好的信誉，还有在 I－mode 业务运营中积累的丰富的移动数据业务运营经验，通过对自身业务重点的调整来从容面对未来通信发展的冲击。再加上目前已经建立起来的广泛的异业联盟，对 4G 业务等的先期研究更加固了 DoCoMo 的发展基础。

　　通信市场的饱和。移动通信在日本国内已经发展了多年，国内市场已经接近饱和，用户增长速度放缓，这一切对任何一个运营商来说都是一个棘手的问题。但在这些问题的夹缝当中，还存在着一息曙光。无线局域网的火热可以带动移动通信进入一个新的领域，其他一些移动需求的出现以及产品市场的进一步细分都可以找到新的业务增长点。对一个充满活力，谋求长期发展的公司来说，如何适应现有的市场需求是企业发展成功的一部分而并不是关键部分，满足用户潜在的需求甚至是创造出未来的需求来提高用户的生活质量才是成功之道。

电信业务全球化的影响。经济全球化、一体化的浪潮已经不可避免地冲击着世界上的每一个国家。日本国内的市场被外国运营商逐步敲开，想要坚守日本这块阵地显然是不现实的想法，故步自封不但不能阻止其他运营商的进入，而且还会丧失向外发展的良机。面对着全球扩张的机会以及欧洲运营商为 3G 问题大伤脑筋的时机，对海外运营商进行投资符合时局发展的需要，也可以规避经营风险，两全其美。

以上三种关联项目并不只是孤立的存在的，他们相互之间还有着千丝万缕的联系，但主要的战略制定还是由这三种关联来决定。

针对上诉三种关联，DoCoMo 制定出未来发展的三大战略：

Multimedia（多媒体战略）：业务及收入从话音转向非话音。

Ubiquity（普遍性战略）：将移动通信的应用普及到人们生活的每一个角落，移动通信无处不在。

Globalization（全球化战略）：以日本市场为基地，逐步走向世界。

三、TCL：渠道型企业的 SWOT 分析

渠道，主要是指企业的产品从工厂流向消费者，资金从消费者流向工厂的通路。在这个"通路"上作业的企业，可以称之为"渠道型企业"。在产品、价格乃至广告都无可奈何同质化的今天，渠道作为一种稀缺资源，对其占有和控制更成为企业发展战略的重中之重。从 20 世纪 90 年代开始，制造企业向流通领域的进军，大型百货业的没落、家电连锁超市的异军突起以及电子商务的蓬勃兴起，无不预示着流通渠道领域的深刻变革，面对加入 WTO 以后的国际化竞争，如何尽快成为具备核心竞争力的渠道型企业，已成为厂商共同关心的迫切问题。

1. TCL 面临的机会分析

机会之一——借力 WTO，实现渠道多品牌、跨行业产品分销战略。

中国加入 WTO，随着关税和贸易壁垒的逐步降低，国外企业成熟的产品和剩余的资本将会大量涌入，国内渠道型企业的国际化经营机会大大增加。国外企业的产品要找到销路、资本要产生增值，势必要与国内本土化的渠道型企业进行战略联盟，实行产品代理。国内那些资金（流）雄厚、营销网络健全、拥有强大配送能力、信息技术支持和低成本优势的渠道型企业将受到国外厂家的青睐，并获得更大的发展机会。TCL 作为国内优秀渠道型企业的代表，拥有完备的营销渠道和多年的渠道运营经验，借助与国外产业资本的战略联合，进行渠道多品牌、跨行业产品分销，实现规模扩张和产业升级换代，是 TCL 成为世界级渠道型企业的必由之路。可以预见的是，商品和资本的集中化将有助于国内渠道型企业的优胜劣汰，加快渠道型企业的资源整合和结构重组，并使占优势地位的企业掌握更强有力的渠道控制能力，从而彻底改变国内渠道型企业规模小、发展缓慢、竞争无序的状态。

机会之二——国内家电业的渠道整合给 TCL 的成长带来机会。

作为市场化程度最高、发展最成熟的行业，国内家电业在世纪之交面临着营销渠

道重新整合的问题。在这场渠道控制权的角力中，既有今不如昔的大型批发业，也有日渐没落的百货零售业，还有异军突起的大型家电连锁和稳步推进的制造类渠道型企业。现在的机会是，参与角力的各方都处于成长转型期，都还没有具备吃掉对方的实力和勇气。还没有出现象沃尔玛那样的"巨无霸"杀手型企业。即便是代表未来渠道业发展方向、近年来风头强劲的国内大型家电连锁业，其零售额也只占国内零售业总额的很小份额。因此，一幕幕扩张与反扩张、控制与反控制、渗透与反渗透的较量在国内家电行业不断的上演，而这，也正给制造类渠道型企业的代表TCL带来了取长补短、发展自己的机会。只要我们坚定不移地进行网络的整合和改造，借助现有的网络渠道以控股或融资等形式进行中国式的连锁，实现产业资本向商业资本的成功转型，最终将网络改造成为符合效益经济和规模经济，与国际新型业态相接轨的企业形态就不是没有可能。

机会之三——突破传统分销模式，向以电子商务为基础的分销渠道型企业转化。

电子商务的出现，给传统渠道销售的模式带来了革命性的变化，信息网络技术的飞速发展，为传统渠道型企业跨过零售环节直接面向最终用户提供了切实可行的手段。电子商务的巨大优势：①满足客户多样化、个性化需求，提供更快更有效率的增值服务；②使营销过程透明化、规范化；③彻底克服传统营销方式下的低利润和高成本"痼疾"。④实现营销过程实时监控，加快响应速度。

国内传统渠道型企业的成功电子商务实践：①神州数码以电子商务技术，改造传统的分销业务模式，构建的B2B电子商务平台——神州商桥在一年的时间里，网上交易额突破12亿元大关。在国内IT分销领域中，网上交易额高居榜首，领先第二名一倍多。②成立于1998年6月的上海梅林正广和85818网上购物公司目前在上海拥有80多万注册用户，近200家配送经销公司和65家85818连锁便利店，可以做到上海地区365天×24小时营运，6小时无盲点送货。2000年销售额近4亿元人民币，实现了全国15个城市的市场扩张。TCL近几年来通过DPR系统的建设和完善、基于电话的CALL－CENTER服务系统以及物流配送分销系统的论证和实施，已经初步具备了由单一传统分销企业向以电子商务为基础的分销渠道型企业转化的条件。

2. TCL面临的威胁

威胁之一——企业的技术含量低，成为规模扩张和产业升级的瓶颈。

这里所说的技术，是专指渠道型企业能应用的技术，与制造企业的工业技术不同。考察世界商品流通业的三次革命，我们可以看到，市场和新技术的发展及其在商品流通企业中的应用，不仅催生了新型商业业态的产生，同时也彻底改变了现代商品流通业的性质和结构，使现代商品流通业正在由资本密集型产业向资本技术密集型产业转化。现代流通渠道业中发生的这种"工业化"革命有两个重要的标志：①高度发达的配送管理和技术；②高度发达的计算机信息系统技术。例如，沃尔玛从70年代起开始营建自己的计算机信息管理系统，截至90年代初，沃尔玛在电脑和卫星系统上已经投资7亿美元。此外，沃尔玛还投入巨资建成自己的全美最大的集中配送系统，到90年代初，沃尔玛配送中心已达20个，总面积约160万平方米，估计投资累计已逾10亿美元。这种商品流通业的"工业化"趋势，给流通渠道业带来两个最显著的变化：第一，配送管理与技术以及计算机信息系统技术已经成为现代商品流通业产业能力的重要标志。第二，在强大的物流配送技术和计算机信息系统技术作支持下，现代商业企业实现了大规模、集团化、高效率、低成本的"工业化"运作方式，技术因素成为流通企业决胜市场的关键因素。TCL 虽然已在 DRP 信息技术和物流改革方面取得了一定的进展，但在技术应用与创新方面仍远远落后于发达国家的商品流通业。这严重制约着企业的发展，成为企业规模扩张不可逾越的瓶颈。缺乏与大规模经营模式匹配的必要的控制和管理技术，TCL 要想成为具备国际竞争力的渠道型企业就非常困难。

威胁之二——加入 WTO，TCL 面临"国内竞争国际化"的严峻挑战。

开放商品流通业是 WTO《服务贸易总协定》的重要内容之一，而其中重要组成部分是就是零售业及连锁经营的开放。在中美协议中规定：不迟于 2002 年 1 月 1 日，中外合资零售企业中允许外资控股，并开放所有省会城市；不迟于 2003 年 1 月 1 日，取消地域限制、数量限制、股权或企业设立形式限制；不迟于 2005 年 1 月 1 日，除面积超过 2 万平方米的百货商店和超过 30 家的连锁店不允许外资控股外，没有限制。根据这些承诺，外国连锁经营企业将在更多更大的范围和空间内发展连锁店铺，随之而来的就是发展自营的商品配送业务。国外连锁经营企业由规模经济所带来的低流通成本优势，无疑会对目前低效率的国内商品流通领域产生重要的影响。例如，目前国内零售业的物流成本约占销售额的 30%，损耗率为销售量的 10% 左右，可是，世界最大的连锁业巨头沃尔码这两个数字都仅为 1.6% 和 1.1%。国内流通业整体服务水平较低，组织化程度不高，企业规模效益较差，竞争尚处于低层次水平。TCL 作为国内流通业的一员，也存在着以上种种弊病，在这样的状况下面对流通服务市场的开放，无疑对 TCL 等渠道型企业的整体改革和结构调整提出了更高的要求。竞争的升级将使得国内流通渠道型企业不得不在最短的时间内建立起具备核心竞争力的营销网络，以应对严峻的挑战。

威胁之三——国内市场的不规范和信用的缺失使 TCL 的机会成本增加。

由于市场经济体制的不健全和不完善，国内流通行业存在市场竞争的无序和信用度缺失等弊端。许多经销商存在见利忘义等短期行为，导致流通行业的信用度低、回款不及时、三角债拖欠、不按合同履行责任和义务等问题屡有发生；为了短期利益，跨区串货、相互杀价更成为家常便饭。而脆弱苍白的法律和地方保护主义的盛行，往往使企业对自己利益的保护变成了缘木求鱼。很简单，一方违约，你去告他，在花费巨额成本后，得到的往往是一张无法执行的废纸。流通领域的不规范和信用的缺失，使企业在收集信息、信用评价、服务等方面不得不更多地依靠自己的力量，从而大大增加了机会成本。

3. TCL 的优势

充裕的资金流、完善的信息管理系统、高效的物流运作体系、既能驾驭渠道又懂产品的人才队伍是一个成功渠道型企业所应具备的四项基本素质。做为渠道型企业，TCL 的优势在于：

（1）完善的营销网络渠道。

TCL 毕十年之功，打造出了一个令同业羡慕的"金不换的网络"，其硬件包括 27

家分公司、170 多家经营部和数千家遍布一、二、三级市场的加盟经销网点和自营专卖店；软件则是经年累积的客户战略伙伴关系、良好的商业信誉和口碑效应。近年来，为了应对市场竞争的新环境，TCL 对网络进行了较为系统的结构重组和流程再造，进一步提高了网络的运营效率，降低了网络的运营成本，增强了网络抵御市场变化的能力，今年作为 TCL 网络的"资源整合年"，强调以顾客为核心资源，建设网络"三通道两平台"，为各产品的销售全过程提供完整、高效、经济的服务，重塑网络核心竞争力。这些都将为 TCL 应对加入 WTO 以后的国内外竞争打下坚实的基础。

（2）快速的产品分销能力。

网络的快速分销能力是 TCL 为数不多的核心竞争力之一，该能力的获得得益于自初建网络就形成的强烈的以市场为导向的营销策略和相对的扁平化的组织架构。TCL 的资金周转和货物周转速度在同业中是具备比较优势的，它所带来的快速的资金流、物流和信息流既成为 TCL 规避市场风险的有力武器，又为营销渠道跨行业、跨品牌水平扩充产品线提供了有力的保证。

（3）具备了一定的信息技术基础。

如前所述，技术因素已成为流通企业决胜市场的关键因素。TCL 自 1996 年以来，一直重视销售网络的信息化建设和应用，已取得了显著成效：基于 DRP 系统的完整的内联网信息系统即将建立，上、下端通联的信息反馈通路为决策提供较为全面的内部和外部信息；经营部的会计电算化的实施，实现了会计信息提速，在保证数据的准确性同时将大幅度降低人力成本；用户服务 CALL CENTER 系统的应用，实现了对服务全过程的整体监控，使向用户提供增值服务和向多种产品的制造商提供用户反馈信息和产品意见服务成为可能。

先进的信息技术在网络里的不断普及和应用，不但大大加快了网络的终端响应速度，而且极大地降低了网络的运营成本，同时也提高了高端决策的准确性，为 TCL 进行外延式连锁扩张创造了必要的条件。

（4）物流体系的改造和升级为公司发展超级连锁、实行多品牌战略奠定了基础。

2008 年初，TCL 成立了中立和非赢利的物流管理专业机构——物流管理中心，推进了 TCL 家电流通领域物流管理及物流改革工作。经过一年的探索和努力，物流系统变革已经初见成效：①推进了中转仓的建设，为多种销售模式的运作奠定了基础；②干线运输引进竞争机制，有效降低了运输成本；③推进物流的总体规划项目，通过对现有物流运作的量化评估，明确了未来的物流模式和实施计划。物流体系的改造和升级为公司发展超级连锁、实行多品牌战略奠定了基础。

（5）专业化的销售队伍、有实力的客户群体和千千万万忠实的用户已成为 TCL 最重要的战略资源。

最后也是最重要的一项优势就是 TCL 经过几十年的发展，已经积累了一大批具有实力的客户群体、一大批高素质、懂管理、专业化的营销队伍和千千万万忠实的用户。这是国外竞争企业无法在短期内用资金和技术获得的，也是 TCL 构筑竞争优势的最强有力武器。

4. TCL 的劣势

（1）渠道产品链单一，平台分销能力未得到有效释放。

渠道的作用是建立一个把产品传递给最终消费者的畅通的通路，如果这个通路上的产品过少，或者高附加值的产品过少，将不可避免地造成经营成本居高不下，因为不论你分销多少种产品，运营和管理渠道的必要费用基本上是一定的。这也是为什么家电类企业普遍陷入"高成本、低利润"的恶性循环的原因之一。TCL 网络目前面临的就是这种情况，营销模式的抱残守缺和在多元化扩张上的惨痛经历造成了产品链的单一，产品链的单一又造成规模的不经济和资源的闲置浪费，平台分销能力未得到有效释放，将最终成为制约 TCL 规模扩张和产业升级的关键因素，因此，产品多元化发展和多品牌分销已刻不容缓。

（2）为适应未来多品牌、跨行业产品分销战略，急需储备大量合格专业人才。

多元化发展的教训告诉人们，组织架构和产品渠道的设计并不能保证多元化扩张的成功，没有专业化的人才与之配合，其结果只能是造成网络有限资源的浪费。但正如前所述，产品链的扩展是渠道发展的必然选择，为适应未来网络多品牌、跨行业产品分销的战略要求，TCL 网络必须储备大量合格的专业化人才，如何面对加入 WTO 以后愈演愈烈的人才争夺战，将是网络不得不思索的一个紧迫问题。

（3）"高成本、低利润"的运作模式尚未得到彻底改变。

近几年，TCL 网络通过优化组织结构，简化作业流程以及进行严格的绩效考核控制使网络的运营成本大大降低，效益显著提高，但"高成本、低利润"的运作模式仍未得到彻底改变：①家电行业经过惨烈的价格大战，平均毛利水平已经被压缩至极限；②网络平台的多元化、多品牌扩张未能成功，没有高附加值的产品，使网络无法突破利润的瓶颈；③网络传统的营销模式仍影响着许多网络管理者的操作思维，注重"量"和"利"，而忽视成本控制的观点没有得到彻底改变。④网络经年累积下来的不良资产和呆坏账成为网络压缩运营成本的最大障碍。

章末案例

TCL 如何管理海外机构？

目前 TCL 在海外，当地的员工占到了 3/4。高管里面，现在有从分公司第一负责人这个层面来看，有四个是外国人。在二级主管即部门长这个级别里面，基本上都是当地人。

像澳洲公司的总经理，印度公司的常务总经理，还有菲律宾公司的总经理，还有印尼公司的常务总经理，都是本地人。

如何在当地挑选、管理分公司负责人？TCL 的一位资深负责人经验之谈如下：

1. 首先要找对人

第一步要找到"亲中派"，1 万个外国人里面，各个地方都有对中国有不同评价的，有人是爱中国的，有人是恨中国、骂中国的，首先你要找到适合你的人。这里面有两个含义，一个是情感的，对中国很亲切。另外一个是对中国比较了解，熟悉中国文化，很有兴趣。你没有时间去改变他对中国和中国企业的看法，所以首先就要找对人。

2. 找一些在行业里边名声好的人

一般情况下，要通过谈话去了解一个人还是比较难的，中国人还能把握，特别是外国人我经常晕晕乎乎的，外国人有沟通困难。不能靠谈话，不能靠面试，要看他在业界的名声。因为我们找的是专业性质比较强的人，所以看他在业内的评价和分析很重要。

3. 尊重人才

怎么尊重呢？就是方方面面尊重他的习惯，尊重他发展的想法和理念，你要跟他沟通，你要设计一些问卷，问卷不是正规的，是脑子里要有，在谈话的测试一下，因为你知道他的观念才知道怎么指挥他。从一开始谈话的时候，你要把握住，根据自己的经验，设计几十个问题，一个个问题问到，通过聊天的方式问到，喝酒的方式问到。我们给他打分，从而了解他的性格是什么类型，他喜欢听什么话，他最反对什么话，什么话激励他，什么话管理他，所以，需要管这个人的管理者是个内行。对一个情况的考核，一把手怎么考核，二把手怎么考核，财务主管怎么考核，测试完了以后，你知道他的性格，你尊重他，一味的纵容也不行，这是可控性的尊重。你知道他的情况以后，哪些地方能够让他，哪些地方不能够让他，这是看不到的。在利益上，对这样的主管，要给他一定的空间，因为你克扣他，他就会去克扣本地员工，给他一定的空间。

4. 在找到合适人选以前，打好中层班底

不要找到他以后再打班底，那就晚了。几个核心岗位：财务经理、市场推广经理、人力资源经理，这些岗位我们中国会派人过去，同时要求本地配套，一个中国员工，一个本地员工，一把手可以是中国的，也可以是外国的。这个人基本也是干事的人，而且要各个环节一个盯一个。我是这样的，去一个地方，都是我带几个人去考察，这几个人分两部分人，一部分是留下来的人，不一定是高管，都是我亲自去选点，亲自找模式，亲自选人，还有两三个月的调研、了解，过程也是培训我这些人。这些人定下来之后，我就开始招高管，offer 给出之后，高管就位，再宣布几项大的政策，比如职业道德问题、企业文化的几个关键点，当地分公司就可以独立运作了。

5. 目标牵引

首先是这个市场我要做，怎么做弄明白了，然后把事情弄一弄，退回来以后设计目标体系。我从海外的经验来谈，越南的发展历程，俄罗斯的发展历程，乌克兰的发展历程，然后推到墨西哥的公司，一步步的目标设定，很有说服力。

往往他一看，中国企业这么快的目标，不可能啊？广告投入那么少，增长又那么快，还赢利。韩国人没有这样，日本人没有，他们都是先投广告。中国突然改变观念，很难说服他的。我在菲律宾的时候，我就发现那个人很难改，他就死给你讲，不行，我做不到，凭我 30 年的经验我做不到。最后我跟他摆越南这种模式，讲其他地方的模式，他也将信将疑，我们已经在考虑，实在不行两年以后把他换下去，结果他做得很好。后来我总结经验，从一开始，就和对方讲清楚，这是 TCL 的发展理念和文化，集团公司要三年之内 20% 的市场份额，还要赢利，等八个指标全部给你。TCL 就是这样来的，你干不干，不干我给你换人，一开始就把这个问题解决掉。

后面整个中层团队专门对着他，从 KPI 考核开始，推动着他，也和他个人的激励挂钩。加上对中层干部稍微注意一下，不要由他来拨动。中方员工也是这样，哪怕出问题也有提干，这两个因素共同产生作用，前面又有人拉动牵引，还有利益诱惑，他就走了。在海外做事一定不能说这件事我交给你来做吧，要有条件才放手，叶利钦在找到普京以前像走马灯一样的换总理，找找普京以后他彻底放手了。要找对人才敢放手。

我们总是说授权，作为总经理，有时间我管得很细，有的时候我就什么都不管，为什么？别人看起来很没章法，但是实际上有规律可循。这个人没找到时我一定不能放，找到以后我一定要放，因为我要做大，所以我一定要放；因为我怕有风险，我一定不敢放。就是这个道理。有时候有些公司感到很奇怪，我们总裁怎么这么细，合同怎么签，条款我都要看，包括员工劳工合同里面我都要看，很多东西了，我都不放心，我觉得没有合适的人员，一旦我很放心了，我根本就不管。然后有后面的团队就行了。衡量海外业务的 KPI 指标：包括销售收入、市场占有率、毛利率、费用率、预付账款、库存率、利润率和多元化比重这八个指标。今年可能会有些变化，加入资金回报率和资本回报率。因为每个分公司发展主要矛盾会有变化。

复习思考题

1. 战略分析包括的企业外部环境分析和内部环境具体内容有哪些？
2. 主要竞争对手分析，可从哪些判断要素进行分析？
3. 战略环境分析流程是什么？

第五章　战略方案的选择

学习要点：

1. 重点掌握战略选择的战略选择的影响因素和常见误区战略选择；
2. 增长率——市场占有率矩阵法；
3. 行业吸引力——竞争能力分析法；
4. 产品——市场演化矩阵法与生命周期法；
5. PIMS 分析；
6. 汤姆森和斯特克兰方法；
7. 顾客与生产者价值矩阵分析。

开篇案例

我国彩电行业关键因素分析

我国彩电产业经历了 20 世纪 70 年代的产业培育和 80 年代"引进、消化、开发、创新"国产化的产业形成和产业体系建立，90 年代进入了产业高速成长期，初步建立起以 CRT 彩电整机为主体、配套元器件为支撑、品种规格齐全、技术水平不断提高、具有一定规模的较完整的工业体系，成为分布最广、发展最快、规模最大、国际化和市场化最高的电子信息产业的支柱行业之一。

我国彩电产业从 1979 年彩电产量不足 1 万台，到 1990 年突破 1000 万台，1995 年超过 2000 万台，截至 2005 年，我国已具备 9000 万台彩电、1 亿只彩色显像管的年产能力。多年来累计生产彩电近 5.9 亿台，出口 1.72 亿台，销售收入约 1.1 万亿元，实现利税 730 多亿元；彩管工业累计生产彩管近 7 亿只销售收入达 4000 亿元，创利税 300 多亿元。彩电和彩管工业直接提供了超过 40 万的就业岗位。随着电视技术从模拟技术转向数字技术，显示终端产品向高清晰度、大屏幕、平面化、超薄型、人性化、环保、节能等方向发展。以 TFT、PDP、OELD 为代表的平板显示（FPD）产业进入高速发展阶段，逐步替代 CRT 彩电，形成了电子信息产业新的经济增长点。数字电视的出现，为我国电子信息产业升级提供了难得的发展机遇，并将推动一个国家的产业升级换代，带来机制和体制的变革，创造新的商业机会和就业机会。数字电视、数字电影和数字家庭等新兴应用领域的出现，将成为"三网融合"、"3C 融合"的主要载体之一，产业相互间迅速渗透或融合，出现了行业间、跨行业、跨国界的企业重组，导致传统的专业化界限逐渐消失，带来市场竞争环境和企业组织方式的根本性变化，彩电业将形成新的信息家电产业。

我国彩电产、销占全球产、销量比例分别为 45.3%、54.6%，平板产量占全球40%。可见，销量的增长很大一部分由出口增长来拉动。出口为彩电市场的发展注入新的活力。我国彩电出口增长一方面主要由于国际市场需求升温、国内产能过剩、竞争激烈的压力和价格优势形成彩电竞争力的日益提升；另一方面是我国巨大的消费市场，日趋完善的投资环境和丰富、价廉的人力资源，美日欧韩以及我国台湾地区的显示终端设备、显示屏、玻璃基板、彩膜基板、背光模组、液晶材料和设备上游产品生产企业加大了在中国内地的投资转移力度；为整机就近配套和发展创造条件，促进我国形成平板显示的产业集群。我国日益成为世界重要的彩电制造加工基地。中国终端显示应用产品产业资本、技术、市场、生产、配套等国际化特征更加明显，形成彩电市场国内外两个市场并存发展，国内市场国际化，国际竞争国内化新的格局。

但进出口贸易也成为制约产业产销波动和不稳定性的因素。要在全球化进程中持续发展，必须从全球化的视角来制定行业的发展战略。在当前高端彩电国内市场还不成熟的情况下，充分发挥我国的比较优势和发展优势，走国内国外市场并重、"以外促内"的道路。

彩电业发展关键因素分析，利用我国劳动力成本低廉和彩管的零部件、原材料制造成本优势和不断繁荣的产业环境，去承接发达国家让出来的 CRT 产品市场，率先在国际新型元器件市场开拓一条通路，在国际竞争中增强自身的竞争力。在经济全球化和新贸易保护日益盛行的形势下，贸易问题转向技术标准、安全标准、质量标准、环境标准等经济社会政策问题；呈现多元化和关联性特征，全球贸易竞争焦点不断升级；竞争焦点已从产品质量、价格竞争上升到对品牌、核心技术和标准的控制，知识产权已成为企业竞争的基础和决定胜负的关键。跨国公司征收高额专利费和反倾销，采取各种贸易保障措施限制中国彩电产品的趋向愈加突出。尤其专利技术缺乏一直是困扰中国彩电业强盛的主要问题，如何突破核心专利技术瓶颈，并在新一轮高端电视的竞争中塑造强势地位，已成为中国彩电企业的国际化走向成功必须攻克的难题。

规范竞争与协调合作并存数字电视是一个大的系统工程，价值链、产业链中各个环节、节点、上下游产品之间相互依存的关系越来越紧密；世界的专业分工越来越细化，技术的迅速发展和多样性，使得单一的企业独立构造技术体系，并成功推广应用越来越困难。因此必须要建立技术联盟和产业联盟，共同推进新技术的标准化和开发工作，加强合作。目前我国已成立 AVS 联盟、数字电影联盟、便携式多媒体联盟、闪联标准联盟、数字接口联盟、e 家佳联盟等联盟，开始形成了联合合作与竞争共赢并存的局面。数字技术、显示技术创新的步伐不断加快、成本不断提高、难度不断增强、投资成十倍成百倍的增加，风险不断加大。在这种形势下，针对许多重大技术、新产品研发和应用，出现了大的跨国公司组成资本、技术战略联盟，利用全球资源，加强本国或本企业的研发工作，共同合作开发，共享市场渠道，共享技术研发成果，实现资源最优化，共同开发创造新的需求，联合制定标准，以掌握市场制高点，行业发展中出现了新一轮企业并购、联合合作的热潮。完善产业链建设成发展关键整机与配套元器件协调发展，是彩电业发展的基础。FPD 产业的竞争是成本竞争，很重要的一点是产业链的竞争。加速构成新的产业链是我国显示产业发展的关键，通过显示产业基地、产业园区建设，形成企业集聚、产业集群是产业提高规模经济、降低交易成本的客观要求和必然结果，是提升产业国际竞争力、促进产业发展的重要举措。营销模式的改变，利益的再分配，彻底改变了传统的市场销售渠道格局，使商业资本变得越来越强，制造企业则处于弱势，由商业企业主导的价格竞争本质已经与20世纪90年代后期的价格战大不相同，渠道商之间的价格争斗，伤害的是行业的理性发展。彩电企业与流通企业加强销售合作，沟通协调之间的关系，建立起正常行业的互动交流，探索良性的供应链营销新模式，以理性的价格与流通业结盟，共同承担市场职能，促进彩电生产销售的规模化和效益化，而提升企业的赢利能力已提上议程。此外，提高产品的质量和服务，强化企业的诚信意识，杜绝和摒弃不正当竞争行为，树立良好的信誉，是所有企业应该遵循的市场竞争的基础和基本准则。彩电业的售后服务网络很多已经深入到城乡的每个角落，目前突出的问题是在售后服务的保修期限等标准都不明确，导致了消费争议日渐增多。而随着市场份额的增大，消费争议也在增多，因此要给予极高的重视。

第一节　战略选择过程

一、战略选择的影响因素

环境分析和战略评价的目的就在于先明确企业的自身条件，然后再通过战略评价为企业选择合适的战略。决策者通过对制定的几种战略方案进行比较和优选，从中选择一种较满意的战略方案。如果通过战略评价就能够确定一个优势比较明显的最优战略，或者现行战略能够满足企业未来战略目标，这种情况下战略选择就比较轻松。但是在很多情况下，往往是决策者经过综合分析评价后，面对多个各具优缺点的战略难以做决定，这就需要对影响战略选择的主要因素进行分析。影响企业战略选择的主要因素有以下几个方面：

1. 现行战略的继承性

由于在实施现行战略中已投入了相当可观的时间、精力和资源，企业员工也承担了相应的责任，同时制定战略的决策者又多半是现行战略的缔造者，在这种情况下新战略对现行战略有一定的继承性也是很合理的。新战略只需对现行战略做局部修改，这样也便于新战略的实施。但同时也应当注意，当现行战略有重大缺陷时，战略决策者也应有克服继承性的决心。

2. 企业对外部环境的依赖程度

企业的战略必然要涉及企业在外部环境中所采取的战略行为，企业的相关利益者如供应商、顾客、政府、战略联盟、竞争者等都从外部制约着企业的战略选择。企业对外部因素的依赖度越大，其战略选择余地和灵活性就越小，例如需要政府给予相关扶持的产业，在战略选择时就不得不遵守政府的相关政策要求。

3. 企业领导人的价值观及对待风险的态度

企业领导人的价值观对战略选择的影响是直接的，敢于冒风险的领导人在选择战略时就有较大的选择余地，他可能会选择风险较大而收益丰厚的战略；而面对风险比较谨慎的领导人在选择战略时就倾向于选择较为稳妥的战略，即便收益不如高风险战略。

4. 企业内部的人事和权力因素

很多时候战略的选择并不是出于理性，而是更多地由企业内部各权力主体的协调后得出的。例如最高负责人倾向于选择某战略，虽然并非最优战略，但是最终还是由他们说了算，其他决策者也可能因此而妥协；或者企业内部一些权力较大的组织成员因利益关系结成联盟，共同干预战略的选择。这种现象也并非坏事，如果最后通过协调可以明确目标达成一致，反而可以加强企业的向心力，选择出更切合实际的战略。由此也可以看出，战略的选择往往是一个协商的过程，是企业内部各方面人事关系及权力平衡的结果，并非完全是系统分析的过程。

5. 时间因素

时间因素对战略选择的影响有以下几个方面：第一，战略选择的时限。有时必须在某个时限前完成战略的选择，由于时间紧迫，来不及进行全面仔细评价分析的情况下，决策者往往出于谨慎会选择防御性战略，将可能的战略失败带来的损失降到最小。第二，战略选择的实际问题。一个很好的战略也应当在环境和条件成熟的时候开始实行，如果推出的时机不当，即便是很好的战略，也有可能失败。第三，战略产生效果的时间。战略的选择还取决于决策者的期望，如果管理者希望战略可以尽早产生效果，那么他们就会倾向于选择短期就可以收到效果的战略，尽管从长期来看，未必是最佳的战略选择。

6. 竞争对手的反应

战略决策者在选择战略时，也应该考虑到竞争对手可能产生的反应。如果预期到选择的进攻性战略可能造成竞争对手激烈的反击，就必须权衡获得的收益和竞争造成的损失是否值得，如果竞争带来的损失大于可能获得的收益，即便战略对企业的发展十分有利，也不应该贸然采用。

二、常见误区战略的选择

战略选择是个十分复杂的过程，那么有没有什么方法可以帮助企业战略决策者进行战略选择呢？我们在这里介绍一种企业选择战略的分析工具——"战略钟"。战略钟是由克利夫·曼（Cliff Bowman）在波特的理论上进行综合发展而得出的一个分析体系，该模型以产品价格作为横轴，以附加值（产品包含的价值）作为纵轴。将企业可能的竞争战略选择在这一坐标系中用 8 种途径表现出来，见图 5－1。

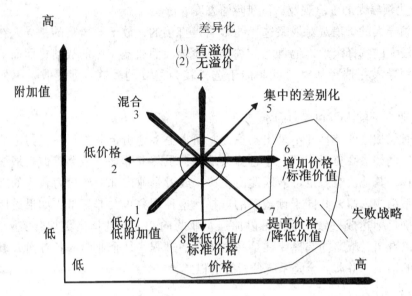

图 5-1　战略钟

1. 成本领先战略（途径 1、途径 2）

成本领先战略大致分为两个途径，即途径 1 低价低值战略和途径 2 低价战略。低价低值途径看似没有吸引力，但其实有很多企业按这一战略经营得很成功，在这一细分市场中，虽然顾客认识到产品或服务的质量很低，但是他们更看重的是其低廉的价格，所以对于消费水平较低的群体来说，低价低值战略是一种很有生命力的战略。途径 2 则是企业寻求成本领先战略时常用的典型途径，即在价格降低的同时努力保持产品或服务的质量不变。但由于竞争者同样会采取降低价格的方法进行竞争，保持竞争优势的唯一方法就是保持比其他竞争者更低的价格。这对于那些不具有成本领先优势的企业来说，采用此种战略的风险就会加大。

2. 差异化战略（途径 4）

途径 4 高值战略是一种差异化战略。它是指以相同或略高于竞争者的价格向顾客提供高于竞争对手的附加值，其目的是通过提供"更好"的产品和服务来获得更多的市场份额，从而销售更多的产品。企业可以通过改进产品的特性来增加附加值，或者通过营销手段来向顾客说明自己的产品相比竞争对手如何更能满足用户的需求。以此来获得用户的认可，达到在用户心中产生差异化的目的。

3. 集中差异化战略（途径 5）

途径 5 高值高价是以特别高的价格为顾客提供更高的使用价值，例如高档购物中心、精品店、高级宾馆等都是采用此战略。这种战略在面对高收入消费者群体时十分有效，因为产品或服务的价格本身也是消费者经济实力的象征，所以我们称其为集中差异化战略。

4. 混合战略（途径 3）

在某种情况下，企业可以在为顾客提供可感知的附加值的同时保持低价格。在这种情况下，战略能否成功，既取决于理解和满足顾客需求的能力，也取决于企业是否有保持低价格的成本优势，并且很难被竞争对手模仿。有人认为，既然已经实现了差异化，就没有必要再降低价格，只要保持和竞争者相同定价即可。而如果采用混合战略，即采用差异化战略的同时又采用成本领先战略的话，可能会使企业产生突出的优势，例如，如果销售量能远远超过竞争者，那么由于成本很低，收入仍然可观，同时还占据了较大的市场份额。而且还可以利用混合战略作为进入已存在竞争者的市场的战略，这样可以尽快地在新的市场上站住脚。

4. 失败的战略（途径 6、途径 7、途径 8）

途径 6、7、8 所示的战略一般情况下注定要失败。途径 6 提高价格却不为顾客提供可感知的附加值。途径 7 比途径 6 更加危险，在提高价格的同时反而降低产品或服务的价值，除非企业处于垄断的地位，否则采用这样的战略必然会失败。途径 8 在保持价格的同时降低价值，虽然它具有一定的隐蔽性，短期内不会被顾客发觉，但由于存在竞争对手的产品作为参照，顾客终究会辨别出产品的优劣，对于企业来说这也是非常危险的。

第二节　增长率—市场占有率矩阵法

一、BCG 增长率——占有率法的内涵

该法把一个公司各种战略业务单元所处的地位，画在一张具有四个区域的坐标图上，见图 5－2。图中横坐标表示某项业务的相对市场占有率，即代表公司在该项业务上拥有的实力；纵坐标表示该项业务的市场需求增长率，即代表该项业务的市场吸引力；每个圆圈面积的大小表明了该项业务销售收入的多少。根据资金流向的不同，市场增长率—相对市场占有率矩阵把公司从事的多项业务分为四类：幼童类、明星类、金牛类、瘦狗类四类。上述四类业务，从市场占有率的角度出发可以有四种战略方针，即扩大市场占有率，保持市场占有率；挖潜利用，允许市场占有率下降；耗用现有实力，务求短期内回收资金；转让退出。

二、BCG 增长率——占有率法的局限性

科尔尼咨询公司对 BCG 矩阵的局限性评价是仅仅假设公司的业务发展依靠的是内部融资，而没有考虑外部融资。举债等方式筹措资金并不在 BCG 矩阵的考虑之中。另一方面，BCG 矩阵还假设这些业务是独立的，但是许多公司的业务在紧密联系在一起的。比如，如果现金牛类业务和瘦狗类业务是互补的业务组合，如果放弃瘦狗类业务，那么现金牛类业务也会受到影响。其实还有很多文章对 BCG 矩阵做了很多的评价。这里列举一部分：关于卖出"瘦狗"业务的前提是瘦狗业务单元可以卖出，但面临全行业亏损的时候，谁会来接手；BCG 矩阵并不是一个利润极大化的方式；市场占有率与利润率的关系并不非常固定；BCG 矩阵并不重视综合效益，实行 BCG 矩阵方式时要进行 SBU（策略事业部）重组，这要遭到许多组织的阻力；并没人告诉厂商如何去找新

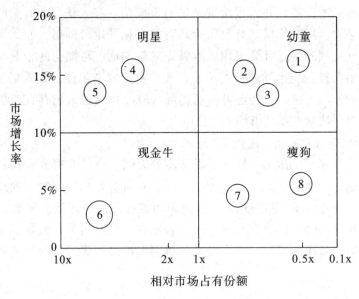

图 5-2　相对市场占有份额

的投资机会。

　　为了克服 BCG 矩阵的缺点，科尔尼的王成在《追求客户份额》和《让客户多做贡献》两文中提出了用客户份额来取代市场份额，能有效地解决 BCG 矩阵方法中把所有业务联系起来考虑的问题。例如经营酒店和公园，活期存款和定期存款、信贷、抵押等业务的关系，当业务是属于同一个客户的时候往往是具有相关性的。这也许是一个很好的方法，只是如果不是通过统计行业各厂商的销售量而是统计客户数似乎一般的市场调查难以做到。最后，对于市场占有率，波特的著作在分析日本企业时就已说过，规模不是形成竞争优势的充分条件，差异化才是。BCG 矩阵的背后假设是"成本领先战略"，当企业在各项业务上都准备采用（或正在实施）成本领先战略时，可以考虑采用 BCG 矩阵，但是如果企业准备在某些业务上采用差别化战略，那么就不能采用 BCG 矩阵了。规模的确能降低一定的成本，但那是在成熟的市场运作环境中成立，在我国物流和营销模式并不发达成熟情况下，往往做好物流和营销模式创新可以比生产降低更多的成本。

第三节　行业吸引力—竞争能力分析法

一、经营单位的行业吸引因素

　　行业吸引力是企业进行行业比较和选择的价值标准，也称为行业价值。行业吸引力取决于行业的发展潜力、平均盈利水平等因素，同时也取决于行业的竞争结构。

　　行业吸引力是由影响企业生存一系列外部因素组成，经过判断决策，把行业吸引力可以分为高吸引力，中等程度吸引力和吸引力比较低。经营实力是由影响企业生存和发展的一系列内部因素组成，经过判断决策可以定出企业的经营实力是高是中还是低。

行业吸引力是决定企业盈利能力的基本因素，行业选择是企业市场竞争战略选择遇到的首要问题，因而竞争战略必须从对决定行业吸引力的竞争规律的深刻理解中产生。

如果行业吸引力大，而且，你在这个领域有相当的竞争能力，一般来说，你在这个行业里就能占据领导地位。反过来，行业吸引力很小，你在这领域里面没太强的实力，这个行业就不要进入，或采取回收投资及时退出的战略。

实际上，国际上大企业扩张时也有一些收缩的例子。前一段时间 IBM 的 PC 出售给联想引起很大轰动。为什么 IBM 要卖掉 PC？用矩阵分析的道理很简单。现在制造 PC 盈利能力和增长前景没有十年前那么好，PC 制造业不算是一个真正意义上的高科技行业，这个行业对 IBM 来讲不会有很大的吸引力。其次，IBM 在 PC 业务领域里面临竞争非常激烈的形势。

1. 行业吸引力的影响因素

行业吸引力取决于下列因素：

（1）市场规模；

（2）市场增长率；

（3）利润率；

（4）竞争激励程度；

（5）周期性；

（6）季节性；

（7）规模经济效益，单位产品成本随生产和分销规模的扩大而降低的行业，吸引力大；

（8）学习曲线，单位产品成本有可能随着经营管理经验的增长而下降。

2. 行业吸引力的分析

行业吸引力分析是在行业特征分析和主要机会、威胁分析的基础上，找出关键性的行业因素。一般影响因素有：市场规模、市场增长率、利润率、市场竞争强度、技术要求、周期性、规模经济、资金需求、环境影响、社会政治与法律因素等。从中识别出几个关键的因素，然后根据每个关键因素相对重要程度定出各自的权数，再对每个因素按其对企业某项业务的经营的有利程度逐个评级，其中：非常有利为 5，有利为 4，无利害为 3，不利为 2，非常不利为 1。最后用加权得出行业吸引力值。权重表示了该因素的重要程度，分值在 0~2 之间。

因为行业结构和行业分析因素提供的信息是局部和静态的，考虑到大多数情况下每个行业都处于不断地变化之中，所处的宏观环境也在不断变化并给行业带来新的机会和威胁，因此，行业吸引力的大小应该把行业本身的特征和宏观环境的变化带来的主要机会和威胁结合起来进行评价，才能真正作为企业战略选择的依据。

确定其吸引力（价值）大小的方法如表 5-1 和表 5-2 所示：

表 5 - 1   行业吸引力评价表

关键行业特征因素	权重	得分	加权数
市场潜力	0.15	2.63	0.39
销售增长率	0.12	2.60	0.30
行业生产规模	0.15	2.10	0.31
竞争结构	0.05	2.15	0.11
行业盈利水平	0.20	1.12	0.22
对通货膨胀的承受能力	0.05	-2.84	-0.14
政府对行业的政策	0.05	1.00	0.05
相关科技发展的趋势	0.05	2.67	0.13
社会的限制	0.10	-2.85	-0.29
法律、法规	0.08	1.60	0.13
合计	1.00		2.49

表 5 - 2

加权数	吸引力
1 ~ 3	大
-1 ~ +1	中
-3 ~ -1	小

因为行业结构和行业分析因素提供的信息是比较局部和静态的，考虑到大多数情况下每个行业都处于不断的变化之中，所处的宏观环境也在不断变化并给行业带来机会和威胁。因此，行业吸引力（价值）的大小应该把行业本身的特征和宏观环境的变化带来的主要机会和威胁结合起来进行评价，才能真正作为企业战略选择的依据。表5-1的各项行业关键特征因素就是在此基础上确定的权重表示了该因素的重要程度，分值在0~1之间。各项关键评价因素的得分需要运用机会威胁分析表中的该项因素的加权数的合计值（纵向合计），因为它考虑了多种宏观环境因素的不同程度的影响。

二、经营单位的竞争能力因素

1. 相对市场占有率

相对市场占有率是本企业某项业务的市场份额与同行业中最大竞争者的市场份额之比。当本企业市场份额最大（市场领导者）时，相对市场份额就是本企业市场份额与市场中第二大企业市场份额之比。

相对市场占有率表达式：本企业某项业务的相对市场份额 = 本企业该项业务市场份额/最大竞争者该项业务市场份额

（1）相对市场份额 >1，本企业是市场领导者；

（2）相对市场份额＝1，本企业与最大竞争者竞争能力相当；

（3）相对市场份额＜1，本企业竞争能力较弱。

2. 价格竞争力

价格竞争力是指产品价格降低导致需求增加的能力，即同类产品的竞争，价廉物美是胜出的关键。价格竞争力的实质是单位产品成本的竞争，成本不仅是生产成本，还包括流通成本。企业提升价格竞争力的途径：成本管理规范化。企业价格竞争力不是建立在规模实力基础上的，而是建立在成本管理水平不断提高基础上的。所以提升企业价格竞争力的途径，只能是成本管理规范化。

一是只有通过成本管理规范化的系统思考，才能保障企业从整体统一的思路实施成本控制，以保证成本管理不流于任何形式上的顾此失彼偏颇。成本管理规范化，并不是寻求单独一个岗位或者一个环节投入的最小化，而是要保证在企业整体效益最大化的前提下，实现成本控制的优化，使每一个岗位上的每一个环节的投入最小化。企业是一个有机整体，成本控制不能盯住局部算小账。只有通过规范化管理的实施，才能避免局部算小账，整体发生大浪费的事件。

二是成本管理措施必须通过规范化予以稳定，以避免朝令夕改的事件发生。好的成本控制思路和技术方法，必须通过制度规范的形式固定下来，作为一种事先达成的共同约定，对企业组织每一个成员都产生约束作用，才能保证从上到下全面贯彻落实。好多企业成本控制不力的一个重要原因，就是运动式地搞成本控制，集中抓一阵子后，领导人的呼声一降低，下面成本控制的热度就没有了，浪费的习惯又开始产生作用。

三是有效成本管理的关键点是形成成本控制激励机制。而这种成本控制激励机制，没有成本管理规范化的实施以稳定成本管理的约束和激励，形成一种自主产生作用的力量，也就不可能形成。

四是要保证成本控制效果的不断改进，只有通过成本管理规范化，把不断完善改进的程序管理方法，确定为成本控制的基本规范，才能保证有效的成本控制方法，能及时投入到企业组织运行过程中去。

五是要保证成本管理制度的不折不扣贯彻，必须使这些制度标准都得到全体员工的认同，并积极、创造性地实施。这也只有管理规范化才能保证每一个员工发自内心地认同这些制度标准，以使成本管理由一种外在约束，变成一种自我约束。

企业赢得价格竞争力的 8 个原则：

（1）战略思考原则

这就是要求要跳出成本管理进行成本管理，立足于未来的辉煌，立足于持续稳定发展的目标，从企业发展的中期和长期目标实施的战略高度，进行成本管理，避免节省小的，丢失大的，节省现在的，丢失未来的。影响企业持续稳定发展的投入，在任何时候都是不能节省的。

（2）系统实施原则

成本管理的实施，必须打破单位、部门封闭的界线，把企业组织作为一个有机系统进行分析。在保证每一个系统的功能作用全面发挥的前提下，使投入最小化。而不是仅仅盯住单位、部门消耗投入的最小化。成本控制体系的设计和规划，必须建立在系统思考的基础上。只有按照系统进行成本控制，才能保证等量投入的产出最大化，等量产出的投入最小化。

（3）不断改进原则。

成本控制是没有止境的，无论你现在成本控制工作做得如何好，也都仍然有挖掘的空间。在成本控制上，必须与时俱进，不断地改进成本管理办法，不断地降低成本。集中计划一年降低成本10%，很难，可每月降低1%，却是可以做到的。邯钢炼钢的焦煤消耗，由1000多公斤降到300多公斤，就是在这种不断改进的基础上实现的。

（4）全员参与原则

成本的形成是发生在企业组织运行的每一个活动的每一个环节上，每一个员工都是一个成本控制点。企业组织运行是通过他们的工作形成产出，而他们工作的每一个细节都会带来成本。所以只有当每一个员工都参与进来，每一个员工都成为成本控制责任人，重视成本控制，才会最大限度地降低成本。

（5）流程细化原则

这就是要求成本管理，必须紧紧盯住成本形成过程，把成本形成过程以流程的形式进行控制，并落实到每一个员工的工作过程之中。这也就是不仅要让员工形成成本意识，而且是要让每一个员工都不断地摸索完善成本降低的有效方法，以达到不断提升其效果的目的。

（6）激励推动原则

要保证成本控制的效果，首先必须保证每一员工都有降低成本，节省投入的动力。要有有效的激励，就必须构建有效的激励机制，努力降低成本增加产出，效果显著的员工得到鼓励，以激励更多的人在成本控制上多做努力。

（7）全面预算原则

这就是强化成本管理控制的前瞻性控制，通过完善投入的预算，对于企业组织运行的所有活动，无论大小，都全面实现预算控制，把成本控制置于每一个活动的开始之前，从一开始就形成严格的约束，杜绝可能的浪费。

（8）重点攻关原则

对于企业组织运行过程中，投入量大的相关环节，必须通过重点攻关突破，以保证起到帕累托效应的作用。在投入量大，成本费用高的活动环节上，实现了重大突破，也就可以大幅度地降低成本。抓住并解决了主要矛盾，次要矛盾又上升为主要矛盾，再抓住并解决。这样不断地重点攻关，也就可获得成本优势和市场竞争的价格优势。

3. 产品质量（略）。

4. 顾客了解度（略）。

5. 推销效率（略）。

6. 地理优势（略）。

第四节 生命周期法

企业生命周期分析法如下：

1. 财务分析法

通过财务分析，对企业资金流流速、流量进行数理统计分析。若企业资金流流速、流量处于匀速增长，企业处于发展期；若企业资金流流速、流量处于下降，利润流下降，企业处于衰退期。

2. 产品市场运作分析法

产品市场运作分析法又称产品生命周期分析法，此方法也可以看出企业缺乏产品创新能力而导致的企业生命衰落、兴旺生命周期现象。

3. 人力资源质量分析法

通过对企业现有人力资源质量进行分析判断企业生命周期，包括决策层、执行层。发展期的企业人力资源结构合理，组织具有竞争力；衰退期的企业，人力资源结构不合理，天天招人，天天有人走，该走的不走，不该走的又走。

4. 价值链质量分析法

在发展期，合作伙伴诚信支持；在衰退期，合作伙伴不仅势单力薄，而且不讲诚信，赊账合作现象比比皆是。企业不合理负债沉重。

第五节 产品—市场演化矩阵法

产品—市场演变矩阵是由美国的查尔斯·霍夫（C. W. Hofer）教授首先提出的。他扩展了波士顿矩阵和通用矩阵两种战略选择方法，将业务增长率和行业吸引力因素转换成产品—市场发展阶段，从而得出15个方格的矩阵。矩阵模型如图5-3所示：

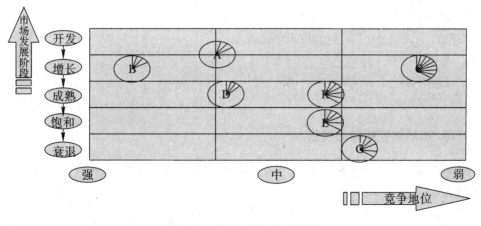

图 5-3 产品—市场演变矩阵

在图 5-3 中，横轴表示企业的市场竞争地位，分为强、中、弱三个级别，纵轴表示产品—市场的 5 个发展阶段，分别是：开发、增长、整顿、成熟、衰退。这样产品—市场演变矩阵共包含 15 个方格。

霍夫矩阵是从所经营产品的市场发育阶段（生命周期状态）和企业竞争地位来分析企业各项经营精力的战略位置。该方法用纵横坐标分别表示产品—市场发育阶段和企业竞争地位，产品—市场发育阶段按产品的生命周期分为五个阶段，企业竞争地位与 GE 矩阵一样分为强、中、弱三个档，这样霍夫矩阵由 15 个象限构成。其中，圆圈表示行业规模或产品/细分市场。圆圈内扇形阴影部分表示企业各项经营业务的市场占有率。

一、产品/市场演变矩阵内容分析

1. 业务单位 A

A 看起来是一颗潜在的明星，它有相对较大的市场份额，加上它处于产品—市场发展的开发阶段以及它所具有的获得一个较强竞争地位的潜力，使它成为接受公司资源支持的一个很有希望的候选者。

2. 业务单位 B

B 在某种程度上看有点像 A，然而对 B 单位投资的多少将取决于为什么 B 相对于其强大的竞争地位竟然具有如此低的市场份额这一个问题的答案。为此，B 应当实施能够改变它的这一较低的市场份额的战略，以便为争取更多的投资提供依据。

3. 业务单位 C

C 在一个增长相对较小的行业中，占有一个较小的市场份额并拥有一个较弱的竞争地位，必须实行一种能够克服其低市场份额和弱竞争地位的战略，以争取未来投资。单位 C 很可能是一个有待脱身的对象，以便将其资源运用于单位 A 或单位 B。

4. 业务单位 D

D 处于一个扩展的阶段，占有一个相对大的市场份额，并处于一个相对弱的竞争地位。对单位 D 应当进行必要的投资以保持其相对强的竞争地位。从长期看，D 应当成为一头"现金牛"。

5. 业务单位 E 和 F

E 和 F 是"现金牛"，应当用来创造现金。

6. 业务单位 G

G 看起来像波士顿矩阵中的一条"瘦狗"，在短期内，它应当被监控着用于创造现金——如果可能的话。然而，长期而言，它更有可能被施以脱身战略或者清算战略。

二、产品/市场演变矩阵的发展

希尔和琼斯两位学者运用霍夫的方法，直接将企业应采用的战略写入各个区域。具体模式如图 5-4 所示。

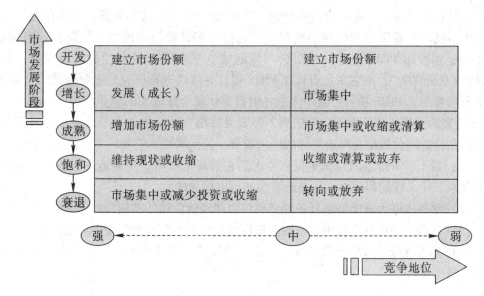

图 5 - 4　产品—市场演变矩阵

这种方法的特点就是将竞争地位这个因素只划分为强、弱两档，而且使用产品生命周期的概念。从图 5 - 4 中可以看出，竞争地位弱的单位比竞争地位强的单位应当提早考虑紧缩或撤退的问题。当他们在行业中尚处于成长阶段时，就应当注意寻找较小的细分市场以求生存，而在行业进入扩张阶段后，就要考虑放弃或清算了。

三、霍夫矩阵的作用

霍夫矩阵由于考虑了经营产品的生命周期状态，因此，它不仅反映出经营业务目前的战略位置，而且还预示着未来。这是该方法的一个重要特点。另一方面，由于产品—市场发育阶段分为 5 个等级，形成 15 个象限的矩阵，因此，它能更加细化地反映企业经营精力的战略位置。

第六节　PIMS 分析

一、PIMS 分析简介

PIMS 是英文 Profit Impact of Market Strategies 的缩写，PIMS 分析又称战略与绩效分析，也叫 PIMS 数据库分析方法，其含义为市场战略对利润的影响。

PIMS 研究最早于 1960 年在美国通用电气公司内部开展，主要目的是找出市场占有率的高低对一个经营单位的业绩到底有何影响。以通气电器公司各个经营单位的一些情况作为数据来源，经过几年的研究和验证，研究人员建立了一个回归模型。该模型能够辨别出与投资收益率密切相关的一些因素，而且这些因素能够较强地解释投资收益率的变化。到 1972 年，PIMS 研究的参与者已不再局限于通用电气公司内部的研究人员，而是包括哈佛商学院和市场科学研究所的学者们。在这个阶段，该项研究所用的数据库不仅涉及通用电器公司的情况，还包括许多其他公司内经营单位的信息资料。1975年，由参加 PIMS 研究的成员公司发起成立了一个非盈利性的研究机构，名为"战略规划研究所"，由它来负责管理 PIMS 项目并继续进行研究。迄今为止，已有200多个公司参加了 PIMS 项目，其中多数在财富500家全球最大的企业中榜上有名。后期 PIMS 研究的主要目的是发现市场法则，即要寻找出在什么样的竞争环境中，经营单位采取什么样的经营战略会产出怎样的经济效果。具体来说，它要回答下面几个问题：

（1）对于一个给定的经营单位，考虑到它的特定市场、竞争地位、技术、成本结构等因素，什么样的利润水平算是正常的和可以接受的？

（2）哪些战略因素能够解释各经营单位之间经营业绩的差别？

（3）在给定的经营单位中，一些战略性变化如何影响投资收益率和现金流量？

（4）为了改进经营单位的绩效，应进行怎样的战略性的变化，以及在什么方向上做出这些变化？

二、PIMS 研究的数据库

PIMS 项目的研究对象是各公司中的战略经营单位。因此，PIMS 项目的数据库是关于这些战略经营单位情况的大汇总。目前，PIMS 数据库已采取了2000多个经营单位4~8年的信息资料，对每一经营单位所收集的信息条目达100多项，它们可归为下列几大类：

1. 经营单位环境的特性

（1）长期市场增长率；

（2）短期市场增长率；

（3）产品售价的通货膨胀率；

（4）顾客的数量及规模；

（5）购买频率及数量。

2. 经营单位的竞争地位

（1）市场占有率；

（2）相对市场占有率；

（3）相对于竞争对手的产品质量；

（4）相对于竞争对手的产品价格；

（5）相对于竞争对手来说提供给职工的报酬水平；

（6）相对于竞争对手的市场营销努力程度；

（7）市场细分的模式；

（8）新产品开发率。

3. 生产过程的结构

（1）投资强度；

（2）纵向一体化程度；

（3）生产能力利用程度；

（4）设备的生产率；

（5）劳动生产率；

（6）库存水平。

4. 可支配的预算分配方式

（1）研究与开发费用；

（2）广告及促销费用；

（3）销售人员的开支。

5. 经营单位业绩

（1）投资收益率；

（2）现金流量。

三、PIMS 研究的主要结论

经过多年的研究，PIMS 项目已得出了九条关键的结论。但在这九条关键结论中，第四条结论，即战略要素对利润率和净现金流量的影响，具有极其重要的意义。这里，重点介绍第四条结论的内容。PIMS 研究人员运用多变量回归的方法对 2000 多个经营单位建立起了上述的战略要素与经营绩效的关系。通过分析发现，下述的几个战略要素对投资收益率和现金流量有较大的影响。如何运用这些重要的战略要素，在 80% 的程度上决定了一个经营单位的成功或失败。现将这些战略要素的影响按照其重要程度分述如下：

1. 投资强度

投资强度以投资额对销售额的比值来度量，或更准确地说，以投资额对附加价值的比率来表示。总的来说，较高的投资强度会带来较低的投资收益率 ROI 和现金流量。如图 5 - 5 所示这样，机械化、自动化和库存成本强度较高的经营单位通常显示出较低的投资收益率。然而，对于资本密集的经营单位来说，可以通过以下措施来减低投资强度对利润的影响：集中于特定的细分市场；扩大产品线宽度；提高设备生产能力的利用率；开发在能力和用途上有灵活性的设备；尽可能租赁设备而不购买。

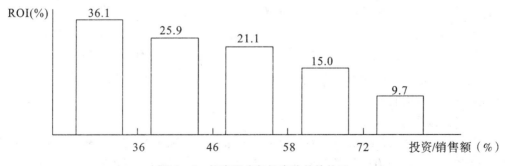

图 5 - 5 投资强度与投资收益的关系

2. 劳动生产率

它以每个职工平均所创造的附加价值来表示。劳动生产率对经营业绩有正面的影响。劳动生产率高的经营单位较劳动生产率低的经营单位具有良好的经营业绩。

3. 市场竞争地位

相对市场占有率对经营业绩有较大的正面影响，较高的市场占有率会带来较高的收益，图5-6、图5-7显示出市场占有率与投资强度二者混合对现金流量的影响。可以看出，高市场占有率与低投资强度结合能产生较多的现金；反之，低市场占有率和高投资强度会带来现金的枯竭。

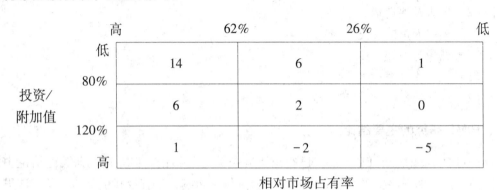

图5-6 市场占有率与投资强度共同对现金流量的影响

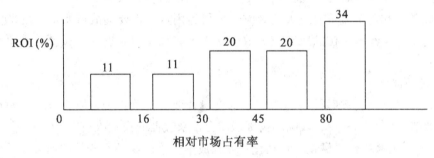

图5-7 市场占有率与投资收益率的关系

4. 市场增长率

一般说来，较高的市场增长率会带来较多的利润总额，但对投资收益率没有什么影响，而对现金流量有不利的影响。也就是说，处于高市场增长率行业的经营单位需要资金来维持或发展其所处的竞争地位，因而需要耗费资金，减少了现金回流，如图5-8所示。图5-8的数字证明了BCG增长率—市场占有率方法的正确性。可以看出，相对市场占有率高和市场增长率低的经营单位（现金牛类）产生最多的现金；而瘦狗类和幼童类产生负的现金回流。

5. 产品或服务的质量

产品质量与经营业绩密切相关。出售高质量产品（服务）的单位较出售低质量产品（服务）的单位具有较好的经营业绩。并且，产品质量与市场占有率具有强正相关关系，二者起互相加强的作用。当一个经营单位具有较高的市场占有率并出售较高质量的产品时，其经营业绩也最好，如图5-9所示。

高　　75%　　60%　　低

市场增长率			
高～7%	5 （明星）	－1	－5 （幼童）
7%～0%	7	3	－2
0%～低	7 （现金牛）	2	－1 （瘦狗）

相对市场占有率

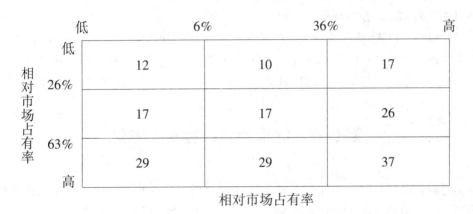

图 5－8　市场增长率与市场占有率共同对现金流量的影响

低　　6%　　36%　　高

相对市场占有率			
低～26%	12	10	17
26%～63%	17	17	26
63%～高	29	29	37

相对市场占有率

图 5－9　产品质量与市场占有率共同对投资收益的影响

6. 革新或差异化

如果一个经营单位已经具有了较强的市场竞争地位，则采取开发出较多的新产品，增加研究与开发的费用，以及加强市场营销努力等措施会提高经营业绩。反之，如果经营单位市场竞争地位较弱，则采用上面的措施会对利润有不利的影响，如图 5－10 所示。

低　　1.3%　　3.7%　　高

相对市场占有率			
低～26%	17	12	4
26%～63%	14	20	10
63%～高	27	30	30

R&D/销售额

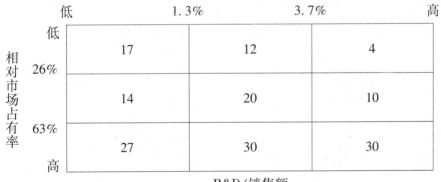

图 5－10　革新与市场地位共同对投资收益的影响

7. 纵向一体化

一般来说，对处于成熟期或稳定市场中的经营单位，提高纵向一体化程度会带来较好的经营业绩。而在迅速增长或处于衰退期的市场。在一定条件下，提高纵向一体化程度对经营业绩有不利的影响。

8. 成本因素

工资增加、原材料涨价等生产成本的上升对经营业绩的影响程度及方向是比较复杂的。这取决于经营单位如何在内部吸收成本上升部分或怎样将增加的成本转嫁给客户。

9. 现时的战略努力方向

改变上述任一因素，都会以这一因素对业绩影响因相反方向影响着经营单位的未来业绩。譬如，较高的市场占有率会产生较多的现金流量，但是，如果经营单位试图提高市场占有率，这会消耗现金。

除此以外，PIMS 研究还发现，产品的特点与企业业绩没有关系，而起决定作用的是如上所述的经营单位的特点。无论是生产钢铁产品的经营单位，还是电子产品或化工产品的经营单位，如果它们的特点基本相似，则它们会有相似的经营业绩。

第七节　汤姆森和斯特克兰方法

汤姆森和斯特克兰方法建立于波士顿咨询公司的增长率—市场占有率矩阵方法基础之上，经汤姆森（A. Thornson）和斯特克兰（A J. Strickland）二人加以完善之后而提出。它用市场增长率和竞争状况作为决定经营单位选择战略的两个参数。市场增长状况分为迅速和缓慢两级；竞争地位也分为强和弱两级。图 5-11 画出了市场增长状况与竞争地位的四种组合或四个象限，以及每种象限内的战略方案组合。

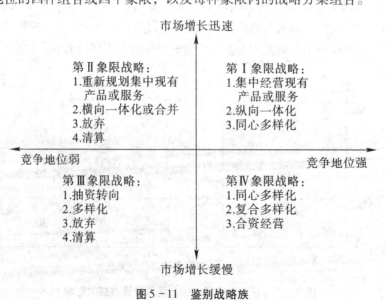

图 5-11　鉴别战略族

战略选择按照最可能的吸引力顺序排列，分述如下：

（1）象限Ⅰ中的企业（快速的市场增长与强劲的竞争地位）处于优越的战略地位，因此，最合理的战略是集中经营现有的产品或服务，预期企业做出努力以保持或提高市场占有率，进行必要的投资以继续处于领导地位。此外，处于象限Ⅰ的公司还可考虑实行纵向一体化，以作为巩固其市场地位和保持其利润收益的一种战略选择，这在企业具有财力资源和企业具有工艺导向时更应如此。企业突出的优势还可为公司进行同心多样化发展提供了机会，这样可作为分散风险的一条措施。

（2）象限Ⅱ中的企业有良好的市场，但竞争地位虚弱。推荐的战略首先是集中经营现有产品或服务。然而，实施这一战略必须回答两个基本问题：为什么目前的措施导致了很弱的竞争地位？应采取什么措施来成为一个有效的竞争者？在市场迅速扩大的条件下，如果公司有资源并能够克服战略上或组织上的弱点的话，它总能寻找出一个有利的空隙市场。然而，如果公司缺少成功地实施集中生产现有产品或服务战略的条件，则可与具有此种条件的公司实现横向一体化或合并。假若以上战略方案都不可行，则最合逻辑的战略是跳出该行业。具有多种经营业务的公司可考虑放弃某一经营单位；生产单一产品的公司可采取清算拍卖战略。

（3）象限Ⅲ中的公司处于停滞的市场中，而且公司又具有较弱的竞争地位，这样的公司最为虚弱。可选择的战略依次为：抽资转向战略——释放无生产率的资源用于可能的发展项目上；多样化战略——或同心多样化或复合多样化；放弃战略——放弃这一业务，跳出该行业；清算战略。

（4）象限Ⅳ中的公司虽然市场增长率低，但竞争地位强劲。这种条件可使公司利用来自现有业务的多余现金，来开展多样化的项目。同心多样化战略是第一选择，它可利用公司显著的优势来取得主导地位。但是，如果同心多样化的机会不那么特别吸引人的话，可考虑复合多样化战略。合资经营也不失为一合乎逻辑的方案。不论哪种方案，公司的意图是减少对现有设施的投资，这样可释放出最大量的资金用于新的发展方向。

第八节　顾客与生产者价值矩阵

一、顾客价值矩阵

什么是福克纳和鲍曼的顾客矩阵？

公司为获得顾客而竞争，因此，竞争战略的主要目的是为了能比竞争对手更加有效地满足顾客的需要。向顾客提供价值是竞争战略的基础。顾客矩阵就是基于这一认识而提出的一个分析工具。顾客价值矩阵是由世界著名的战略管理学家福克纳和鲍曼在其所著的《竞争战略》一书中提出的专用于企业竞争战略研究的方法。

该书中强调为了实现可持续竞争优势，公司必须以最低的可觉察价格（Perceived Price，简称PP）向顾客提供最高的可觉察使用价值（Perceived Use Valve，简称PUV）

两组变量构成的两维坐标。在他们看来,"竞争战略的主要目的是为了能比你的竞争者更能满足顾客提的需求。"一个企业要获取竞争优势,就必须以最低的可察觉价格向顾客提供最高的可察觉的使用价值。按照这一原则,在顾客矩阵中一个企业有两种基本的战略选择,一是削减价格,二是增加可察觉的使用价值。一个企业到底选择哪种战略,还必须以企业对核心能力的开发与使用状况为依据。

顾客矩阵的构成如图 5 – 12 所示:

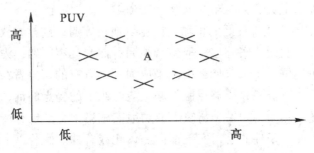

图 5 – 12　顾客矩阵的构成

图 5 – 12 中纵轴 PUV(Perceived Use Valve)表示可觉察的使用价值,这是对顾客在购买和使用产品或接受的服务中得到的满意程度的描述,比如对产品的功能、性能、式样的满意程度,这些被称作 PUV 组成的功能、性能等是顾客决定购买该产品或服务的重要因素。PUV 组成可以因具体商品而异,例如顾客在购买老山蜂王浆冻干糟时,除了看重它的功能外.还关心它的纯天然性、知名度等因素,那么后者也就构成了冻干粉产品的 PUV 组成内容之一。另外需要强调的是,这里的 PUV 组成是顾客认可的并与购买直接有关的因素,而不是企业自认为本产品有特色的要素。比如,企业在产品的颜色上翻了不少花样,可是顾客购买产品时却并不看重颜色,这样,颜色就不被包括在 PUV 组成中。

横轴代表顾客所感受到的产品价格,这里的低价位、高价位是顾客心目中的相对值,例如同类电视机,1000 ~ 2000 元是低价位,2000 ~ 5000 元是高价位;而一件衣服,1000 ~ 2000 元是高价位,而 100 ~ 200 元则是低价位。

顾客矩阵图可以用来反映本公司产品相对于竞争对手产品在顾客市场上所占据地位。图 5 –13 表示的是本公司的产品 A 与竞争对手处于同样的市场地位,即在顾客的心目中这些公司所提供的产品满意程度都是相同的,价格也是相近的。

顾客矩阵的转移战略可以通过公司产品在顾客矩阵中的转移,来进行直观的竞争战略制定,由此来改善本公司在市场竞争中的地位。

公司产品在顾客矩阵中的转移方式有多种多样,如图 5 –13。产品 A 可以沿着箭头所指的各种方向移动。其中值得一提的有两种典型的转移战略,即削减价格战略和提高 PUV 战略。

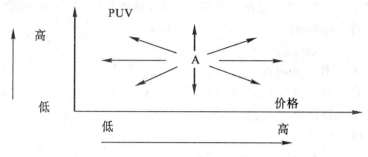

图 5 - 13　顾客矩阵的转移

削减价格战略，即公司以更低的价格向顾客提供与竞争者相同的 PUV，在顾客矩阵中表现为向左方移动，这样会使公司获得更大的市场份额。但如果顾客将价格作为衡量产品使用价值的间接标准，那么他们会认为"便宜没好货"，从而导致公司地位向矩阵的左下方移动，所以使用本战略要特别谨慎。此外，在实施本战略时还要充分了解本公司的产品成本是否在本行业中是最低的，或者有无可能在一定时期内用公司其他收入或政府补贴去弥补因削价造成的损失，否则是无法与跟随降价的竞争者抗衡到底的。

提高 PUV 战略，即公司按与竞争者相同的价格向顾客提供更高的 PUV。这个战略实施须分 3 步走：

第一步是了解我们的目标顾客，然后了解他们的需求以及他们是怎样评价不同的产品的。比如对摩托车产品，首先要了解购买摩托车的消费群体分布，其次要了解他们对摩托车有哪些要求，在他们心目中什么样的摩托车是属于满意产品（除价格外），比如摩托车的排量（最重要）、质量（第二位重要）、式样（第三位重要）、维修服务（第四位重要）。

第二步是通过作图将本公司的产品与同行产品的顾客评价的 PUV 值进行比较，并做出分析（见图 5 - 14）。

第三步是选择顾客认为重要的因素且在同行中本公司产品的 PUV 值较低的 PUV 构成内容，作为本公司产品 PUV 改善的突破口，如图 5 - 14 中的 A 公司首先应该考虑改善摩托车的排量品种，其次是服务。

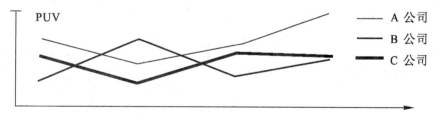

排量（第一）质量（第二）服务（第三）式样（第四）

图 5 - 14　各公司 PUV 组

一般我们可以采取综合的转移战略：先实现向矩阵上方的转移，以提高 PUV；当竞争者跟随仿效，提高 PUV 后，我们可以再沿矩阵左方转移，即降价战略；最后实现公司向矩阵的左下方的转移，这是一个唯一能保证增加市场份额的行动战略。

顾客矩阵的构造步骤：

（1）确定 PUV 组成并进行评价。

（2）确定 PUV 组成的权重。

（3）根据顾客对本公司和竞争对手产品的 PUV 组成的评价，得出 PUV 分值。

（4）通过市场调查确定产品价格，这是一个相对指标，只要定性地了解各公司产品或服务的高低差别即可。

（5）最后利用以上数据做出顾客矩阵。

1. 确定 PUV 组成并进行评价

PUV 可由影响顾客购买一种产品的主要因素构成（如质量、功能、外观、服务等）。首先必须选定一定的顾客作为调查对象，然后设计调查表，通过各种询问的方式来了解顾客购买公司同类产品主要依据的是哪些因素。

比如对一家厨具公司的组合家用厨具及其对手产品进行了调查（以下的数据均源于此次调查）：首先选定数十名购买过该公司产品的顾客为调查对象，确定 PUV 的组成，设调查结果中 PUV 由 a、b、c、d 四部分组成。再让他们对产品就这几方面进行评价，设计的调查内容如表 5-3 所示，可通过电话方式进行询问。

表 5-3　　　　　　　　对某公司产品及其竞争对手产品的调查表

产品 \ 顾客 \ PUV评分	a					b					c					d				
	很好	好	一般	较好	差	很好	好	一般	较好	差	很好	好	一般	较好	差	很好	好	一般	较好	差
A　N1																				
…																				
B　Na																				
…																				
… …																				

可将表 5-3 中的 5 个等级分别赋予分值（如 10、8、6、4、2）进行量化处理，再将得到的数据算出平均值，如表 5-4 所示：

表 5-4　　　　　　　　赋予分值量化后的平均值

顾客评价平均值	a	b	c	d
A	9.83	9.67	7.83	8.83
B	6.6	5.4	8.6	6.2
C	6.2	6.0	6.2	4.8

2. 确定 PUV 组成的权重

可以通过以下方法来确定：首先让调查对象先对 PUV 组成的重要程度进行排序，认为最重要的排"1"，次重要排"2"，依次类推。若调查对象数为 n，则得到 PUV 组成重要程度排序的 n 个评价值，具体如表 5－5 所示：

表 5－5   PUV 权重调查表

顾 客 \ PUV 排 序	a	b	c	d
N1	1	2	3	4
N2	2	3	1	4
N3	2	3	1	4
N4	2	1	3	4
N5	1	4	3	2
N6	2	4	1	3
N7	3	1	2	4
N8	2	4	1	3
N9	4	2	1	3
N10	2	4	1	3
N11	1	2	3	4
N12	3	1	4	2
N13	1	3	2	4
N14	3	2	1	4
合计	29	36	27	48
平均值 m_i (i＝a，b，c，d)	2.071	2.571	1.929	3.429
1/平均值 $I'm_i$ (i＝a，b，c，d)	0.483	0.389	0.518	0.292
权重	29	23	31	17

然后，对表中调查数据进行处理，计算每个组成排序号的平均值；再计算平均值的倒数；最后按权重计算公式 $100x$ ($1/m_i \sim /\Sigma 1/m_i$.) 算出每个 PUV 组成权值。

3. 确定 PUV 分值

根据顾客对本公司和竞争对手产品的 PUV 组成的评价，得出 PUV 分值。可利用表 5－6 来确定 PUV 分值。

表 5 - 6   确定 PUV 分值

PUV	权重 Q	产 品					
		A		B		C	
		等级率	等级率 * Q	等级率	等级率 * Q	等级率	等级率 * Q
a	29	0.77	22.33	0.41	11.89	0.38	11.02
b	23	0.85	19.55	0.34	7.82	0.40	9.2
c	31	0.53	16.43	0.61	18.91	0.38	11.78
d	17	0.85	14.45	0.41	6.97	0.33	5.61
合 计			72.76		45.59		37.61

注：其中等级率表示本公司的产品或服务与其他公司的相比较的情况，例如根据表 5 - 4，A 公司产品的 PUV 组成之一 a 的等级率 = 9.83/6.6 + 6.2

4. 构造顾客矩阵

利用以上数据再结合价格信息即可做出顾客矩阵（见图 5 - 15）。

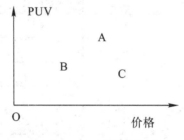

图 5 - 15   顾客矩阵

二、生产者价值矩阵

1. 什么是生产者矩阵

顾客价值矩阵由世界著名的战略管理学家福克纳和鲍曼首先提出，强调为了实现可持续竞争优势，公司必须以最低的可觉察价格（Perceived Price，简称 PP）向顾客提供最高的可觉察使用价值（Perceived Use Valve，简称 PUV）。而一个公司能否作到这一点，则取决于该公司的相对有效性和效率，即与竞争者相比较的核心能力。生产者价值矩阵就是分析公司相对有效性与效率的一个工具。顾客矩阵描述企业当前的位置，而生产者矩阵决定顾客矩阵未来的变化。生产者矩阵是由有效性和单位成本两个变量构成。有效性是产生顾客预期价值的关键，而单位成本是产生价值所需的投入水平。有效性必须转换为顾客矩阵中的 PUV 才能够实现真正的可持续竞争优势，有效性必须强于竞争对手的有效性。

2. 生产者矩阵的构成

生产者矩阵如图 5 - 16 所示，其中纵轴表示公司的有效能力，即公司要保持竞争优势应具备的能力，如产品质量保障能力，产品、服务的改进能力，产品创新能力，市场的运作能力等，它们与产品的价值提升有着密切的关系；横轴表示公司相对竞争对手所具有的产品或服务的单位成本。

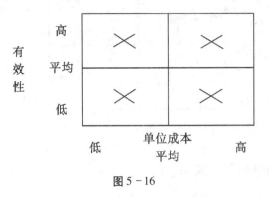

图 5-16

3. 生产者矩阵构造过程

生产者矩阵构造过程中所涉及的原始数据主要利用本公司内部人员的经验进行客观评价而得到。具体构造过程如下：首先通过对内部有关管理人员的调查，来确定本公司有效能力的组成部分，比如在上述厨具产品词研应用中设置了创新、质量控制、技术、营销、服务五方面的内容。然后再让他们根据经验来确定这些有效能力要素的权重。再由这些管理人员对本公司和竞争对手进行打分评价，与顾客矩阵构造的步骤 3 相似，由此得出本公司与竞争对手有效能力组成要素的分值。公司有效能力评价见表5-7。

表 5-7　　　　　　　　　　公司有效能力评价表

公司的有效能力	权重	公司					
		A		B		C	
		等级率	等级率×权重	等级率	等级率×权重	等级率	等级率×权重
创新	35	0.286	10	0.5	17.5	0.8	28
质量控制	30	0.714	21.4	0.5	15	0.333	10
技术	20	0.571	11.4	0.571	11.4	0.375	7.5
营销	10	0.133	1.3	0.545	5.5	1.125	11.25
服务	5	0.545	2.7	0.545	2.7	0.417	2.1
			合计 46.8		合计 52.1		合计 8.85

注：等级率的含义及计算方法与顾客矩阵的相似。

本公司与竞争对手的产品的单位成本也是由内部人员分析得出。

最后根据以上信息构造生产者矩阵（如图 5-17 所示）。

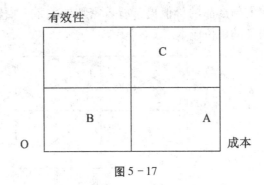

图 5-17

三、顾客与生产者价值矩阵的关系

顾客矩阵说明的是产品被顾客接受的状况，而生产者矩阵则说明的是导致产品市场地位的内在要素的水平状况。从这个意义上来理解，公司产品今天在生产者矩阵中的状况实质是对其在顾客矩阵状况未来变化的预期。事实上，只有"生产者矩阵"中的有效能力得到改善，才有可能使"顾客矩阵"中的 PUV 获得提高。只有当公司的效率改善，成本降低，才能实现产品价格的灵活控制。另一方面，我们要认识到公司要取得可持续的竞争优势，最终是通过顾客矩阵实现的，只有将"生产者矩阵"的移动转换为"顾客矩阵"相应的移动，即公司的任何努力只有被顾客认可、接受，产品的价值才能实现；否则，有可能出现"生产者矩阵"的移动没有引起"顾客矩阵"相应反应的情况。因此，竞争优势最终是由顾客决定的，也正因为如此，应根据顾客需求设计公司有效能力的改善计划，并让顾客充分认识公司的每个努力是很重要的。在顾客价值矩阵与生产者价值矩阵之间存在至少 6 种组合，每种组合实际上都存在一些可供选择的战略方案。

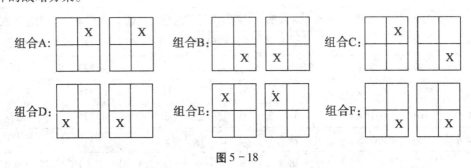

图 5-18

1. 组合 A

组合 A 表明公司在提供高于平均水平的 PUV 的基础上按高于平均价格的溢价定价，与其竞争者相比，该公司的有效性和相对成本都处在较高的位置。组合 A 的关键在于溢价的可持续性，也就是公司将承担着高价厚利引入竞争的压力。当公司发现自己正受到竞争者威胁时，应采取的有效战略是：

（1）保护品牌形象或创新能力等差异性的基础。

（2）对总成本、要素成本的控制和降低给予更多的关注，在生产者价值矩阵纵轴不变的情况下，改变横轴的相对位置。

（3）改变顾客对价格的看法，顾客价值矩阵中纵轴不变，横轴向左移动，提高市场占有率，用经营规模获取更高的总量收益。

2. 组合 B

组合 B 表明，PUV 相对较低，价格超过平均水平，公司成本和有效能力均处在低水平，除了行业垄断或产品严重供不应求的情况，这种组合将导致市场份额减少，随时都有可能被提供高水平的 PUV 或低价格的竞争者所击败。如果说公司面临组合 B 的位置，可供选择的战略方案是：

（1）通过各种方式（运行能力和制度能力）改善和提高公司的有效能力，提高纵轴的位置。

（2）增大降低成本的力度，横轴（可察觉价格）的位置向左移动。

（3）舍弃原有的产品和市场，独立或与其他公司结盟开发新产品和新市场。

3. 组合 C

处于组合 C 位置的公司，顾客价值矩阵处于双高位置，而能力的有效性和效率却低于行业的平均水平，这就意味着公司在吃老本，存在严重的经营危机。高价格的利润诱惑将导致竞争者的侵入，而高成本和低效率并没有使高价格转化为高利润，相反给竞争者提供攻击的要害或缺陷。处于危险境地的管理层应该在短时间内优先考虑以下选择：

（1）改善有效性，在生产者价值矩阵中将纵轴的位置向上移动。

（2）降低成本，将横轴的位置向左移动。

（3）将某些活动转包给供应商，减少公司内部的工作量，集中精力改善有效性或降低成本。

4. 组合 D

在组合 D 的图形中，公司按低的价格提供低的 PUV，以低成本提供低水平的有效性。公司实际是在细分市场中的低档市场经营，在行业中缺乏竞争能力，当公司面临巨大竞争压力时，只能以大幅度削减价格谋求生存。公司身处低利润甚至亏损运作的险境，其战略选择只有一个，改善有效性，提高公司的运行和制度能力，开发和生产高质量的产品，增强后续开发的能力。

5. 组合 E

组合 E 表明公司提供高水平的 PUV 和极具竞争性的低价格，具有卓越的有效性和低价格竞争力，是非常有力的强势定位以及保持可持续竞争优势所追求的理想目标。居于强势定位的公司，发生问题的可能性主要来自两方面：一是高层管理者的骄傲自满，二是所在细分市场中的需求下降。因此，防止自满情绪，巩固和发展目前的竞争优势，是公司管理者应考虑的首要问题。

6. 组合 F

组合 F 表明公司提供低 PUV 而按高价格出售，处于高成本和低竞争力的劣势地位。公司为了生存而垂死挣扎，随时都有被竞争者吞并或淘汰出局的危险，因此，选择的余地很小，要改变劣势定位必须采取力度大的措施。

（1）在横轴位置上向左面或左上方移动，但向左移动——降低成本、缩小与竞争者的差距相对更容易办到。

（2）通过联盟、兼并、收购等方式，扩大经营规模，降低成本，削减价格，提高市场份额，以规模经济优势满足低档位细分市场的需求。

（3）被竞争者兼并或收购。

章末案例

告诉你 TCL 不为人知的中国企业海外突围故事
——TCL 国际化之路

事物的发展常常会呈现戏剧性效果。2004 年 5 月，中国彩电再次遭遇美国反倾销制裁。然而，时间刚刚过去三个月，TCL 就与全球第四大消费电子企业汤姆逊合并重组成立全球最大彩电企业——TCL 汤姆逊电子公司（简称 TTE），从而使中国彩电企业国际化跃上一个新的台阶。目前，TCL 国际化模式已经成为众多企业学习、模仿的对象，也成为众多学者关注、研究的课题。TCL 集团海外事业本部总裁、TCL 国际化事业领军人物易春雨博士，结合自己的实践经验和深入思考，提出 TCL 国际化三大理论主张。

一、"节奏扩张"理论：国际化是一个循序渐进的过程，由地域接近、经济形态相似的国家做起，逐步向外围扩张，最后达到全球布局目的，是国际化最稳健的选择。

二、"梯次递进"理论：国际化一般从产品输出开始，历经技术输出、资本输出，最终发展到品牌输出、文化输出的高级阶段。没有前面的积累，就不可能有后面的爆发。

三、"国际化最短路径"理论：一个企业具备一定国际化基础之后，适时引进新的资本力量，借助外力推动国际化加速发展，可以节约国际化时间成本。

2004 年 7 月 29 日，TCL 与汤姆逊彩电业务进行合并重组，成立 TCL 汤姆逊电子公司（简称 TTE 公司），宣告全球最大彩电企业诞生。中国彩电国际化在遭遇美国反倾销大棒打压之际，因为 TTE 的诞生而再现春色。本文以最平常的视角，对 TCL 国际化履历进行从前到后的完整回顾，并引入 TCL 高层首次对外发表的国际化理论主张，期待有助于社会对 TCL 国际化的深入理解。1997 年，东南亚国家爆发严重金融危机，整个区域经济遭遇沉重打击，危机甚至波及中国、韩国、日本等国家。正在酝酿国际化战略的 TCL 集团总裁李东生深深意识到，如果再不及时走出去，未来发展堪忧。走出去，从哪走？向哪去？这个问题必须回答。李东生决定起用学国际投资出身的易春雨博士担任国际化领军角色。TCL 彩电全国市场推广负责人、销售公司副总经理的履历，已经充分证明这是一个难得人才：有思想、有魄力，甚至有一种纯粹职业经理人的韧劲儿。临危受命，易春雨陷入深深思考之中，这是他的习惯，每当面临抉择，他都会开动脑筋，从各个角度思考得与失，从而达到趋利避害目的，这一次也不例外。一个月之后，身边的人就从易春雨舒展的眉头中解读出了某种信息。不久，易春雨宣布了他

的"TCL国际化施政纲领"。"我们应该从越南市场做起"，他说："第一，越南与中国
毗邻，经济发展水平总体相近，文化背景多有相似之处，国民消费习惯及消费心理也
差不多，中国的经验可以移植过去。"他笑了一下，"即使做不下去了，撤回来也容易
啊。""第二，我们进入越南真正目的并非越南，所谓项庄舞剑，意在沛公。越南是东
盟（ASEAN）成员国之一，通过越南进入东盟市场，可以大大降低关税。东盟是什么？
东盟是人口约5.3亿的大市场！这个市场开发得好，一年卖三五百万台彩电没有问题。
东盟之间关税为5%，2006年之后，东盟内部实行零关税，货畅其流。而中国和东盟
之间的关税是15%。这意味着占领越南就打开了东盟的大门。"易春雨说话掷地有声。
"第三，TCL作为突破重重阻碍成长起来的品牌，具有丰富的市场开发经验，当初，我
们刚进入彩电市场时，日韩品牌已经相当强势了，我们仍然进入了前三名，为什么？
就是因为我们善于开发市场，善于开发那些看似不可开发的市场，TCL的血液里天生
有一种越是艰险越向前的基因，这是我们的信心所在。"易春雨的讲话激起了长时间的
掌声。事实上，TCL选择从越南出击，还有一层原因，就是TCL收购的陆氏集团，在
越南建立了彩电生产基地，TCL决定把这个工厂接过来。不久，易春雨就率领他的18
勇士开赴越南，很有一种"风萧萧兮易水寒，壮士一去不复返"的慷慨。激情之后就
是理智。但是，真到了越南，才知道什么叫困难。越南市场向来是日韩品牌一统天下，
日韩产品充斥在各种市场。以摩托车为例，在越南，摩托车是最主要的交通工具，但
是，越南没有摩托车这个名词，而越南人就管摩托车叫HONDA（本田），由此可见日
韩品牌对越南消费者的影响。与此相反，中国摩托车曾经大量出口到越南，但是，中
国商人很快就把这个市场做烂了，各种质次价廉的摩托车让越南人对中国产品十分反
感。一面是竞争对手绝对强大，一面是中国品牌形象恶劣，一踏上越南这片热带雨林，
TCL人就体会了美国大兵在这片泥沼挣扎的艰难。

　　曾经被菲律宾总统阿罗约称为"真正男子汉"的易春雨骨子里有一种不服输的性
格，他把拿破仑那句著名的话改造成"TCL的字典里没有'失败'二字"，贴在办公室
里，让每一个人都能看得见。在易春雨看来，越南战场成败事关TCL国际化大业，如
果第一场战役就失败了，无疑将为TCL国际化投下阴影。换言之，这是只准成功不准
失败的博弈。曾经担任TCL市场推广负责人的易春雨，对营销战略的理解显然更深刻
一些。做别人不愿意做的事情，做别人做不了的事情，就一定能成功。和经销商建立
感情联系，成为他的第一选择。针对日韩企业与客户沟通较少，客户难得一见高层的
情况，易春雨决定下去，和经销商面对面地交流、沟通，甚至直接到商场帮他们卖电
视，结果，他赢得了日韩企业不能赢得的好感。现在的易春雨几乎是越南的地图，他
能说出许多城市的许多道路名称，因为他走过。赢得消费者好感，最重要的一项工作
就是把售后服务工作做好。这一点恰恰也是TCL的优势。易春雨又把它移植到了越南。
TCL首家在越南做出"三年免费保修、终身维修"的承诺，对消费者吸引力很大。在
越南，日韩品牌电视机坏了，要消费者自己抱着电视去维修站维修，而TCL采取上门
维修，把服务送上门，这一点特别有用。越南人爱看足球，爱到疯狂地步，一旦有重
大赛事，他们可能什么事都不干，就守在电视机前。如果这个时候电视机坏了，他们
会很着急的。TCL针对他们这一心理，只要在重大赛事期间，发生故障的机器，TCL

都要把备用机借给用户使用，等维修好后再换回来。TCL 这种做法显得十分人性化，很能赢得他们的认同。在广告宣传方面呢？日韩企业财大气粗，有大量广告投放，TCL 刚开始广告预算几乎是零。怎么办？他们想出一着妙招：与中国驻越南大使馆、中国团中央、越南团中央联合成立"TCL 越南青年基金会"，每卖出一台彩电提取 5 元人民币作为基金，每年组织一次越南优秀青年代表到中国学习、考察。这种类似政府公关的做法，进一步增强了老百姓及越南政府对 TCL 的好感。类似的事情数不胜数。正是做了许多日韩企业做不到的事情，TCL 靠着日积月累逐步把 TCL 品牌美誉度和消费者认同建立起来了。经过三年辛勤耕耘，TCL 到 2002 年基本上已经成长为越南彩电市场最著名三大彩电品牌之一，市场份额超过 12%；到 2003 年，市场占有率进一步提升到 16%，仅次于索尼，把松下、三星、LG 甩在后面。TCL 在越南的成功，标志着国际化初战告捷。依照 TCL 最初设想，进入越南意在东盟。当越南根据地基本上已经稳固之后，由越南出发，进入菲律宾、印尼、马来西亚、新加坡等国家进入议事日程，甚至挟东盟成功之威，进一步把触角延伸到俄罗斯、南非等更远的地方，亦成为现实。TCL 在其他国家的成功同样十分精彩。以菲律宾为例，2004 年上半年，TCL 在菲律宾彩电市场份额已达 10.35%，成为与索尼、三星齐名的国际品牌。菲律宾民意调查及经销商反馈显示，TCL 是菲律宾"市场份额上升最快，最令竞争对手敬畏"的品牌。2004 年 9 月，菲总统阿罗约在访华之际，专门抽出时间约见了 TCL 集团代表。见面时，阿罗约握着易春雨的手连称"真正的男子汉"，对 TCL 在菲律宾的成功赞誉有加，并表示会全力支持 TCL 在菲律宾的经营活动，还表示有时间一定到 TCL 工厂去看看。

目前，TCL 在在俄罗斯、南非、中东、南美等国家和地区均设立了销售机构或商务处，市场网点遍及全球六大洲 30 多个国家和地区。2003 年，TCL 出口额达到 15.7 亿美元，出口额年均增幅在 40% 以上。在部分市场，TCL 彩电销量已经稳居当地第一，成为菲律宾、斯里兰卡、印尼、孟加拉等地受人尊敬的国际品牌。依照 TCL 战略，首先占领新兴市场、成长型市场成为重中之重。而俄罗斯、南非市场则是新兴市场的代表。俄罗斯虽然一度遭遇经济滑坡和社会动荡，但是，其市场潜力巨大不容忽视。近年来，俄罗斯社会趋于稳定，经济向好，对这个市场的开发正当其时。1998 年，TCL 即在莫斯科设立了代表处，通过品牌代理和 OEM 方式进入俄罗斯。四年来做了大量积累工作，为日后大规模开发奠定了基础。在提到中国企业国际化问题的时候，有人一度认为，TCL 对越南市场的开发意义不大，理由是"这个市场太小"。对此，国家商业部国际化研究中心专家称：对国际市场的开发，其意义不在于国家大小，而在于经验的探索与积累，在国际化经验近乎一张白纸的情况下，反而应该警惕好高骛远、不切合实际的想法。应该说，TCL 的国际化十分具有策略性，为进入东盟市场，它先进入越南，这就是智慧。该专家说，没有 TCL 前期新兴市场开发的成功，也就不会有汤姆逊找上门来的合作。李东生始终强调："中国企业的海外战略容易出现的误区是贸然进军发达国家的成熟市场。TCL 的做法是首先选择发展中国家作为突破口，推广自有品牌；然后循序渐进地进入发达国家市场。"TCL 国际化的一个显著特征就是稳健性。这与李东生本人的性格十分吻合。截至 2004 年上半年，TCL 彩电销售总体增长 48.1%，其中新兴市场销量同比增长 62%。TCL 国际化在有机成长这个阶段，也是分了三个步骤：迈出国际化第一步：由易到难，由近及远。这一步最关键的是，保本点的分析。"经过投资分析、数字整理和详细的考察、估算，我当时提出的方案是，只要我们在越南卖出 36，000 台彩电，我们就能保本，后来的事实证明，一年以后，我们卖到 28 000 台彩电，再加上少量 VCD，我们就已经达到了持平。" 1998 年，TCL 进入越南市场。TCL 选择越南作为突破口，是深思熟虑的结果。首先，原陆氏集团在越南有一个生产基地，正想出手，而收购了蛇口陆氏工厂的 TCL 被认为是最理想的接手人。在接手陆氏在越南的工厂之后，TCL 进一步分析：从表面上看，当时几乎所有世界名牌彩电都已涉足越南市场，越南彩电生产能力已经达到年产 150 万台左右，而市场的实际年销售数量在 60 万至 70 万台左右，这个数字直接反映出供大于求。正因如此，中国一些彩电企业到越南考察后没有采取行动，但 TCL 却迈出了果断的一步。因为 TCL 领导层分析后认为，越南彩电市场还有相当大的潜力可挖，越南家电市场存在三大空白点，这也就是 TCL 的 3 个机会点。第一，越南家电市场出现"供大于求"，主要是因为在越南市场占主导地位的国际品牌产品售价过高，远远高出大部分消费者的现实购买能力。越南消费者的潜在购买空间还相当大，有待挖掘。第二，看好未来大屏幕彩电市场的兴起。越南市场销售的彩电以 14 英寸和 21 英寸为主，这两种机型销售量占总体市场销量的 90% 以上。随着越南经济的不断发展，人民收入的不断增加，消费者将不满足于小屏幕彩电，其兴趣会逐渐向 25 英寸和 29 英寸彩电转移。第三，越南未来的彩电市场容量巨大。越南有近 8000 万人口，但是彩电年消费量只有六七十万台。随着越南经济的发展，在未来的 5 至 8 年内，越南彩电市场规模将会比目前翻一番，达到 160 万台，这将为彩电企业的发展提供相当可观的机会。其实选择越南市场作为国际化进程的第一步，除了市场容量、市场潜力因素以外，TCL 更深一层次的考量是：如果从越南开始做起，是因为越南作为中国的邻居，经济发展水平同中国差别不是很大，消费者文化背景也有相似之处。"即使做不下去了，撤回来也容易。"再者，作为东盟成员国，进入越南有利于进入别的国家。当然，TCL 从启动越南市场入手国际化，也是基于企业综合实力和不同国家市场特点做出的决定。在 TCL 看来，首先从发达国家做起未尝不可，但是，它必须付出两个代价：其一，它必须牺牲自己的品牌，因为中国品牌在国际市场的影响力是微不足道的；其二，它必须承受长时间亏损的代价。而且这条路充满了风险。审时度势，TCL 决定采取稳妥、健康的方式，在 TCL 看来，国际化本身是一个积累的过程，不可能一口吃个胖子，而且，国际化也不是看"卖出去多少产品"一项指标就论成败的，人才积累、经验积累、市场积累等等，都需要时间。TCL 看来，中国企业国际化失败不起。毫无疑问，从越南这样的国家做起，是明智的决策。但是，虽说越南是发展中国家，真的要做好并非易事。1990 年代，中越边贸发达，中国产品大批进入越南，但是，无良的中国商人并没有给越南消费者留下良好的印象。中国的产品在越南很便宜，但是，质量也不容乐观，至少和日本产品相比是这样。中国卖到越南的摩托车就是最典型的例子。越南消费者对中国产品的恶劣印象，让中国产品在越南颇受排斥。TCL 要在这样的环境下开创一片新天地谈何容易。易春雨曾经主政 TCL 彩电的市场推广。在他看来，TCL 的竞争对手主要是日韩企业，而一般客户很难见到他们经理级人物，他们很少与客户或基层员工打交道，而与客户建立亲密的联系，一直是 TCL 优良传统。于是，TCL 的优势凸显出来。他们在每个城市设立 24 小时热线电话，一有投诉马上做出反应。比如，越南人爱看足球，几乎达到狂热地步，在足球联赛期间或者有什么大赛是他们最依赖电视的时期，这个时候如果若遇上电视坏的问题，就必须要及时帮用户修好。日韩企业需要用户把电视送到其专修店维修，而 TCL 则采取快速反应上门维修。如果故障比较复杂一时修不好，就给客户一台备用机先看着，等修好了再换回来。这一做法，特别能取得消费者认同。再比如：在促销手段上，TCL 无法进行大规模的投入，他们就成立了"TCL 越南青年基金会"，每卖出一台彩电，提取 5 元人民币给基金会，供越南团中央选拔人才到中国学习、考察。这一做法，赢得了所有消费者对品牌的好感。TCL 就是做这些日韩品牌做不到的事情，对品牌形成日积月累，终于赢得了品牌美誉度。所以，有关领导考察了 TCL 越南市场之后指出，TCL 在越南扮演了中越两国友好使者的角色，对于中国产品在越南形象的改善起到了积极作用。现在，TCL 在越南已经成为著名国际品牌和有影响力的国际企业，市场占有率稳居第二，仅次于索尼。

第二步：步子迈得再大一些，循序渐进，节奏扩张

做透越南之后，TCL 将眼光投向以越南为腹地的东盟市场。

东盟是什么？环球财经杂志曾经对这个正在高速成长，充满极大诱惑力的新兴市场做过这样形象的注脚。"对于中国企业而言，东盟是商机。就在 11 月朔风初起的时候，中国与东盟'10+1'框架协议的达成，让许多在国内苦苦找寻市场商机的企业看到了'春'的亮色。而此前春兰集团宣布扩大在东盟国家的投资，TCL、小天鹅集团等'东南飞'的成功个案，更是助燃了这股火辣辣的热情。然而，大商机背后往往隐含着大风险，许多'中国造'的南下悲歌已经足以让人不寒而栗，神秘的热带雨林笼罩下的大市场似乎诡秘重重。东盟究竟是什么？不妨打个比方，东盟就像是河豚，会吃的，鲜嫩无比；不会吃的，当心命丧黄泉。"机遇与风险历来是焦不离孟，孟不离焦。东盟国家有 5 亿多人口，市场潜力巨大。商品从越南进入东盟只需 5% 的关税，而从中国进入则需 20% 的关税。在欧盟对中国家电反倾销的情况下，通过越南打入东盟市场，可以有效避开反倾销税。

在有了经营越南市场的成功经验以后，TCL 人遵循产品质量过硬、品牌晕轮效应扩展、优于其他国际名牌的服务水准三条硬准则，以及本地化加工的优势成本，进一步扩大胜果。目前，经过三年的辛勤耕耘，TCL 在菲律宾、泰国，新加坡、印尼、印度、斯里兰卡等国家市场，都是与三星、索尼齐名的国际名牌产品的形象。而在以俄罗斯为代表的远东市场，TCL 同样倾注了不少的心血。从 1998 年开始涉足俄罗斯市场并设立了俄罗斯商务代表处，四年来，TCL 在客户、渠道、市场、品牌影响等方面做了一些工作，并积累了相当的基础。2002 年，TCL 在俄罗斯市场实现彩电销售 24 万余台，这极大增强了 TCL 开拓俄罗斯市场的信心。考虑俄罗斯市场发育的不规范性、政策的多变性和"人治大于法治"的客观实际，TCL 正确地评估了竞争对手的实力和 TCL 品牌在俄罗斯市场的地位和面临的问题和风险，力争做到知己知彼，百战不殆。在俄罗斯市场上，TCL 没有照搬韩国企业的经营模式，而是充分借鉴韩国企业成功的经验，结合 TCL 擅长打"巷战"的特点，深入俄罗斯市场腹地，扎硬营，打死仗，建

网点，树品牌。以 TV 产品为龙头，率先占领俄罗斯市场，同时可考虑和兼顾 AV、手机、空调、白家电等其他产品进入市场，开展多元化经营，增加支撑点和盈利渠道，通过 TCL 海外员工的勤劳和智慧，探索出一条中国企业迈向国际化的成功之路。

第三步：小跑前进，合并重组，全球布局

2002 年，TCL 人的脚步终于迈入了欧洲的门槛。这一年 9 月，TCL 宣布收购德国百年品牌施耐德。中国人收购德国企业，这在过去是不可想象的事情。因此，消息一出，TCL 在欧洲市场名声大振。这一年，李东生总裁因此而获得中央电视台颁发的"年度经济人物"奖。2003 年，TCL 的国际化步伐越走越快。9 月，不动声息地收购美国著名消费电子类企业高威达。同年 11 月，和全球第四大消费电子企业汤姆逊达成彩电合并意向，2004 年 7 月 29 日正式合并，全球最大的彩电企业 TCL 汤姆逊电子公司（简称 TTE）由此诞生。TCL 至此彻底跻身全球主流彩电品牌行列，从而完成了它由局部国际化到全面国际化的蝶变。到 2003 年，TCL 彩电出口额达到 15.7 亿美元，年均增幅在 40% 以上，并且连续四年出口增幅高于营业增幅。目前，TCL 除了在东南亚、南亚市场表现出色之外，在俄罗斯、美国、南非、南美等国家均建立销售机构或设立商务代表处，市场网点遍及全球六大洲的 30 多个国家和地区，国际市场销售稳步提高。TCL 品牌与汤姆逊（包括子品牌 RCA）品牌在全球形成市场空间互补，对全球市场形成全面覆盖。我们能很清晰地看出 TCL 国际化的脚印是什么一步一步走过来的，那就是由易到难，由近及远；循序渐进，节奏扩张；合并重组，全球布局。迄今，TCL 在全球拥有 16 个子公司，4 个合作性质的子公司，基本上涵盖了全球除欧美之外的所有地区。这三个阶段的完成，标志着 TCL 全球布局框架的完成。

在东南亚、俄罗斯、南非，乃至美国风头甚劲的 TCL 开始被越来越多的外国媒体所关注，越来越多的日韩企业开始在他们的海外战略中把 TCL 调整为自己的战略对手。前后经过长达一年的酝酿、准备，2004 年 7 月 29 日，TCL 与汤姆逊合资组建的 TTE 正式挂牌成立。据合资双方公布的公告，2003 年，TCL 和汤姆逊的彩电总销量达 1850 万台，居全球销量第一位。预计到 2004 年底，实际销量将超过 2200 万台。在此之前，三星电子以其年产量 1300 万台的优势稳居世界第一的位置。新公司净资产规模约 4.3 亿欧元，TCL 集团旗下的 TCL 国际控股和汤姆逊分别持有 TTE67% 和 33% 的股权。TTE 在全球范围拥有 5 个营运中心、5 个研发中心和 10 个生产基地，全球营销网点超过 2 万个，员工总数达 29000 人，其中研发人员 1100 多名。在品牌战略上，在亚洲及新兴市场以推广 TCL 品牌为主，在北美市场以推广 RCA 品牌为主，在欧盟市场以推广 THOMSON 品牌为主。其产品涵盖由经济型到豪华型、由基本功能型到高端科技型、由模拟系统到数字系统的所有种类。TTE 的成立，缔造出世界级彩电航母巨舰。但"大"并不是目的，TTE 更重要的意义在于改写了全球彩电产业格局。对 TCL 而言，与汤姆逊合并，可以让 TCL 在技术创新和国际市场开发两个方面直接受益。这两个方面如果单靠 TCL 一己力量，要想达到合并后的水平和规模，则至少需要奋斗五年。具体而言，第一，大大促进 TCL 国际化进程。在此之前，TCL 的主要战场在国内，但是合资后，国内、国际两个市场几乎旗鼓相当，几乎各占 50%。依照"真正的国际化必须是海外市场销售占总销量 50% 以上"基本标准，TCL 应该说已经具备了真正国际化企业的基本特质。第二，TTE 的成立，有助于全面提升 TCL 在全球的品牌知名度和影响力，同时对 TCL 品牌彩电国内销售形成良性支持。第三，大大地刺激 TCL 技术进步。汤姆逊是全球第四大电子企业，拥有全球最多的彩电专利技术，专利数仅次于 IBM。雄厚的技术研发能力与 TCL 巨大的生产制造能力形成良性互补。第四，有利于全球范围内的资源整合。TTE 的成立，意味着 TCL 实现了由"局部国际化"到"全面国际化"的蝶变。从 1998 年 TCL 人脚步踏上越南市场的那一刻起，到 TTE 全球最大彩电企业的诞生，中间仅仅经历了不足六年。

现在的 TCL，已经不在将自己定位于国内企业，当我们发现 TCL 彩电越来越多采用全球最先进技术的时候，当我们发现 TCL 推出全球第一款最薄的光显背投电视的时候，甚至当我们看到阿尔卡特这样的通讯巨头也向 TCL 投怀送抱的时候，我们再也不能不相信 TCL 在国际上的崛起了。而这岂不是每个中国企业的愿望。但是，已经驶入国际化车道的 TCL 在获得更多发展机会的同时，也将不可避免地迎接更多挑战，可谓"机会与挑战一起上路"。首先，TCL 必须突破管理的瓶颈。合并不是把两班人马撮合在一起那么简单，内部的融合与沟通至关重要，而要实现融合，就必须突破管理的瓶颈。而目前两个企业在交流和价值观念上均存在诸多障碍，这对管理团队无疑是一个严峻考验。其次，如何在尽可能短的时间内实现赢利，对 TCL 同样是重大考验。有关专家认为，TCL 没有必要期望在短时间内获得盈利，因为这样的想法并不太现实，而是应当把 TTE 三年之内的亏损视为战略投资。LG 为了中国市场，承受了长达十年的亏损；而柯达进入中国市场五年之内都是亏损的。因此，TCL 目前的当务之急并不在于扭亏为盈，而是在于进行内部整合与资源配置，实现文化融合，创立新的企业文化，最大限度地发挥两个企业的互补优势，使整合发挥出最佳效应。事实上，TTE 的成立意义是全面的，对于国内其他企业的启示意义也是明显的。长期以来，中国企业在实施国际化战略的时候，往往走的是"积累型发展道路"，就是依靠自己的实力进行艰苦的长期的积累，这种道路好在稳妥，不会出现大的风险，所谓船小好掉头。问题呢？难以适应市场对中国企业必须尽快成长的现实要求。因此，在积累型发展的基础上，注入新的动力，从而保证企业实现更快的发展，成为中国企业必须面对的问题。这个时候，适时实施"积累型发展＋聚积型发展"两种模式相结合，成为极具价值的探索。事实上，TCL 和汤姆逊合并，就是走得这条路。目前，TCL 模式已经引起国内企业的普遍关注和研究，联想表示要借鉴 TCL 模式，加速其国际化进程。而创维和康佳则直接模仿 TCL 经验，寻求和欧洲、日本企业合作。

我们相信，随着 TTE 业务在全球不断展开，将有越来越多的中国企业走出国门，与世界顶级企业在全球范围内展开竞争，未来主流产业的世界版图上，中国企业将会拥有越来越强的话语权

TCL 国际化带来的思考

一、为什么是 TCL？

显然，TCL 正在成为中国企业国际化的榜样。一个问题是，认知并实施国际化战略的企业并非 TCL 一家，有些企业甚至走出国门更早，为什么独有 TCL 业绩骄人？或者说为什么全球最大的彩电企业花落 TCL 而不是他家？

事实上，当我们全面回顾了 TCL 国际化历程的时候，这个答案事实上已经给出。汤姆逊选择 TCL，而不是其他企业，完全在于 TCL 前期在国际市场上的优异表现。可以毫不夸张地说，没有 TCL 前期在海外成绩的铺垫，绝不可能有汤姆逊的"移情别恋"。中国企业现在普遍热衷于结盟国际企业，一方面表现了他们国际化策略的觉醒，另一方面，也表现出了急躁心态，想一口吃个胖子。TCL 的成功告诉我们，机会只给有准备的人。中国企业在参与国际化时必须采取积累型发展和积聚型发展相结合的方式。在适当的时候，寻求与跨国巨头资本层面的合作，不失为参与国际竞争的最好方式。

二、与跨国资本合作要注意什么？

TCL 经验证明，在与跨国资本合作时，一定要把握好三个原则：第一，要力争控股。控股能体现企业意志，保证品牌生存权和发展权。第二，要选择合适的对象。什么样的对象才合适呢？具备较强的技术实力和较大的行业影响力，这样的企业才具有发展潜力。第三，要充分认同和尊重我方企业文化和价值观，否则难免同床异梦、貌合神离。

三、充分重视新兴市场

目前，全球彩电市场年销量在 1.8 亿台左右，其中中国、欧盟、美国三大市场占去约 1 亿台，其余国家瓜分剩余的 8000 万台。但是，鉴于中国、欧盟、美国、日本等国家彩电市场已经饱和，市场以更新购买和第二台购买为主，因此，难以实现大规模突破，市场增长空间十分有限，基本上以维持现状为主。但是，以俄罗斯、南非、中东、南非、东南亚为代表的 EM 市场则不同，EM 市场（中国除外）总人口约为 31.6 亿，彩电年销量达到 5000 万台以上。关键在于，这样一个市场彩电普及率还比较低，未来成长空间巨大，因此，在开发国际市场时，充分重视这一市场，比把两眼盯在发达国家更具有现实意义。今年以来，TCL 海外销售同比增长 60% 以上，很大一部分就是 EM 市场带来的。

四、TCL 的品牌效应正在显现

TCL 与汤姆逊合并之初，国内曾经有两种观点比较流行：一种是"地块论"，认为 TTE 不过是两块地合在一起了而已，没有什么大不了的，不会对彩电行业造成什么影响。另一种观点是"OEM 商"，认为这样的合作不过是汤姆逊找到了一个大的制造商而已。现在看，这两种观点都未免过于肤浅。权威人士指出，TCL 与汤姆逊合资的意义，不仅仅体现在缔造出一个最大的彩电企业，而是在于提供了一个国际化的思路，一种突破国际化瓶颈的方法。事实上，其意义之深远，不是一下子能发现的，而是慢慢发挥出来的。比如，最近 TCL 连续推出多款 DLP 背投电视，其中一款 61 英寸的背投厚度仅仅 17CM 多一点，比别的企业的同类产品薄了一半，就是采用汤姆逊全球顶尖技术的产物。据 TCL 方面讲，今年年底前和明年初，还将有大批创新产品推出，这就是合并带来技术提升的结果。另外，因合并而带来的品牌提升效应也在迅速显现。在 9 月份俄罗斯中国机电产品博览会上，TCL 一次就签订了 1.2 亿美元的大单。据 TCL 俄罗斯市场负责人讲，在俄罗斯，许多人都知道 TCL 是全球最大的彩电企业，因此，品牌的市场张力巨大，消费者对产品非常认同。因此，TCL 俄罗斯负责人说："俄罗斯市场太好做了！"

五、成功的国际化肩负提升国家形象使命

当我们因为索尼、松下、丰田等企业的产品优秀而带来对日本整个国家的产品建立好感的时候，其实说明一个道理，那就是：好企业能改善一个国家的国际形象。TCL在越南的表现也证明了这一点。因此我们说，成功的国际化具备国家营销的职能。越南消费者对中国产品的态度经历了从排斥到拥戴的过程。TCL用一个彩电改变了一个国家对中国的印象，从某种意义上来说，TCL就是中国在越南的亲善大使，承担了塑造国家品牌形象的责任。三星代表韩国，索尼代表日本，TCL代表中国。一个国家的形象，很大程度上是由它输出的产品形象来支撑，良好的产品形象能带动其所属国的国际社会形象，提高其国际地位，增强国际各界消费者对优秀产品、企业所属国家的普遍好感。从这个意义上来讲，TCL、海尔等优秀的中国企业在海外市场的卓越表现，为改变国际社会对中国产品乃至中国国际形象的评价、看法做出了巨大的贡献。因此，有关专家建议中国政府应该对TCL这样的优秀企业予以大力地支持及政策上的扶持。但是，应该看到，中国企业国际化总体上还处于初级阶段，大多数企业商停留在产品输出阶段，少数企业走到了资本（技术）输出阶段，象TCL这样实现海外市场占据总销售额的大约一半，并实施品牌及文化输出的，还少之又少。因此，进一步提升中国企业国际化总体水平，成为刻不容缓。

（资料来源：商界．2008年第二期）

复习思考题

1. 企业战略选择的战略选择的影响因素是什么？
2. 企业战略选择常见误区有哪些？
3. 在做战略选择时有哪些方法？
4. PIMS分析的具体内容有哪些？
5. 如何顾客与生产者价值矩阵分析。

第六章　战略实施

学习要点：

1. 重点掌握战略实施的基本原则；
2. 企业组织的战略调整；
3. 战略实施的资源配置；
4. 战略实施中的企业家；
5. 适应战略实施的企业文化；
6. 制订战略的程序。

开篇案例

巨人的没落

　　巨人集团创始人史玉柱1986年毕业于浙江大学数学系，之后进入深圳大学攻读软科学管理硕士研究生。1989年初毕业后被分配到安徽省统计局工作。同年7月回到深圳，以身上仅有的4000元和自己开发的M－6401桌面排版印刷系统开始了创业。1989年8月，史玉柱和3个伙伴承包了天津大学深圳科技工贸发展公司电脑部，M－6401此时推向市场，巨人事业起步。首先，史玉柱用全部4000元做了8400元的广告："M－6401，历史性的突破。"13天后的8月15日，史玉柱的银行账户上第一次收到3笔共计15 820元的汇款。到9月，4000元的广告投入已带来10万元的回报。面对第一笔利润，史玉柱索性又一次将10万元全部变成广告。4个月后，M－6401带来100万元的利润。半年后又研究设计出了新产品M－6402。有了资产和新产品，1991年春史玉柱移师珠海，珠海巨人新技术公司应运而生。他宣布："巨人要成为中国的IBM，东方的巨人。"同年1月，公司员工增加到30人，公司注册资金15万元。M－6403汉卡销售量居全国同类产品之首，比当时的联想汉卡还畅销，获纯利润1000万元。9月，巨人公司更名为珠海巨人高科技集团公司，注册资金1.19亿元，史玉柱任总裁，公司员工发展到100人。12月底，公司纯获利润3500万元，发展速度500%。1993年1月，巨人集团在北京、上海、成都等地成立了8家全资子公司。8月又开发出一批新产品。1995年5月18日，巨人三大战役正式在全国打响：电脑、保健品和药品营销，这一天，几乎在全国各大报都刊登了巨人集团的广告。1996年2月26日，巨人集团召开了全国营销会议，宣布进入"巨不肥会战"战役状态。参加会议的"正规军"和"民兵"7000多人，组成三大"野战军"。8月8日至18日，巨人集团召开第七次全国营销会议，组织"秋季攻势"。巨人发展战略转移是1993年。这一年是中国电脑业的灾年，随着西方 16 国组成的巴黎统筹委员会的解散，西方国家向中国出口计算机禁令失败，康柏、惠普、AST、IBM、英特尔、微软、西门子等跨国公司开始围剿中国的硅谷——北京中关村。这是一场生死决战，中国民族电脑业步入了低谷。巨人集团亦受到了重创。巨人集团制定了"必须寻找新的产品支柱"的战略决策。当时正值全国房地产热，史玉柱决心抓住这一机遇。因此，一脚就踏进了房地产业。原来想建 18 层办公楼，后来一改再改，从 38 层到 54 层、64 层到 70 层。盖一座珠海标志性建筑，也是当时全国最高的大厦。投资由原来的 2 亿元增加到 12 亿元。但由于大厦地质勘测不好，建在三层断裂带上，光地基就投入了 1 个亿，又延误了工期。1993 年，巨人集团同时又进入了生物工程产业，起初较好，但后来由于管理不善，仅康元公司累计损失 1 亿元，然而总体来说生物工程效益尚可。投资 12 亿元的大厦，没向银行贷一分款，所需资金主要来自生物工程。但不断抽血，使生物工程失去了造血功能。到了 1996 年下半年，进入集团资金几近枯竭。由于全国各分销公司管理不善，各地侵吞蚕食财物现象屡屡发生，人心也开始涣散，6000 多名员工只有 5% 有珠海户口。

案例点评：

到底是什么导致了巨人集团的衰落？巨人大厦本应是史玉柱和他的巨人集团的一个丰碑式的建筑，结果却成了一个拥有上亿资产的庞大企业集团衰落的开始。纵观以上案例，巨人倒塌的原因不能浅显地归纳为投资的失误。促成巨人失败的原因既有客观因素，又有主观的因素，但最关键的还是史玉柱本人主观上没有看清"巨人"究竟是一个怎样的企业，"巨人"应该朝什么方向发展。面对一个白手起家的民营企业，资本规模迅速扩大，真正成长为一个"巨人"时，企业的战略规划开始显得越来越重要。巨人的衰落，正是战略的严重失误导致的，可以归结为一句话：在没有有效的环境分析、稳健的资金保障和完善的管理机制下，采取激进的扩张战略只能是自取灭亡。

拿发展战略来指点江山——中国铁路通信信号上海工程公司发展实录

近年来，伴随我国社会主义市场经济的飞速发展，竞争也更加激烈，联系到国有施工企业，在激烈的市场竞争中，如何提升企业核心竞争力，实现公司协调、健康、可持续发展？中国铁路通信信号上海工程公司经过自身的实践和大胆的探索，找到了一条自己的发展道路。有眼光——明确企业发展战略近几年，公司的领导班子在发展进程中认识到，要想取得全面，协调和可持续发展，必须高度重视企业发展战略的研究，抓住重要战略机遇期，结合企业和行业的发展现状，充分发挥自身优势，从国际国内经济发展的大格局中找准企业的战略定位，用科学的企业战略指导企业发展。通过科学论证，反复研究，公司从诸多矛盾和问题中确立了"立足现有企业资质，向'专、精、特、优'专业化公司及高科技方向发展，做强做大，成为通信信息网络系统集成商和通信工程施工总承包商"的战略定位，并制定了较为清晰的发展战略：实现经营管理区域化，提升主业业务，力争成为通信信息网络系统集成商和施工总承包商；拓展相关领域，兼营主业产业链相关产品的格局，建立新的发展板块；形成主业突出、系统配套和项目管理能力较强的公司，不断增强核心竞争力，把公司办成整体素质高，应变能力强，经济效益好，发展速度快的现代企业。围绕着实现发展战略目标，公司不断深化改革，强化管理，创新管理体制和机制，提高企业经营管理水平，保持了公司营业收入水平的稳步提高，推动企业经济效益持续增长。2005年，公司共完成营业收入3.76亿元，实现利润总额2132万元，净利润1335万元，分别比2004年增长了21.2%、11.24%和0.64%，净资产收益率14.3%，实现国有资产保值增值115.98%，完成了集团公司的经营责任目标和公司年初确定的预算目标，实现了经济效益的持续增长。公司十次被评为上海市建筑业50强，连续三次荣获上海市文明单位称号，并被授予全国"重合同守信用"企业、全国用户满意企业；由公司承揽建设的明珠线通信系统工程还被评为"全国用户满意工程"。有举措——创新管理体制和机制面对激烈的市场竞争，公司坚持以市场为导向，以深化改革为动力，创新管理体制和机制，构筑科学的管理体系，向管理要效益。早在1996年，公司就在中国铁路通信信号集团工程系统率先通过了ISO 9002：1994质量体系认证，2002年又通过了ISO 9001：2000质量管理体系认证。几年来，公司狠抓质量管理，突出安全管理，强化现场管理，管理水平是一年上一个新台阶。2003年，上海莘闵线轻轨、共和新路高架通信系统工程先后通过了上海市施工现场安全生产保证体系认证。2005年，公司又自我加压，导入先进的管理模式，分别通过了ISO 14001：2004环境、GB/T 28001—2001职业健康安全管理体系认证，进一步提高了公司的综合管理水平。从1997年开始，公司本着建立企业良好运行机制和体制、推进企业良性持续发展的原则，从施工管理体制、劳动、人事分配制度、市场经营体制等方面入手，对企业改革进行了积极和有意义的探索，逐步建立起适应现代企业发展要求的运行机制，增强了企业活力，推进了企业的持续发展。在"三项制度"改革中，坚持以人为本，对劳动、人事和分配等体制和机制以及公司管理机构的设置进行了改革和调整，管理部门由1996年的30个减少至目前的13个，机关人员也由237人减至现在的86人；通过绩效考核制和薪点工资制，初步形成了能上能下、能进能出的用人机制，公平竞争、择优录用的员工评价、录用、考核机制以及能高能低的收入分配机制；员工的思想观念发生了较为深刻的变化，工作作风不断转变，工作效率和管理水平逐渐提高，为公司的更快发展和进行更深层次的改革打下了坚实基础。2003年至2004年，经过多次研究、论证，在试点实验的基础上，公司全面推行区域项目管理。在项目法施工管理体制的基础上，通过调整市场营销机制和市场经营体制，充分加强和发挥区域项目部市场经营功能。实行区域项目管理后，区域项目部可以全方位地紧盯区域市场，发挥市场营销的功能，从小入手，开展经营，多揽工程，以较低的管理、施工成本参与市场价格竞争。而公司则从长远和持续发展出发，紧盯"高（技术）、新（领域）、重（要）、大（型）"等带有战略意义的工程，而不局限于价格上的低层次竞争。这样，上下结合形成一个立体的市场营销模式和市场经营体制，最大限度地提高公司的市场参与度和市场竞争力。2005年，公司将19个区域项目部合并组建11个分公司，成立了系统集成部和海外事业部，对公司的组织机构进行了资源整合。管理优化，流程再造，把企业的组织形式由静止的固化模式变为随需而变、应需而动的动态模式，通过调整，不断适应市场和企业发展的需要，为公司整体改制奠定了坚实的基础。今年，公司又抓住国家对国有企业进行战略调整的机遇，加大企业改制工作力度，加快建立现代企业制度的步伐，通过重组改制，引入先进的管理理念，建立规范的法人治理结构，有效的经营机制，最终发展为技术领先、内控严密、运行安全、服务和效益良好、具有国际竞争力的现代企业。现公司的整体改制工作，正在集团公司的指导和帮助下，稳步有序地向前推进。有侧重——科技兴企，以人为本公司坚持科技兴企战略，加快科技进步，增强公司的技术储备，在体制创新、管理创新的同时，着重技术创新，培育、提升企业的核心竞争力，从而为结构调整提供有力的支撑，为企业发展提供强大的动力。2005年公司成立了系统集成部和由公司所属的苏州光电缆工艺研究所、上海设计所、电信测试中心等组成的技术中心，确定技术攻关方向，搭建起技术发展平台，有效组织系统集成及科技项目的研究、开发和实施，培养专业技术人才，不断增强公司的整体技术实力，充分发挥公司核心技术优势，推动企业持续发展。公司倡导以人为本，实施"人才强企"战略，构筑人才高地，把培养人的全面发展与企业需要结合起来，把对人才的物质激励、精神激励、事业激励结合起来，用发展的成果激励人才；不断完善选人机制，优化育人机制，强化留人机制，培养和建设了一支高素质的工程设计、研发、项目管理、系统集成、施工和服务保障，对专业领域的技术、管理和施工工艺有比较丰富经验的员工队伍进行重点培养和培训，为公司发展积聚后劲和活力。在公司近600名员工中，平均年龄仅35岁，具有各类技术职称人员401人，其中高级职称47人，中级职称121人；国家一级项目经理资质22人，国家二级项目经理资质8人。在激烈的市场竞争中，企业的创新应是无止境的，时刻保有危机意识，才能不断自我更新和完善，不断突破和超越，公司就会在市场中永立不败之地。

（资料来源：朱洪忠，拿发展战略来指点江山——中国铁路通信信号上海工程公司发展实录，摘自《中国经济导报》，2006年5月25日）

思考题：

1. 结合本案例，说明企业应该如何制定战略去实现自己的发展目标。

2. 结合本案例，思考战略管理的构成要素和战略管理的层次体系。

第一节　战略实施的基本原则

企业在经营战略的实施过程中，常常会遇到许多在制定战略时未估计到或者不可能完全估计到的问题，在战略实施中有三个基本原则，可以作为企业实施经营战略的基本依据。

一、战略实施的基本原则

（一）适度合理性的原则

由于经营目标和企业经营战略的制定过程中，受到信息、决策时限以及认识能力等因素的限制，对未来的预测不可能很准确，所制定的企业经营战略也不是最优的，而且在战略实施的过程中由于企业外部环境及内部条件的变化较大，情况比较复杂，因此只要在主要的战略目标上基本达到了战略预定的目标，就应当认为这一战略的制定及实施是成功的。在客观生活中不可能完全按照原先制定的战略计划行事，因此战略的实施过程不是一个简单机械的执行过程，而是需要执行人员大胆创造，大量革新，因为新战略本身就是对旧战略以及旧战略相关的文化、价值观念的否定，没有创新精神，新战略就得不到贯彻实施。因此，战略实施过程也可以是对战略的创造过程。在战略实施中，战略的某些内容或特征有可能改变，但只要不妨碍总体目标及战略的实现，就是合理的。另外，企业的经营目标和战略总是要通过一定的组织机构分工实施的，也就是要把庞大而复杂的总体战略分解为具体的、较为简单的、能予以管理和控制的问题，由企业内部各部门以至部门各基层组织分工去贯彻和实施，组织机构是适应企业经营战略的需要而建立的，但一个组织机构一旦建立就不可避免的要形成自己所关注的问题基本位利益，这种本位利益在各组织之间以及和企业整体利益之间会发生一些矛盾和冲突，为此，企业的高层管理者要做的工作是对这些矛盾冲突进行协调一致折中、妥协，以寻求各方面都能接受的解决办法，而不可能离开客观条件去寻求所谓绝对的合理性。只要不损害总体目标和战略的实现，还是可以容忍的，即在战略实施重要遵循适度的合理性原则。

（二）统一领导，统一指挥的原则

对企业经营战略了解最深刻的应当是企业的高层领导人员，一般来讲，他们要比企业中下层管理人员以及一般员工掌握的信息要多，对企业战略的各个方面的要求以及相互联系的关系了解得更全面，对战略意图体会最深，因此战略的实施应当在高层领导人员的统一领导，统一指挥下进行，只有这样其资源的分配、组织机构的调整、企业文化的建设、信息的沟通及控制、激励制度的建立等各方面才能相互协调、平衡，才能使企业为实现战略目标而卓有成效的运行。

同时，要实现统一指挥的原则，要求企业的每个部门只能接受一个上级的命令，但在战略实施中所发生的问题，能在小范围、低层次解决问题，不要放到更大范围，更高层次去解决，这样做所付出代价最小，因为越是在高层次的环节上去解决问题，其涉及的面也就越大，交叉的关系也就越复杂，当然其代价也就越大。统一指挥的原则看似简单，但在实际工作中，由于企业缺少自我控制和自我调节机制或这种机制不健全，因而在实际工作中经常背逆原则。

（三）权变原则

企业经营战略的制定是基于一定的环境条件的假设，在战略实施中，事情的发展与原先的假设有所偏离是不可避免的，战略实施过程本身就是解决问题的过程。但如果企业内外环境发生重大的变化，以致原定的战略的实现成为不可行，显然这时需要把原定的战略进行重大的调整，这就是战略实施的权变问题。其关键就是在于如何掌握环境变化的程度，如果当环境发生并不重要的变化时就修改了原定的战略，这样容易造成人心浮动，带来消极后果，缺少坚韧毅力，最终只会导致一事无成。但如果环境确实已经发生了很大的变化，仍然坚持实施既定的战略，将最终导致企业破产，因此关键在于如何衡量企业环境的变化。

权变的观念应当贯穿于战略实施的全过程,从战略的制定到战略的实施,权变的观念要求识别战略实施中的关键变量,并对它做出灵敏度分析,提出这些关键的变量的变化超过一定的范围时,原定的战略就应当调整,并准备相应的替代方案,即企业应该对可能发生的变化及其企业造成的后果,以及应变替代方案,都要有足够的了解和充分的准备,以使企业有充分的应变能力。当然,在实际工作中,对关键变量的识别和起动机制的运行都是很不容易的。

二、企业战略实施时要做好以下几个方面的工作

战略实施是一项系统工程,做好从战略发动、战略计划、战略匹配到战略调整等实施企业战略时要做好以下几个方面的工作。

1. 重视战略实施前的发动工作,提高员工对战略的认同度

一项新战略的出台和实施,做好宣传和发动工作是必不可少的,而这正是不少企业所忽视的。只有让广大员工了解企业战略意图,并认同企业战略目标的前提下,才能调动他们的积极性和主动性,激发他们的参与热情。因此通过耐心细致的动员,把大家思想和认识统一到企业的价值观和战略目标上显得尤其重要。这需要向员工讲清楚内外部环境给企业带来的机遇和挑战以及实施新战略对员工自身的影响和长远利益关系,依靠战略勾画出的生动而富于创造性的远景来鼓舞员工士气,使企业战略得到员工的充分拥护和支持,从而奠定战略实施和推进的基础。

2. 战略实施前制定具体和可操作的实施计划

企业战略制定出来以后,往往出于尽早看到战略实施效果的迫切愿望而匆匆上马,甚至认为制订实施计划是在浪费时间或延误战机,那就大错特错了。其实"磨刀不误砍柴工","凡事预则立,不预则废"。

战略计划可以避免实施过程中出现混乱局面,做到有备无患。实施计划主要包括以下内容:一是将企业总目标、总任务作时间上的分解,明确进度规划和分阶段目标,并分析论证既定时间框架下的可行性;二是作空间分解,制订各事业部和职能部门相应的分战略,在分战略和分任务明确之后,进一步制订相应的措施和策略;三是明确企业不同时期,不同部门的战略重点,哪些指标需要确保,哪些指标可以相对灵活,当指标之间相互冲突时的取舍即战略目标优先权的问题,以便有重点地全面推进企业战略,保证战略目标实现。

3. 战略实施的影响因素要同战略匹配

战略管理的实质是使企业的内部条件与外部环境所提供的机会和威胁相配合,战略作为使企业内部条件与外部环境相连接的中间环节,决定了匹配是战略管理的关键问题。以下从几个方面对战略实施中的匹配问题给以具体说明。

(1) 领导风格与战略实施的匹配

在战略实施中战略与领导的匹配构成战略与企业内部要素配合的一个主要方面。由于不同的战略对战略实施者的知识、价值观、技能及个人品质等方面有不同的要求,因此战略要发挥出最大的功效,需要战略与领导者特点的匹配,例如当企业采取增长

战略时，需要具有拓荒精神的经理人员；采取巩固地位的战略时，需要一个管家型的经理人员等等。一般要从对企业或管理的熟悉程度、产业经验、管理职能的背景情况、冒险性、自主性或被动性、人际关系的能力六个方面来考察总经理的特征，从而判断领导与战略要求的匹配性。就这一点来讲，我国特殊的国情决定了目前企业很难根据战略选择合适的经理人，这就直接影响到战略和领导之间的匹配性，进而影响战略实施效果。

（2）组织结构与战略实施的匹配

"组织"是战略执行中最重要的、最关键的要素。完善而有效的"组织"不仅为"资源"或"要素"的运行提供最为适当的空间，而且可以部分地补足或缓解资源、要素等方面的缺陷。只有战略与组织结构达到最佳配合时，才能有效实现战略目标，但由于战略的前导性和组织结构的滞后性使组织结构的变革往往跟不上战略实施的需要，组织工作的首要任务就是在经营战略的基础上选择适宜的组织结构。当前企业面临更为动态的市场环境，经营战略的调整和变革均比以前大为加快，致使企业组织工作也处在动态之中。我国企业通常是制定了新的战略和目标，而组织结构依然如旧，"脱胎不换骨"，战略实施的结果也就可想而知。

（3）企业文化与战略实施的匹配

加强企业文化建设，保证企业文化同企业宗旨、理念、目标的统一，是企业战略实施成功的一个重要环节。通过企业文化的导向、激励和凝聚作用把员工统一到企业的战略目标上是战略实施的保证。因此企业文化应适应并服务于新制定的战略。但由于企业文化的刚度较大，且具有一定的持续性，当新战略要求企业文化与之相配合时，企业原有文化的变革会非常慢，旧的企业文化常常会对新的战略实施构成阻力，而我国企业在战略实施过程中，常常忽视企业文化建设，从而也影响到了战略实施的效果。

（4）资源分配与战略实施的匹配

企业战略目标的实现需要资源的配合。资源不仅包括物力资源和财力资源，更重要的是人力资源。企业的各事业部和职能部门对资源的要求跟其承担的任务密切相关，因此资源分配，特别是人力资源如何有效合理配置，以满足战略实施的需要应该引起足够的重视。由于资源分配受到诸多因素的制约，又很难具体的量化，再加上我国企业在资源的科学分配上缺少成熟的行之有效的方法，常常出现企业经营战略与实际资源分配严重脱节的现象，具体执行部门由于缺少必要的资源，不能保证战略的贯彻执行。正所谓"巧妇难为无米之炊"。

4. 注重战略实施过程中的调整和变革管理

战略是在不断变化的内外部环境下实施的，环境变化的某些不可预测性会使企业的战略意图和战略行动之间产生不一致。因此战略实施过程中要求战略随环境的变化做出相应的调整和变革，即战略的动态管理。我国企业战略的调整和变革管理存在的突出问题是企业常常缺乏对外部环境变化的分析和判断。我们知道，外部环境变化是战略调整最主要的原因，因为外部环境突变的可能性不大，多是小的变化累积而成的，企业多对外部微小渐进的变化敏感性不足，尽管企业经营者有时也有所察觉，但不易引起足够的重视，于是危机就潜伏下来了。彼得·圣吉在《第五项修炼，学习型组织的艺术与实务》一书中举过一个生动的例子：如果把一只青蛙放在摄氏 50 度的水中，它会立即跳出来；但是，如果把它放在摄氏 15 度的水中，它可能会呆着不动，我们慢慢地把水温升高到摄氏 20 度左右，它可能会变得怡然自得了，我们一直不断的升温，最终会发现，青蛙呆在水中一直到被煮熟为止。为什么会这样呢？因为青蛙的感觉器官只能感觉出环境中的激烈变化，而对缓慢渐进的变化反应迟钝。企业系统同样如此，它对缓慢渐进的变化难以感觉，即使发觉也不以为然。但"煮青蛙"的例子清楚地告诉我们，企业忽视外界环境的渐进变化将是灾难性的。

第二节　企业组织的战略调整

一、战略与组织结构的关系

组织结构可以影响战略的选择。企业组织结构无可否认地可以，并且的确影响企业战略。企业制定的战略必须是可行的，因此，如果一项新战略要求进行大规模的组织结构调整，那它便不是一个理想的选择。战略的变化往往要求组织结构发生相应的变化。其主要原因有两个：第一，组织结构在很大程度上决定了目标和政策是如何建立的。第二个原因是企业的组织结构决定了资源的配置。要确定战略的实施需要有何种组织结构的变化，以及如何最好地实现这些变化。组织结构的重新设计应能够促进公司战略的实施，但不能期望结构的变化可以将坏的战略变成好的战略。

（一）战略与组织结构的关系

企业组织结构的调整是实施企业战略的一个重要环节，任何一项企业战略都需要有一个相适应的组织结构去完成。美国学者钱德勒等人通过对美国 70 家大公司经营发展史的研究发现，如果组织结构不适应新的战略变化，就会导致企业效益下降；而当这些公司的组织结构改变后，保证了战略的实施，则企业的获利能力大幅度提高。钱德勒由此得出了一个著名的结论：企业的组织结构要服从企业战略。企业战略规范于企业的组织结构，组织结构是为战略服务的。在企业战略实施过程中，如果组织结构与企业战略相匹配，就会对战略的成功实施产生巨大的保证作用。反之就会对战略的成功实施产生严重的阻碍。特别是企业战略出现了大跨度创新时，必然会导致企业组织结构的再造。从动态发展的角度看，企业处于不同的发展时期应该有不同的组织结构。企业应在根据外部环境的变化制定企业战略的同时，及时调整其组织结构。

（二）组织结构与战略的关系

1. 结构追随战略

只有当企业的组织结构与战略相适应时，战略才有价值，才能为企业带来竞争优势。因此，组织结构的设定应以战略为导向，战略的变化往往要求组织结构发生相应的变化。企业改变战略时，需要重新设计组织结构来配合战略的实施。战略的变化会导致组织结构的改变，而组织结构的重置要以能够推进战略实施为原则。离开了战略或者企业的使命与目标，组织结构就毫无意义。

哈佛大学钱德勒（Chandler）教授研究发现，组织结构通常追随战略进行调整。企业战略的转变给企业带来新的管理问题，导致组织经营绩效下降，从而引发组织结构的调整，结构调整，组织的绩效得到了改进提高。

对于采取特定战略或特定类型的企业来讲，不存在某种最理想的组织结构形式。尽管在特定产业中成功的企业趋于采用类似的组织结构，比如大型企业通常采用矩阵式结构或战略事业部式结构，而小型企业则倾向于采取职能式结构，然而对一家企业适合的组织结构不一定适合于另一家企业。随着企业的发展，业务的不断成长，企业的组织结构也会经历从简单到复杂的发展历程。

2. 结构影响战略

一方面，战略影响组织结构的设计与选择。另一方面，组织结构也影响战略的制定和实施。组织结构对战略的影响作用主要表现在以下三个方面：

（1）组织结构对战略目标和政策的影响

首先，企业原有的组织结构决定了企业战略的制定方式。例如，采用直线型结构的小型企业的战略制定可能就是最高领导的个人决策；而采用战略事业部公司结构的企业战略制定更可能的是在母公司的总体控制下，由各个子公司自行决策。其次，组织结构还决定了企业战略的表述方式。如在按地区建立组织结构的企业中，战略目标和政策常常以地区性术语来表达；而在按产品建立组织结构的企业中，战略目标和政策常以产品性术语来表达。

（2）组织结构决定资源配置

组织结构决定了企业的资源配置方式，进而影响到企业战略的制定和选择。如，如果建立按产品划分的结构，那么企业的资源也按产品的不同来进行配置；如果企业建立事业部制的组织结构，那么企业的资源就会按不同的事业部来进行配置。由于资源配置是企业战略的一项重要内容，因此组织结构通过对资源配置的决定性作用对企业战略的制定和选择产生影响。

（3）组织结构的变革影响战略的变革

在外部环境相对稳定时期，战略的调整和组织结构的变化都是以渐进的方式进行，战略与结构的矛盾并不突出。但是，在剧烈变化的环境中，企业需要实施战略转折和战略创新时，就对组织结构提出了严峻的挑战。这时，如果组织结构的变革不力，就会制约和阻碍企业战略的革新。

二、战略的前导性及组织结构的滞后性

相对于企业外部环境变化而言，战略与组织结构都会对环境变化作出反应，但是最先作出反应的是战略，而不是组织结构，即存在着战略的前导性和结构的滞后性。

（一）战略的前导性

战略的前导性是指企业经营战略的变化快于组织结构的变化，这是因为企业一旦意识到外部环境和内部条件的变化提供了新的机会与需求时，企业首先要改变战略，

以便在新的条件下求得经济效益的增长或保证企业的生存。当然，一个新的战略需要有一个新的组织机构，至少在原有组织机构基础上进行调整，如果组织机构不作出相应的变化，新战略也不会使企业获得更大的效益。

（二）组织结构的滞后性

组织结构的变革常常要慢于战略的创新，特别是在经济快速发展的时期更是如此。造成组织结构变革滞后的原因有两个：

（1）新旧组织结构的交替需要有一个更长的时间过程，当新的环境出现后，企业首先考虑的是战略，新的战略制定出来后才能根据新战略的要求来考虑组织结构的变革，而原有结构还有一定的惯性，原有的管理人员仍在运用着旧的职权和沟通渠道去管理新的战略活动，因而新的战略的贯彻和执行也受到了很大的限制和阻碍。

（2）原有管理人员会抵制企业组织结构的变革，企业管理人员对旧的组织结构已经熟悉、习惯或运用自如，而组织结构的变革会威胁到他们的地位，权力、利益，特别是心理上感到混乱和紧张，甚至恐慌和压力，因此他们往往会用各种方式去抵制组织机构的变革。由上面分析可以看出，在战略转变过程中，总会有一个企业是利用旧的组织结构推行新战略的阶段，因此在开始实施战略时即应考虑组织结构的滞后性，在组织结构变革上既不能操之过急，但又要尽量缩短组织结构的滞后时间，使其能尽快与新战略的需求相匹配。

三、组织结构设计的随机制宜理论——企业规模和发展阶段与结构

不同规模的企业在组织结构上有较大的差别，企业规模对组织结构的影响主要表现在以下四个方面：

1. 规范化程度不同

大型企业规范化程度较高，一般都要用条例、程序及规章制度等来实现标准化以及对众多部门和职工的控制，而中小企业的规范化程度较低。

2. 分权程度不同

大型企业命令链较长，人员和部门较多，全部决策若都由最高领导层负责必然负担过重而且容易脱离实际，因此需要较多的分权。中小企业，特别是小型企业，一切都由一个人或几个人决策指挥，不需要再分权。

3. 复杂程度不同

大型企业生产技术复杂，职工人数多，因而管理工作复杂，为了有效地控制，需要更多的管理部门并增加较多的等级层次，相比之下，小企业的组织结构就比较简单。

4. 人员结构不同

一般地说，在大型企业中，高层管理人员占全体职工的比率会降低，而管理人员占全体职工的比率会提高，中小企业恰与此相反。企业组织如同人体一样有其生命周期，企业发展壮大的历程要经过不同的发展阶段，每一阶段都具有其独特的组织结构特征。从企业组织结构的特征来看，大体可分为五个阶段：

①创业阶段

这是组织的幼年时期，规模小，人心齐，关系简单，企业的决策是由高层管理者

一人（或几个人）独立作出的，企业能否生存发展完全取决于高层管理者的素质和能力，企业组织结构相当不正规，对协调的需要还很低，只存在着非正式的信息沟通。

②引导阶段

这是组织的青年时期，企业人员增多，组织不断壮大，决策量增多，创业者让位给能干的经理人员，产生了建立在职能专业化基础上的组织机构，各项职能机构之间的协调问题越来越多。信息量增加，信息沟通变得越来越重要而困难。

③授权阶段

这是组织的中年时期，随着企业经营范围的扩大，由职能机构引起的问题增多，高层管理者将权限和责任委托给下属的产品、市场或地区经理，建立起以产品、市场或以地区为基础的事业部组织机构。高层管理者不再负责日常的管理事务，向下发布命令的次数减少了，控制的信息主要来自各事业部的报告，但是伴随着分权，往往又产生对事业部的失控问题。

④协调阶段

这一阶段企业建立了正式的规则和程序，为了加强对事业部的指导和控制，在企业总部与事业部之间建立超事业部（或集团部），使其负责下属有关事业部的战略规划和投资回收，并在总部设立监督部门控制和检查各集团部的经营战略。这些正规的措施虽然有利于增强各事业部之间的相互配合，但却带来了文牍主义，影响工作效率，阻挠创新，从而导致企业的衰败。

⑤合作阶段

这一阶段更加强调管理活动要有较大的自觉性，强调个人间的主动合作，引入社会控制和自我约束的新观念，精简正式体系和规章制度，将奖励的标准改为协作表现和创新实践，成立任务小组和矩阵式组织结构，将企业的重要权力再收回到企业高层管理者手中，同时努力增强组织的适应性和创造性。

总之，企业随企业规模由小变大，从单一产品或服务发展到多种产品或服务，组织结构随之发生很大变化，正规化程度也随之提高。当然，并不是所有企业的发展都必须按顺序地通过上述阶段，有的企业不仅不按顺序发展，反而是反向发展，组织结构也有返回到前一阶段的可能。如果企业以多角化经营战略转向以规模经济为中心的竞争战略时，则可能从事业部制组织返回职能制组织，如日本的东莱纤维公司在石油危机以前采用分产品事业部制组织；石油危机以后，出于降低成本的合理化目的，返回到职能制组织；而在数年之后，随着业绩的恢复，开发了多种产品，就又转向事业部制组织。可见组织结构与企业规模、经营环境、经营战略等都有密切的适应关系。国外大型企业的组织日趋小型化、简单化、分散化，实行集团式经营，即把公司分成几个相对独立的单位和部门，允许一定程度的"有组织混乱"，形成集团性企业，这是根治大企业弊端、提高效率、增强适应能力和生产能力的有效组织手段。

经营战略的一个基本理论就是环境、战略模式和组织结构三者要协调一致，相互适应，企业战略才会取得成功，企业的效益才会提高；反之，则企业战略失败，效率下降。但在这三者当中，环境变化速度最快，战略次之，组织结构变化最慢。安索夫把环境、战略及组织结构划分为五种类型，即稳定型、反应型、先导型、探索型及创造型，见表 6-1。由表 6-1 可知这五种类型的环境必须与五种类型的战略一一对应，同时也必须与五种类型的组织结构一一对应，在这种情况下企业的效益才会提高；相反，若企业环境是稳定型的，而采用的是创造型的战略，又采用反应型的组织结构，这样做的结果必然招致失败。

表 6-1 环境、战略及组织结构的类型

		稳定型	反应型	先导型	探索型	创造型
环境因素	1. 环境的稳定性	很稳定	稳定	不太稳定	不稳定	很不稳定
	2. 企业的适应外界环境的能力	以现有的能力可以适应	稍微调整现有能力可以适应	扩大现有能力才能适应	重新配备能力才能适应	必须开发新的能力才能适应
	3. 外界环境变化的速度	速度很慢	速度慢	速度中等	速度很快	速度快
	4. 企业对外界环境变化的反应速度	反应很慢	反应慢	反应速度中等	反应快	反应很快
战略模式	5. 产品与市场战略	在原有产品/市场上踏步不前	向最邻近的产品和市场发展	向相关的产品和市场扩展	向海外市场发展，同时开发新产品	开拓新市场，创制新的高技术产品
	6. 市场占有率	仅能在现有市场上维持	努力保持已有的市场占有率	争取扩大市场占有率	努力扩大市场占有率	开拓新市场
组织结构	7. 组织结构形式	直线制	直线职能制	事业部制	事业部制跨国经营	集团企业或柔性组织，矩阵组织
	8. 企业管理方式	手工式的管理	目标管理	长期计划管理	战略计划管理	风险经营管理
	9. 企业领导工作的重点	作业研究	财务比率分析	产品的经营	资产经营	风险投资及高技术产品的开发
	10. 领导者的形象	企业的保护者	企业的领导者	企业的开拓者	企业家	具有冒险精神的天才的创造者
	11. 企业管理的重点	生产活动为中心	经营决策为中心	经营战略为中心	经营战略决策为中心	风险型决策为中心
	12. 研究与开发部门的工作	改进工艺	改进产品	开发相关新产品	开发新产品	开发高技术产品
	13. 市场营销部门的工作	仅限于产品流通	推销产品	产品的市场营销	产品的经营及资产经营	产品的经营与资产经营
	14. 财务部门的工作	会计	财务监督	财务计划	资金筹措	风险管理

通常情况下，企业环境、战略和组织结构处于一致的状态，但当环境类型由于某种原因而发生变化时，企业组织结构的类型对环境变化的适应方式也有所不同。稳定型及反应型组织结构对环境变化都有事后适应的趋向，即当环境、战略、组织的对应关系遭到破坏时，最终其战略模式和组织结构被迫要适应环境的变化，经过一定的时间间隔，按照战略模式的转变组织结构类型转变（甚至包括领导层的更迭）的次序进行，如能恢复环境、战略、组织的对应关系，则企业经营状况又将好转。先导型、探

索型及创造型的组织结构对于环境变化都往往有事先适应的趋向，即这些组织结构类型先得到环境变化的信息，及时掌握将来环境变化的征兆，抢先转变战略及组织结构，在觉察环境变化征兆的速度和适应的灵活程度上，当然以创造型组织结构为最适宜，然而有时作出的反应速度虽快，其结果的好坏却不能肯定，在环境变化并不太剧烈时先走一步，企业事先采取了对策，反而招致失败。由表6-1可以看出，首先，随着环境的复杂程度的提高，企业组织结构的复杂性也会相应提高；其次，当环境比较稳定时，可采用集权的职能制的组织结构，当环境处于复杂、迅速变化状态时，就必须采用分权的事业部制的组织结构；最后，当外部环境处于稳定状态时，需要更为固定的组织结构，如直线制或直线职能制，企业内职责界线分明，工作程序精确，权责关系固定，组织等级制度严密，这是灵活性较低的组织结构，当外部环境处于动荡状态时，需要更为灵活的组织结构，如矩阵组织及柔性组织，其特点是工作程序不太正规，权责关系不太固定，强调组织结构对环境的适应性，更多地强调实行参与制等。

随着国际国内科学技术的迅猛发展，尤其是高技术发展，人们在生产劳动中起着越来越重要作用的是脑力劳动，是知识的作用，工业化时期的经营是以大规模使用与消耗原材料和能源为基础的，而以信息技术为重要内容的高技术的发展，使经济的发展越来越受到知识的影响，经济的发展正逐步转移到以知识、技术的使用和智力的开发为基础的轨道上来。这种转变集中反映在三个方面：企业由劳动密集型和资金密集型向知识及技术密集型转化；工人由体力劳动者向具有一定知识和技术的劳动者转化，即工人构成由蓝领工人向白领工人过渡，科技人员数量迅速增加；产品由技术含量较低向知识密集化方向转化。长期以来，金字塔式的组织结构被认为是一种理想的组织结构，但随着科学技术的发展对传统的企业组织结构也提出了革新的要求。罗斯·韦伯（Ross A. Webber）认为，由于未来企业组织中电子计算机的广泛使用，管理信息系统的大量建立，使得电脑专家及管理信息系统专家日渐增多，这将使企业组织又回复到集权制，即企业的重要决策又再度集中于高层管理者，高层管理者将决策及指挥命令直接下达给下层管理者，甚至直接下达给作业层的工人。组织结构这种未来企业组织结构模式的特点是：中层管理人员的人数可以大量减少，因为有了电子计算机及管理信息系统，因此决策所必需的信息、知识及职权都可以集中在高层管理者手中，中层管理者只起到传达和沟通信息的角色，承担着人事和非技术性的责任，由于电脑及企业管理信息系统的进步，减少了对中间管理层的依赖，同时他们参与决策的机会减少了。随着中层管理人员人数的减少，使企业组织结构的中间部分变得非常狭窄，同时也使中层管理人员有余力从事更多的人际关系的协调及计划工作。这种组织结构首先要求高层管理者获得硕士以上学位的人数应逐渐增多，据1970年在美国企业中的统计，高层管理者中约有50%获有硕士学位，有25%获博士学位。其次，这种组织结构要求有较多的电脑专家及管理信息系统专家。

四、组织结构设计的原则

1. 拔高原则

在为企业进行组织结构的重新设计时，必须遵循拔高原则，即整体设计应紧扣企业的发展战略，充分考虑企业未来所要从事的行业、规模、技术以及人力资源配置等，为企业提供一个几年内相对稳定且实用的平台。

2. 优化原则

任何组织都存在于一定的环境之中，组织的外部环境必然会对内部的结构形式产生一定程度的影响，因此企业组织结构的重新设计要充分考虑内外部环境，使企业组织结构适应于外部环境，谋求企业内外部资源的优化配置。

3. 均衡原则

企业组织结构的重新设计应力求均衡，不能因为企业现阶段没有要求而合并部门和职能，在企业运行一段时间后又要重新进行设计。一句话：职能不能没有，岗位可以合并。

4. 重点原则

随着企业的发展，会因环境的变化而使组织中各项工作完成的难易程度以及对组织目标实现的影响程度发生变化，企业的工作中心和职能部门的重要性亦随之变化，因此在进行企业组织结构设计时，要突出企业现阶段的重点工作和重点部门。

5. 人本原则

设计企业组织结构前要综合考虑企业现有的人力资源状况以及企业未来几年对人力资源素质、数量等方面的需求，以人为本进行设计，切忌拿所谓先进的框架往企业身上套，更不能因人设岗，因岗找事。

6. 适用原则

企业组织结构的重新设计要适应企业的执行能力和一些良好的习惯，使企业和企业员工在执行起来时容易上手，而不能脱离企业实际进行设计，使企业为适应新的组织结构而严重影响正常工作的开展。

7. 强制原则

在最后实施时，必须强制执行，严厉惩罚一切违规行为，确保整体运行的有序性，某些被证明不适合企业的设计可在运行两三个月后再进行微调。

五、组织结构类型的选择——职能型组织结构

随着企业的进一步壮大，企业生产经营的复杂性的增强，所有者兼经营者没有足够的精力和能力对生产、营销、财务等环节进行直接管理，因此，职能结构就开始出现。职能结构的特点是组织中相同的任务和活动分别集中成不同的专业职能部门，如生产作业、市场营销、研究开发等，各职能部门在各自的职责范围内，对下级行使管理职能。最高业务负责人的作用是听取各职能部门的汇报，指导其决策符合企业的总体目标，协调各部门间的关系。

职能型结构的优点是：①职能专业化，可提高企业效率；②有利于培养职能专家；③可对日常业务决策进行区分和授权；④保持对战略决策的集中控制。

缺点是：①容易导致专业分工过细以及职能部门之间发生竞争或冲突；②职能难以协调，职能间决策难以作出；③直线职能与参谋职能之间有矛盾；④企业内部难以培养出全面管理人才。这种形式的结构常常被小型企业或者产品种类不繁多的企业

采用。

1. 产品或服务型组织结构和区域型组织结构

区域结构（gergraphic structure）提供较功能结构更多的控制，因为由许多地区性的层级来完成以前由单一集权阶层所执行的工作。大型零售商，如 Neinan Marcus、Dillard Department Stores 及 Wal-mart，在它们开始建立全国的商店后也快速的转变成地理结构，因为此类结构在不同区域的服饰需求下（如在西南日出时穿大衣）可处理不同的需求。同时因为采购的功能维持集权化，中央的组织可以为所有地区采购。如此公司可达到采购及配销上的规模经济，并降低协调与沟通的问题。区域型组织结构就是以公司在世界各地生产经营活动的区域分布为基础，设立若干区域部，每个部负责该管理该区域范围内的全部经营活动与业务，每个区域部通常由一名副总裁挂帅，领导该区域部工作，并直接向总裁报告的组织结构。

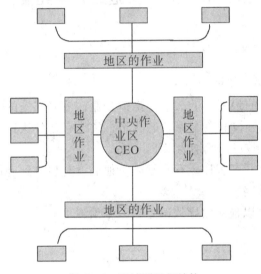

图 6-1　区域型组织结构

（1）区域型组织结构的优缺点

区域型组织结构的优点是把地区分部作为利润中心，有利于地区内部各国子公司间的协调，有利于提高管理效率，公司可以针对地区性经营环境的变化，改进产品的生产和销售方式。但是缺点也是明显的，各区域之间横向联系，不利于生产要素在区域间的流动，还有可能从本部门利益出发，影响企业整体目标的实现；同时，地区分部结构易造成企业内部在人员和机构上的重叠，增加企业管理成本。

（2）区域型组织结构的战略类型

①各地顾客需求处于变化中的，不确定性为中等或高等程度的环境；

②各区域的制造技术是常规的、独立性不是很高的技术；

③大型的企业规模；

④公司重视地区效用、灵活性和区域内部组织效率。

2. 矩阵型组织结构

这种结构的特点是在原有按直线指挥系统与职能部门组成纵向垂直领导系统的基

础上，又建立一个横向的以产品（项目）为中心的领导系统，两者合成一个矩阵形结构。矩阵结构 在权力、效益责任、评价和控制上都有两个渠道，旨在兼取职能专业化和产品（项目）专业化之所长。这种结构常见于拥有许多具有重大战略意义的产品或业务项目的大公司。

这种结构的优点是：①适于进行大量以项目为中心的经营活动；②是培训战略管理人员的良好场所；③能最有效地发挥职能部门管理人员的作用；④能激发创造性，利于开展多种业务项目；⑤中层管理人员可以更多地接触企业战略问题。

缺点是：①双重负责容易导致政策的混乱和矛盾；②必须进行大量横向与纵向的协调工作。

第三节　战略实施的资源配置

一、战略与资源的关系

1. 资源对战略的保证作用

战略与资源相适应的最基本的关系，是指企业在战略实施的过程中，应当有必要的资源保证。而在现实中没有资源保证的战略，又没有充分认识到其危险性的企业不在少数。究其原因，大致可以归纳为以下几点：

（1）战略制定则在思考程序上存在缺陷，他们没有注意到确保资源的必要性，从而制定了"空洞"的战略。

（2）必要的资源难以预测而导致偏差，由于预测不准，结果造成缺乏资源保证的战略。

（3）没有把握本企业资源（尤其是看不见的资源）而出错误，造成尚未预料的损失。

2. 战略促使资源的有效利用

即使企业有充足的资源，也不是说企业就可以为所欲为。过度滥用企业资源，会使企业丧失既得利益，也会使企业丧失应该得到更多利益的机会。因此，企业采用正确的战略之后，就可以使资源得到有效的利用，发挥其最大效用。更有甚者，战略可以促使企业充分挖掘并 发挥各种资源的潜力，特别是在人、财、物上体现出来的看不见的资源。

3. 战略可以促使资源的有效储备

由于资源是变化的，因此在企业实施战略的过程中，通过现有资源的良好组合，可以在变化中创造出新资源，从而为企业储备了资源。所谓有效储备，是使必要的资源以低成本、快速度、在适宜的时机来进行储备。战略可以通过两种类型来实现这一目的，战略推行的结果可以附带产生新的资源，这种新资源可以成为其他战略必要的资源而经常被及时地使用。

二、企业战略资源的内容

企业战略资源是指企业用于战略行动及其计划推行的人力、财力、物力等资产的总和。

这其中也包括时间与信息，因为他们是无形的，因此很少被人关注。而时间和信息在某种条件下可能会成为影响企业战略实施的关键性战略资源，企业这些战略资源是战略转化行为的前提条件和物资保证。具体来讲，战略资源包括：

（1）采购与供应实力。企业是否具备有利的供应地位，与自己的供应厂家的关系是否协调，足否有足够的渠道保证，能否以合理的价格来获取所需的资源。

（2）生产能力与产品实力。企业的生产规模是否合理，生产设备、工艺是否能够跟得上潮流，企业产品的质量、性能是否具有竞争力，产品结构是否合理。

（3）市场营销与促销实力。企业是否具备了开发市场的强大实力，是否有一支精干的销售队伍，市场策略是否有效等。

（4）财务实力。企业的获利能力与经济效益是否处于同行前列，企业的利润来源、分布及趋势是否合理，各项财务指标及成本状况是否正常，融资能力是否强大等。

（5）人力资源的实力。企业的领导者、管理人员、技术人员等素质是否一流，其知识水准、经验技能是否有利于企业的发展，其意识是否先进，企业的内聚力如何等。

（6）技术开发的实力。企业的产品开发和技术改造的力量是否具备，企业与科研单位、高校的合作是否广泛，企业的技术储备是否能在同行业中处于领先地位。

（7）管理经营的实力。企业是否拥有一个运行有效、适应广泛的管理体系，企业对新鲜事物的灵敏度如何，反应是否及时、正确，企业内是否有良好的文化氛围，在企业内是否形成良好的分工与合作，能否进行有力的组织等。

（8）时间、信息等无形资源的把握能力。企业是否能充分去获取、储备和应用各种信息，时间管理是否合理等。

企业的这些战略资源的整合基本上就构成了竞争实力。战略资源本身也具有如下特点：

（1）战略资源的流动方向和流动速度取决于战略规划的决定。

（2）企业中可支配的资源总量和结构具有一定的不确定性，在战略实施的过程中，资源的稀缺程度、结构会发生各种变化。

（3）战略资源的可替代程度高。由于战略实施周期长，随着科学技术的进步，原来稀缺的资源可能会变得十分丰富，也可能发生相反的变化。

（4）无形资源的影响程度难以准确地确定。例如，企业的信誉资源对企业获取公众的支持、政府的帮助会产生很大的影响。正因为如此，企业的战略管理者在实施战略时，必须充分了解这些战略资源的内在特质，并作出适当的预防措施，只有这样方能保证战略的平稳运行。

三、企业战略资源的分配

1. 企业战略资源的分配内容

企业战略资源的分配一般可分为人力资源和资金的分配两种。

（1）人力资源分配

为各个战略岗位配备管理和技术人才，特别是对关键岗位的关键人物的选择，为战略实施建立人才及技能的储备，不断为战略实施输送有效的人才；在战略实施过程中，注意整个队伍的综合力量搭配和权衡。

（2）资金的分配

企业中一般采用预算的方法来分配各资金资源。而预算是一种通过财务指标或数量指标来显示企业目标、战略文件。通常采取零基预算、规划预算、灵活预算、产品生命周期预算 等现代预算方式。

在资金分配中应遵循两项原则：首先要根据各单位、各项目对整个战略的重要性来设置 资金分配的优先权，以实现资源的有偿高效利用；其次努力开发资金分配在各战略单位的潜在协同功能。

2. 中小企业战略资源的分配方法

（1）公司层的资源分配

公司级的资源规划主要是在组织的不同部分之间进行资源的分配，这些组成部分可能是企业的职能部门，如营销、财务等；可能是业务分部或地区性分部（如在跨国公司内）；也可能是服务 部门（如在公共服务组织内）。如果要成功地实现战略变动，就需要在资源库中有变动程度的 概念。它反映了总资源水平需要变动（如增长或下降）的幅度或者在总体资源不变的情况下，不同资源领域之间转移的幅度。分配过程的集中程度——详细分配是否受公司层支配或者是 否与组织内不同单位的期望和详细计划相对应，这与公司的结构以及决策层次等有关。

资源分配的一般方法，一般分为三种情况：

①资源总数或调度中资源不发生变化。这种情况由两个极端的方式所代表：公式化分 配（集中指导的程度很多）和自由讨价还价（分配是分散化的）。

②资源总数在增长。在增长的过程中常常以相对的形式进行资源的再分配，但却不减少 组织中任何一部分的资源，即仅仅是简单地将新资源有选择地在组织内部进行分配。这种再 分配也存在极端方式，一个极端是集中地规定优先领域，并且由组织的中心或总部来进行资 源分配；另一极端是组织内部的中心或总部从这个"银行"中竞价要求额外的资源，处于增 长期的大多数组织都选择处于这两个极端之间的一条中间道路。

③资源总数在下降或者在资源稳定的情况下进行资源重新分配。这种情况下的资源分 配要绝对地减少某些领域的资源，以维持其他领域的资源供给或支持新的发展。解决这种资源（经常是很难的）再分配问题的办法：在一些组织内再分配只是简单地由上级（或总部，或中心）来指定，如可能会关闭某些工厂。另一种情况，再分配以公共竞争方式实现。

在每种情况下，我们都会考虑资源规划的集中化控制或分散化控制两种方法。应该记住，图 6-2 中 4 个方框代表的四种方式很少以纯粹的形式存在，一般是几种方式的混合。实际中资源分配常常是各种程度的"讨价还价"或"招标"的调和。不管怎样这些模型对于了解不同情况下资源分配的主要思想还是有用的。

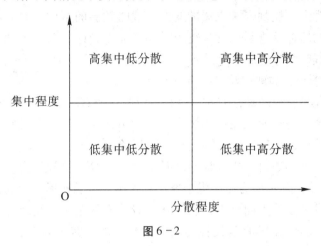

图 6-2

（2）事业部层的资源分配

事业部层的资源规划要以战略的态度理解它，特别是要了解详细的经营资源计划是怎样支持组织的战略的。因此，通过强调三个中心问题，将详细计划放到战略框架：

①资源确认——从战略上看需要哪些资源？怎样安排这些资源？

②与现有资源的一致性——对现有资源的依赖程度怎样？它们是现有资源的一个变化吗？

③资源之间的一致性——所要求的资源能互相联合吗？

说明了在成功实施战略过程中怎样才能将价值链用做计划资源需求的清单。这个清单应该用来确定那些对战略非常重要的价值活动，以及相关的一致性问题——既包括与现有资源的一致性，也包括独立资源与活动之间的一致性。

第四节　战略实施中的企业家

一、战略管理对企业家的要求

1. 领导

领导是影响的艺术或过程，是对一个组织起来的群体为确立目标和实现目标所进行的活动施加影响的过程。它是领导者与追随者在动机和目标上从冲突到和谐的产物。领导作为一个动态过程，包括领导者、被领导者、客观环境。其中领导者起主导作用，一个成功的领导过程在很大程度上取决于领导者领导的能力。战略管理要求具有独特管理魅力的人来担任企业领导，在关键时刻发挥关键作用，确保战略的平稳实施。因此，企业领导应该具备基本的战略素质。如企业领导者的道德和社会责任感、长远的眼光、随机应变的能力、开拓进取的品格、丰富的想象力、居安思危的心态。

2. 战略领导

所谓战略领导，是从战略的高度关注组织的整体发展，在战略学习的基础上提升组织整体应对变化着的外部环境和内部环境的能力。具备此种能力的领导者从组织发展的战略角度，为组织规划未来发展的蓝图。战略领导的本质是对学习能力，适应能力以及管理智慧的培育及维系。发掘组织需要且能够做好的关键事件，并为之创造集体行动的环境是战略领导者的主要任务。

3. 中小企业领导者的地位及基本能力要求

我国中小企业多属独断经营方式，因此企业的成败基本取决于经营者的个人能力。这样一方面使得企业能迅速抓住市场机会，经营更加灵活和富有效率，另一方面也使得企业忽视战略管理，表现出较大的机动性和风险性。中小企业在不确定因素增加的现代动态竞争条件下，如何在战略领导的基础上发展组织的领导力，有学者提出了中小企业领导者的 14 个基本能力：思想全球化、占领先机、构思企业远景的标准、培养及分权管理、欣赏及接受不同员工社会文化背景、增强企业团结及合作、鼓励企业不断应变、支持新科技、鼓励有建设性建议、不断增加顾客的满意感、不断争取优势、显示领导之风、分享领导权力、不停为企业增值。

二、企业家应具备的战略素质

不同类型的战略对企业最高领导者的素质、领导风格和行为的要求也不相同。领导者的能力必须与所选择的战略相匹配，只有这样，才能达到战略的既定目标。这种匹配包含两方面的内容：其一是要使企业领导的能力与战略类型相匹配；其二是要使领导班子中每个人的能力互相匹配。

1. 企业领导的能力与战略的匹配关系

战略管理的决定权通常由总经理、厂长直接掌握。企业经营管理是在战略管理的指导下，有效利用企业资源，组织企业全体成员努力实现战略目标的全过程。经营管理的决定权一般由副总经理、副厂长掌握。

企业战略划分为剧增战略、扩充战略、连续增长战略、巩固战略、抽资转向战略、收缩战略。每一个公司战略，都要求总经理具有一套独特的才能。合并战略对总经理能力的要求与稳定发展战略所要求的能力是不会一样的，总经理的具体条件要适合特定的战略。人们从服从性、社交性、能动性、成就压力和思维方式五个方面，清晰地说明各种总经理类型所表现出的特征，如表 6-2 所示。

表 6-2　　　　　　　　　　各种总经理类型的特点

类型	行为方面	类型特点
开拓型	社交性	性格明显外向，在环境的驱动下具有很强的才能与魅力
	能动性	极度活跃，难于休息，不能自制
	成就压力	容易冲动，寻求挑战，易受任何独特事物的刺激
	思维方式	非理性的自觉，无系统的思维，无独创性

表6-2（续）

类型	行为方面	类型特点
征服型	服务性 社交性 能动性 成就压力 思维方式	有节制的非服从主义，对新生事物具有创造性 有选择的外向性；适于组成小团体 精力旺盛，对"弱信号有反应"，能自我控制 影响范围逐渐增加，考虑风险 有洞察力，知识丰富，博学，具有理性
冷静型	服务性 社交性 能动性 成就压力 思维方式	强调整体性，按时间表行事，求稳 与人友好相处，保持联系，受人尊重 按照目标行动，照章办事，遵守协议 严谨，系统，具有专长 稳步发展，通过控制局势达到满足
行政型	服务性 社交性 能动性 成就压力 思维方式	遵规守矩，例行公事 性格内向，有教养 稳重沉静，照章办事，等待观望 维持现状，保护自己的势力范围 固执坚持以往的处理方式
交际型	服务性 社交性 能动性 成就压力 思维方式	在一定的目标内有最大的灵活性，有一定的约束性 通情达理，受人信任，给人解忧，鼓舞人的信念 扎实稳步，有保留但灵活 注意长期战略，即按目标执行又慎重考虑投入 有深度与广度，能进行比较思考

根据六种战略类型与六种总经理类型，进一步看看各种战略与总经理能力的匹配关系和成功的机会。

开拓型的总经理在剧增、扩充、连续增长三个战略中的作用是递减的，在巩固战略、抽资转向战略和收缩这三类战略中，开拓型的总经理很难发挥作用。如图6-3所示。

剧增	扩充	连续增长	巩固	抽资专向	收缩

图6-3　开拓型经理的效应

交际型的总经理由于缺少必要的创造力和精力，在实施剧增和扩充的战略中一般不会起多大作用，但在其他战略的实施中或多或少地发挥着作用。如图6-4所示。

剧增	扩充	连续增长	巩固	抽资专向	收缩

图6-4　交际型经理的效应

依据美国通用电器公司和麦金西咨询公司发展的行业吸引力—竞争地位矩阵法，霍福尔（C. W. Hofer）和达沃斯特（M. J. Davoust）建议，采取不同战略的经营单位应由不同类型的经理为领导。

2. 企业领导班子的组建

战略的实施需要得到一批能干的专家和能与不同顾客打交道的助手们的支持。配备和组建一个合适的企业领导班子可以集中大家的智慧，群策群力，不仅能促进战略的实施，而且有利于总经理作用和能力的发挥。在组建企业领导班子时，应遵循总经理组阁原以及班子成员中能力相互匹配的原则，使领导班子中各成员之间的能力相互补充、相互匹配，形成班子集体的优势。组建战略领导小组的途径选择如下：

（1）内部晋升，即依靠有关部门中的领导来负责新的战略领导职能，对其只作局部的调整和必要的培训，以适应新的要求。这样做的优点在于：现有的领导小组成员熟悉内部情况，便于开展工作；领导小组内成员相互了解，便于合作；可以保持企业领导的连贯性，也可以树立典范，增强企业的凝聚力。然而，存对于重要的企业战略变化具有较差的适应性的缺点。

（2）选聘新人来组建新的战略领导班子。采用这种途径的好处在于：挑选对新战略有信心的外部人员能够避免现任领导成员面临的障碍，可以使他们更加顺利地进入新的角色和履行新的使命；同时，新的工作会使新的人产生新鲜感，特别容易激发人的活力，使之创造性地完成使命。另外，新人受企业人际关系和旧秩序的影响较少，可以更加超脱地推行新战略。当然，选用新人也会有一些弊端，例如新人对环境不熟悉，需要花费大量的时间、精力去了解情况。另外，新选人员容易受到原来领导成员或企业其他员工的排斥。因此，采用此途径应该在详细、审慎、妥善地分析与安排之后，并配合一定的时机，才能够使用。

三、企业家的战略实施艺术

领导人确定之后，即是领导战略的实施。领导者领导战略实施的模式主要有如表 6-3 所示的五种方式。

表6-3 　　　　　　　　　　　　　领导战略实施模型

模型	领导者研究的战略问题	领导者扮演的角色
指令型	应如何指定最佳战略？	
转化型	战略已考虑成熟，现在如何实施？	理性行为者
合作型	如何能使高层管理人员一开始就对战略承担自己的责任？	协调者
文化型	如何使整个企业都保证战略的实施？	指导者
增长型	如何激励管理人员去执行完美的战略？	评判者

1. 指令型

这种模式的特点是企业总经理要考虑如何制定一个最佳战略的问题。在实践中，计划人员要向总理提交企业经营战略的报告，总经理看后作出结论，确定了战略之后，向高层管理人员宣布企业战略，然后强制下层管理人员执行。这种模式的运用要有以下约束条件：

（1）总经理要有较高的权威，靠其权威通过发布各种指令来推动战略实施。

（2）本模式只能在战略比较容易实施的条件下运用。这就要求战略制定者与战略执行者的目标一致，战略对企业现行运作系统不会构成威胁；企业组织结构一般都是高度集权制的体制。企业环境稳定，能够集中大量的信息，多种经营程度较低，企业处于强有力的竞争地位，资源较为宽松。

（3）本模式要求企业能够准确、有效地收集信息并能及时汇总到总经理的手中。因此，它对信息条件要求较高。这种模式不适应高速变化的环境。

（4）本模式要求有较为客观的规划人员。因为在权力分散的企业中，各事业部常常因为强调自身的利益而影响了企业总体战略的合理性。因此，企业需要配备一定数量的、有全局眼光的规划人员来协调各事业部的计划，使其更加符合企业的总体要求。这种模式的缺点是把战略制定者与执行者分开，即高层管理者制定战略，强制下层管理者执行战略，因此下层管理者缺少了执行战略的动力和创造精神，甚至会拒绝执行战略。

2. 转化型

这种模式的特点是企业经理要考虑如何实施企业战略。在战略实施中，总经理本人或在其他方面的帮助下需要对企业进行一系列的变革，如建立新的组织机构和新的信息系统，变更人事，甚至兼并或合并经营范围，采用激励手段和控制系统以促进战略的实施。为进一步增强战略成功的机会，企业战略领导者往往采用以下三种方法：

（1）利用新的组织机构和参谋人员向全体员工传递新战略应优先考虑的战略重点，把企业的注意力集中于战略重点所需的领域。

（2）建立战略规划系统、效益评价系统，采用各项激励政策以便支持战略的实施。

（3）充分调动企业内部人员的积极性，争取各部分人对战略的支持，以此来保证企业战略的实施。这种模式在许多企业中比指挥型模式更加有效，但这种模式并没有解决指挥型模式存在的如何获得准确信息的问题，各事业单位及个人利益对战略计划的影响问题以及战略实施的动力问题；而且还产生了新的问题，即企业通过建立新的组织机构及控制系统来支持战略实施的同时，也失去了战略的灵活性，在外界环境变化时使战略的变化更为困难。从长远观点来看，在环境不确定性的企业，应该避免采用不利于战略灵活性的措施。

3. 合作型

这种模式的特点是企业的总经理要考虑如何让其他高层管理人员从战略实施一开始就承担有关的战略责任。为发挥集体的智慧，企业总经理要与企业其他该层管理人员一起对企业战略问题进行充分的讨论，形成较为一致的意见，制定出战略，再进一步落实和贯彻战略，使每个高层管理者都能够在战略制定及实施的过程中作出各自的贡献。协调高层管理人员的形式多种多样，如有的企业成立各职能部门领导参加的"战略研究小组"，专门收集在战略问题上的不同观点，并进行研究分析，在统一认识的基础上制定出战略实施的具体措施等。总经理的任务是要组织好一支合格胜任的制定及实施战略管理人员队伍，并使他们能够很好地合作。合作型的模式克服了指挥型模式即变革模式存在的两大局限性，使总经理能接近一线管理人员，获得比较准确的信息。同时，由于战略的制定是建立在集体考虑的基础上的，从而提高了战略实施成功的可能性。该模式的缺点是由于战略是不同观点、不同目的的参与者相互协商折中的产物，有可能会使战略的经济合理性有所降低，同时仍然存在着谋略者与执行者的区别，仍未能充分调动全体管理人员的智慧和积极性。

4. 文化型

这种模式的特点是企业总经理要考虑如何动员全体员工都参与战略实施活动，即企业总经理运用企业文化的手段，不断向企业全体成员灌输这一战略思想，建立共同的价值观和行为准则，使所有成员在共同的文化基础上参与战略的实施活动。由于这种模式打破了战略制定者与执行者的界限，力图使每一个员工都参与制定、实施企业战略，因此使企业各部分人员都在共同的战略目标下工作，使企业战略实施迅速，风险小，企业发展迅速。文化型模式也有局限性，其表现为：

（1）这种模式是建立在企业职工都是有学识的假设基础上的，在实践中职工很难达到这种学识程度，受文化程度及素质的限制，一般职工（尤其在劳动密集型企业中的职工）对企业战略制定的参与程度受到限制。

（2）极为强烈的企业文化，可能会掩饰企业中存在的某些问题，企业也要为此付出代价。

（3）采用这种模式要耗费较多的人力和时间，而且还可能因为企业的高层不愿意放弃控制权，从而使职工参与战略制定及实施流于形式。

5. 增长型

这种模式的特点是企业总经理要考虑如何激励下层管理人员制定及实施战略的积极性及主动性，为企业效益的增长而奋斗。即总经理要认真对待下层管理人员提出的一切有利企业发展的方案，只要方案基本可行，符合企业战略发展方向，在与管理人员探讨了解决方案中的具体问题以后，应及时批准这些方案，以鼓励员工的首创精神。采用这种模式，企业战略不是自上而下的推行，而是自下而上的产生，因此总经理应该具有以下的认识：

（1）总经理不可能控制所有的重大机会和威胁，有必要给下层管理人员以宽松的环境，激励他们帮助总经理从事有利于企业发展的经营决策。

（2）总经理的权力是有限的，不可能在任何方面都把自己的愿望强加于组织成员。

（3）总经理只有在充分调动及发挥下层管理者的积极性的情况下，才能正确地制定和实施战略，一个稍微逊色的但能够得到人们广泛支持的战略，要比那种"最佳"的却根本得不到人们热心支持的战略有价值得多。

（4）企业战略是集体智慧的结晶，靠一个人很难制定正确的战略。因此，总经理应该坚持发挥集体智慧的作用，并努力减少集体决策的各种不利因素。

四、企业家的培养与激励

1. 具有多谋善断的能力

此能力含具有信息的捕捉能力、具有分析判断力、具有决策能力三大能力。战略实施来源于有效的企业决策机构，高层管理者将决策权"充分授权"给拥有信息的人员，让最了解外部或内部变化情况的一线人员迅速做出决策。在此基础上，企业领导的决策才能与企业的战略实施相吻合。

2. 情商的打造

据心理学家研究发现：成功 $100\% = IQ20\% + EQ80\%$，IQ——智商，EQ——情商。情商与一个人事业上的成功有密切的关系，它和智商相互制约。优秀的企业领导者往往富有极强的情商，引导员工的努力方向。他们不仅自己表现出色，而且使员工在其工作位上表现得同样出色。他能够成为企业的精神领袖。

3. 人格魅力的培养

中小企业领导者的人格魅力通常表现在其通过自己的品德素质、心理素质和知识素质在市场领导者身上产生的一种心理和行为上的力量。品德影响力是基础，一个企业领导者具有丰富的情感，对工作满腔热忱，对员工关怀备至才具有强大的人格魅力。

4. 企业文化氛围的营造

浓厚的企业文化氛围可以鼓励员工为企业的目标而努力工作。如果员工能够深刻地领会企业文化精髓，他们工作时就会自觉地与企业整体战略方向保持一致，不需要导者干预他们的行为。企业文化氛围的营造以员工应聘、培训、内部交流、奖励等方式进行较为有效。

5. 团队协作能力的加强

优势团体各个环节配合默契，中小企业领导非常重视团队精神的培养。团队精神既包括员工之间、各部门之间默契的配合，还包括上下级之间、领导层之间的默契配合。

6. 灵活应变市场的能力

在中小企业战略实施过程中要受到外部市场理念的变化的挑战频繁。企业领导应做出正确的反应并及时控制局势，首先"治标"控制事态，然后谋求"治本"之道，突发事件会给企业营造一种特殊的环境，这就需要企业领导打破常规敢冒风险，循序渐进寻找可靠的决策方法。同时，需要中小企业领导平时具有紧迫感、危机感，关键时刻具有自信。

第五节　适应战略实施的企业文化

一、企业文化与战略的相互适应

在战略管理中，企业战略与企业文化的关系主要表现在以下三个方面：

1. 优秀企业文化是企业战略制定获得成功的重要条件

优秀的企业文化能突出企业特色，形成企业成员的共同价值观念，而且企业文化具有鲜明的个性，有利于企业制定出与众不同、克敌制胜的战略。

2. 企业文化是战略实施的重要手段

企业制定战略以后，需要全体成员积极有效地贯彻实施，正是企业文化具有导向、约束、凝聚、激励及辐射等作用，激发了职工的热情，统一了企业成员的意志及欲望，为实现企业战略目标而努力奋斗。

3. 企业文化与企业战略须相互适应和协调

严格地讲，当企业战略制定后，企业文化应随着新战略的制定而有所变化。但是一个企业的企业文化一旦形成以后，要对企业文化进行变革难度很大，也就是说企业文化的刚度较大，而且它具有一定的持续性，会在企业发展过程中有逐渐强化的趋势。因此从战略实施的角度来看，企业文化既要为实施企业战略服务，又会制约企业战略的实施。当企业制定了新的战略要求企业文化与之相配合时，企业的原有文化变革速度却非常慢，很难马上对新战略作出反应，这时企业原有文化就可能成为实施企业新战略的阻力，因此在战略管理过程中，企业内部新旧文化更替和协调是战略实施获得成功的保证。企业文化与企业战略相适应的关系有四种型式，见图 6-5：

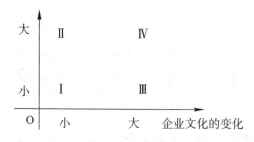

图 6-5　企业组织要素的变化

图中企业文化与企业战略的关系：

图中第 I 象限是指企业实施一个新战略，企业的组织要素变化不大，而且这些变化与企业原有的文化相一致。在这种情况下，高层管理者主要考虑两个问题：

（1）利用目前的有利条件，巩固和加强自己的企业文化；

（2）利用企业文化相对稳定及持续性的特点，充分发挥企业文化对企业战略实施的促进作用。

图中第 II 象限是指企业实施一个新战略，企业的组织要素会发生很大的变化，但这些变化与企业原有文化有潜在的一致性。这种情况大多是以往企业的效益就比较好，它们根据自己的实力，寻找可以利用的机会，以求得更大的发展，或者它们试图扩大自己的主要产品或市场，以求得发展。总之，这种企业处于一种非常有前途的地位，它们可以在企业原有文化的大力支持下，实施新战略。

在上述情况下，企业处理战略与企业文化关系的重点是：

（1）企业进行重大变革时，必须考虑与企业的基本性质与地位的关系问题，即企业的基本性质与地位是确定企业文化的基础。高层管理人员在处理战略与企业文化关系过程中，一定要注意到企业的任务可以发生变化，但这一战略变化由于并没有从根本上改变企业的基本性质和地位，因而仍与企业原有文化保持着不可分割的联系。

（2）要发挥企业现有人员的作用，由于这些人员仍保持着企业原有的价值观念和行为准则，这样可以保证企业在原有文化一致的条件下实施变革。

（3）在必须调整企业的奖励制度时，要注意与企业目前的奖励措施相衔接。

（4）企业高层管理者要着重考虑与企业原有文化相适应的变革，不要破坏企业已经形成的行为准则。

图中第Ⅲ象限是指企业实施一个新战略，企业的组织要素变化不太大，但这些要素的变化却与企业原有文化不很协调。在这种情况下，企业高层管理者往往在生产经营中，在不影响企业总体文化一致的前提下，对某种经营业务实行不同的文化管理，但要注意加强全局性协调。例如美国瑞奇百货公司非常注重产品质量，该公司专门是为高收入层的顾客服务，在20世纪70年代，该公司决定要开拓中下层收入顾客的市场，但这个市场的文化要求与该公司以往获得成功的价值观念和行为准则极不一致，因此瑞奇公司决定在零售业中新开一个联号商店，独立经营，结果该公司在两种市场上都获得了成功。因此，企业要对与企业文化密切相关的因素进行变革时，根据文化的不同要求进行分别的管理是一个重要手段。

图中第Ⅳ象限是指企业实施一个新战略，企业的组织要素发生了很大的变化，而这些变化与企业原有文化又很不一致。在这种情况下，企业高层管理者首先要考察企业是否有必要大动干戈推行这个新战略，因为企业为实施新战略而冒改变企业文化的风险，要付出巨大的代价，而这一改变能否取得预期的效果，尚难以预料，如果认为没有必要冒这一风险，就要考虑重新制定战略，即在现实中企业只能实施与企业现有文化基本一致的战略。但有时由于外部环境发生重大变化，迫使企业不得不制定与企业文化发生重大变革的战略，在这种情况下，企业就必须考虑采取以下四方面措施：

（1）企业高层管理层要下定决心进行变革，并向全体职工讲明变革企业文化的意义；

（2）为形成新的企业文化，企业要招聘一批具有新的企业文化意识的人员，或在企业内部提拔一批与新企业文化相符的人员；

（3）企业要奖励具有新企业文化意识的分部或个人，以促进企业文化的转变；

（4）要让全体职工明确新企业文化所需要的行为，要求企业职工按照变革的要求工作。

企业高层管理者应当认识到改变企业文化的难度是相当大的。原有企业文化持续时间越久，则企业文化变革就越困难；企业规模越大、越复杂，则企业文化的变革就越困难；原有企业文化越深入人心，则企业文化变革就越困难。但不管改变企业文化的难度如何，如果实施的战略与原有企业文化不相匹配，就必须要考虑对策，企业高层管理者应当认识到，急剧地、全面地改变企业文化在多数情况下难以办到，但逐步地调整也不是不可能的，当然，这是一个费时费力的过程。因此有人主张，改变企业文化最方便的办法就是更换人员，甚至更换企业高层管理者，即当企业确有必要实行新的战略，而渐进式地改变企业文化的措施又不能立即取得预期效果，这时企业只能作出重大人事变动，更换领导人员，聘用新的工作人员，并对他们灌输新的价值观。对企业职工要加强教育和培训，抓住每一个机会不断地使职工理解实施新战略的必要性及重大意义，最终使新战略与职工的价值观念达到一致，从而实现企业文化的变革。

二、企业文化的构建

什么是企业文化？目前企业界及学术界还没有一致的认识。综合国内外的研究情况，对企业文化大致有两种看法。第一种是狭义的定义，认为企业文化仅包括企业的思想、意识、习惯及感情领域。例如，美国《企业文化》一书的作者迪尔和肯尼迪就认为，企业的文化应该有别于企业的制度，企业文化有它自己的一套要素、结构和运行方式，他们认为企业文化包括四个要素，即价值观、英雄人物、典礼及仪式、文化网络。这四个要素的地位及作用分别是：价值观是企业文化的核心；英雄人物是企业文化的具体体现者；典礼及仪式是传输和强化企业文化的重要形式；文化网络是传播企业文化的通道。第二种是广义的定义，认为企业文化是指企业在建设和发展中所形成的物质文明和精神文明的总和，包括企业管理中硬件与软件、外显文化与隐形文化（或表层文化和深层文化）两部分。这种看法的理由是相当一部分企业文化是同物质生产过程和物质成果联系在一起的，即企业文化不仅包括非物质文化，而且还包括物质文化。他们认为，诸如企业人员的构成、企业干部及职工队伍状况、企业生产资料的状况、企业的物质生产过程和物质成果特色、工厂的厂容厂貌等都是企业文化的重要表现。我们既不同意狭义的看法，也不完全同意广义的看法。我们认为，企业文化用简单的语言来表达，是指企业全体职工在长期的生产经营活动中培育形成并共同遵循的最高目标、价值标准、基本信念及行为规范，企业文化是一种管理文化、经济文化及微观组织文化。

1. 企业文化是一种管理文化

管理是通过采用计划、组织、控制、激励和领导等措施来协调人力、物力和财力资源，以期达到组织目标的过程。这一过程的实现要用必要的管理手段及方法，但更重要的是要调动人的积极性。因为人是生产力诸因素中最基本的因素，只有人才能将生产力的其他因素结合起来，转化成现实的生产力；人力资源及其开发状况是决定一个企业经济效益的根本因素，许多事例都证明，凡是经营出色的企业，都是把职工而不是把资本和自动化技术作为提高生产率的最主要源泉。另外，创办企业的目的除要赢得顾客、生产出物美价廉的产品之外，还要满足职工的需要，因为企业是以人为主体组成的，企业是依靠人来进行生产活动的，企业是为人的需要而进行生产的。以上内容，形成了以人为中心的崭新的管理思想：把充分调动人的积极性、创造性，发挥全体职工的内在潜力，依靠全体职工的主人翁意识办好企业作为自己企业管理的宗旨、尊重、关心、爱护职工，形成亲如一家的团结气氛和强大的内聚力，这就是管理文化。

2. 企业文化是一种经济文化

企业是一个从事生产经营活动、实行独立核算、具有法人资格的基本经济单位，因此企业文化反映的是企业这个经济组织的价值观、最高的目标、宗旨、基本信念及行为规范，与其他组织管理文化不同。企业文化包括了企业经营的最高目标、经营思想、经营哲学、经营发展战略及其有关制度等。

企业一个重要的经营目标就是要有效地利用人力、物力、财力，用较少的消耗取得较大的效益，因此营利性是企业区别于其他社会组织的显著标志之一。没有企业的经济活动，就不能生成具有企业特征的文化现象，这是企业文化的一个重要特征。其次，企业文化是随内外经营环境的变化而变化，有些企业没有看到企业文化是一种经济文化，仅仅把企业文化看作一般政治思想工作范畴内的事情，因此也没有能充分发挥企业文化的效能。再次，企业文化也制约着企业经济活动的各个方面，即当企业内外经营环境发生较大变化时，企业仍没有能及时将企业文化进行更新改造，这将使企业经济活动受到制约，甚至会由于企业文化与经营环境发生冲突，使企业发生亏损甚至破产。最后，企业文化是物质文化和精神文化相结合的产物，这里所指的物质文化不是指企业产品的本身，而是指产品的特色；不是指生产设备本身，而是指对劳动的态度；不是指工作环境，而是指对工作环境的感情及审美意识；不是指企业生产经营活动本身，而是指所以采用这种生产经营方式的原因。总之，是指从企业物质形态中所折射出来的企业的生产经营特色、技术特色、管理特色以及企业经济行为对社会的影响。

3. 企业文化是一种微观组织文化

所谓企业组织是为了达到企业目标，经由分工与合作及不同层次的权力和责任制度，而构成的人的生产经营的集合体，是国民经济的基本细胞。这种组织除了要有组织原则、组织结构、组织过程及必要的规章制度之外，更重要的是要有企业文化，使企业组织有一个共同的群体意识及行为准则，以造成和谐的人际关系，每个人都有明确的责任、权力和利益，造成团结、互助、融洽的组织氛围。从根本上说，有了组织才有了相应的组织文化，而企业文化应当随企业组织原则、组织结构、组织过程及组织环境的变化而变化。企业是国民经济的基本细胞，因此企业文化是一种微观文化，它不能脱离我国社会文化及民族文化的影响和制约而独立存在。当然，微观文化也会反作用于我国宏观文化，随着我国企业文化的健康发展，可以想象，如果我国40多万个县以上工业企业都具有较优秀的企业文化，那对我国社会文化也会起到良好的推动作用。

综上所述，企业文化包括四个方面的内容：

（1）企业的最高目标或宗旨。企业是一个经济实体，必须获取利润，但我们绝对不能把盈利作为企业的最高目标或宗旨。企业经营实践证明，单纯把盈利作为最高追求，往往适得其反。纵观世界上比较优秀的企业，大都以为社会、顾客、职工服务等作为最高目标或宗旨。

（2）共同的价值观。所谓价值观就是人们评价事物重要性和优先次序的一套标准。企业文化中所讲的价值观是指企业中人们共同的价值观，共同的价值观是企业文化的核心和基石，它为企业全体职工提供了共同的思想意识、信仰和日常行为准则，这是企业取得成功的必要条件。因此，一般优秀的企业都十分注意塑造和调整其价值观，使之适应不断变化的经营环境。

（3）作风及传统习惯。作风和传统习惯是为达到企业最高目标和价值观念服务的。

企业文化从本质上讲是职工在共同的联合劳动中产生的一种共识和群体意识，这种群体意识与企业长期形成的传统和作风关系极大。

（4）行为规范和规章制度。如果说企业文化中的最高目标和宗旨、共同的价值观、作风和传统习惯是软件的话，那么行为规范和规章制度就是企业文化中的硬件部分，在企业文化中硬件要配合软件，使企业文化得以在企业内部贯彻。

企业文化结构大致可分为三个层次，即物质层、制度层和精神层。

1. 物质层

这是企业文化的表层部分，是形成制度层和精神层的条件，其往往能折射出企业的经营思想、经营管理哲学、工作作风和审美意识。它主要包括厂容厂貌、产品的外观及包装、企业技术工艺设备特性等三个方面，从这三个方面往往能折射出企业的经营思想、经营哲学、工作作风及审美意识，反映出企业文化的个性色彩。

2. 制度层

这是企业文化的中间层次，主要是指对企业职工和企业组织行为产生规范性、约束性影响的部分，它集中体现了企业文化的物质层及精神层对职工和企业组织行为的要求。制度层主要是规定了企业成员在共同的生产经营活动中所应当遵循的行动准则，主要应包括企业的工作制度、责任制度和特殊制度（主要是指企业的非程序化制度，如职工民主评议干部制度、职工与干部对话制度、庆功会制度等）三个方面，这三个方面主要是规定了企业成员在共同的生产经营活动中所应当遵循的行动准则。

3. 精神层

这主要是指企业的领导和职工共同信守的基本信念、价值标准、职业道德及精神风貌，它是企业文化的核心和灵魂，是形成企业文化的物质层和制度层的基础和原则。企业文化的精神层主要包括企业经营哲学、企业精神、企业风气、企业目标及企业道德五个方面，企业文化中有没有精神层是衡量一个企业是否形成了自己的企业文化的一个标志和标准。

三、企业文化变革

1. 企业文化变革的必要性

这是个社会大变革时代。科学技术发展进步推动了社会、经济的飞速发展，特别是计算机和网络技术的普及应用，世界变得越来越小，知识和信息广泛传播共享使得创新和变革活动更加频繁。全球经济一体化，使得市场竞争更加残酷，企业只有不断的变革创新，适应外部环境的变化，才能生存并获取竞争优势。因此，企业文化的变革势在必行。企业为更好地满足市场需要，围绕企业的关键目标和核心竞争能力来设计工作流程，信息化使得企业中的沟通和协调更加充分，组织结构扁平化，管理层级减少。企业中更多的权利授予基层员工，员工也更多地参与到企业的决策管理中去，尊重和信任成为企业价值观的重要部分。企业中的管理实践变革，必然带来对传统生活方式的变革挑战，企业文化要随之改变，创造支持变革并使变革维持下来的企业环境。企业是人的组织，只有企业的价值观和行为方式改变了，企业才能实现真正的变革创新。

2. 克服企业文化变革的阻力

企业文化要支持企业技术和观念意识的发展变革，与时俱进。但文化有很强的惯性力量，变革过程中会遇到各种障碍和阻力，因为现存的价值取向、行为模式、管理作风和基础结构都可能成为变革的目标。企业文化变革是人的变革，是人的观念和行为的改变。变革对员工意味着未来的不确定性，与生俱来的对变化的恐惧心理和反抗心理形成的文化惯性阻力；企业中的既得利益集团在利益受到损害时为维护自身的利益会反对变革。因此，企业文化的变革会遭遇来自各个层面和各个方向上的阻力。

企业文化的变革阻力是无法完全排除的，但在变革实践中人们探索出一套有效的策略，可以将变革的阻力减少到最小。

（1）企业文化的变革只能是自上而下的，需要企业高层领导的支持。

因为只有企业的高层领导者才有改变企业价值观和深层结构的权力，同时他们必须以身作则，积极通过言行举止传达新的文化。

（2）企业文化的变革领导者应具备一整套领导艺术才能。

领导者应富有远见卓识，善于描述理想文化的前景，激励员工不仅希望得到新的文化，而且愿意投身于它的实现。随着文化变革的进程，他们不断的提供鼓励和支持。

（3）员工既是企业文化作用的客体，也是企业文化建设的主体。

企业要进行广泛的沟通交流，让员工充分了解企业文化变革的目标、意义及其影响，取得员工的理解和支持并积极参与到变革中来，共同努力改变不合时宜的价值观和行为。将新的员工引入企业，有他们带来企业变革所需的新价值观和行为，对变革的过程有很大的帮助；而将那些不愿意接受变革的人调离，也会加速变革的进程。

（4）奖励对于价值观和行为的塑造具有重要意义。

将奖励和报酬与那些有助于实现公司的任务目标的行为挂钩，让员工了解如何才能受到奖励，从而引导他们实现行为方式的转变。总之，企业文化变革的阻力来源于人和与人相关的利益关系，只有理顺和摆平这些关系，变革的障碍才能最终克服。

3. 企业文化变革的五阶段

勒温曾指出，不管是对个体、群体或组织的变革，都会经历解冻、变革和再冻结三个阶段。在此基础上，本文将企业文化的变革分为五个阶段：需求评估、解冻、变革、评价、冻结。

（1）需求评估：这一阶段需要外部专家对现存的文化进行诊断，因为企业内的成员不可能对他们的文化做清楚和无偏见的分析。主要任务是收集数据、分析测定现存企业文化的现状及其与向往状态的差距。它如实反映了企业环境中的现状，提供了企业在为达到目标工作状态这一过程中有利的和不利的事物基线。企业文化变革的方向则体现在企业目标和如何实现这些目标中。需求评估是企业明白为达到目标需要加以改变的范围和需承担的义务，确定并公布企业环境中积极的方面和有必要加以保持的方面，承认并解决企业文化中形成的障碍。

（2）解冻：打破已有的行为方法和程序，引导人们关注这些固定程序，在需求评估的基础上，告诉人们为何要发生变革。人们除需要知道变革的内容还要确切的知道为何要发生以及它会在协作、成果等方面如何的对他们形成期望。人们只有在接受了变革的需求，才能自觉的加入到变革中来，成为变革聪明的支持者和贡献者。

（3）变革：一旦现有的行为模式被解冻，就可以实施变革的过程了。企业文化的转变是企业管理制度、风格和共有价值观的重塑过程，是在高层管理者的领导支持下，全员积极参与，更新观念和行为。员工与企业重建心理契约的过程，该过程与企业文化的形成相似。

（4）评价：评价和衡量对企业文化的变革至关重要。评价不仅是用作衡量成果的重要手段，本身也是一种干预手段，是人们了解企业通往成功的过程中取得的进步以及企业如何正在取得进步。对于成果，评价起到巩固提高的作用；而对于失误部分，起到纠正指导作用。

（5）冻结：这是使行为稳定，保证人们有效运作的手段。如果个人或企业处于不断的变化状态下，宗旨和目标是无法实现的。这就需要将变革产生的好的方法、行为稳定下来，固化为企业整体的心理程序，成为新的企业文化的组成部分。冻结，是变革后企业文化的形成。

社会处于不断发展变化之中，企业的管理实践在不断地受到变革创新的挑战，企业的员工追求的意义和价值也在变化。企业文化要适时地做出变革，创造出产生更高工作满意度和价值的企业生活方式。企业文化实现了对员工微妙的影响和控制，管理好企业文化的变革，企业就拥有了在知识经济中赢得竞争优势的利刃——人力资源。

5. 企业文化变革五要素

一是变革思想。

优秀的企业文化不是伟大的思想或响亮的口号，而是持之以恒的实践精神。优秀的企业文化不仅指导企业在优势条件下取得辉煌经营成果，更重要的是在劣势条件下或者是在公司错误连连时，也能步履蹒跚，最终却能赢得长距离的竞赛。

二是变革领导意识。

真正优秀的企业文化不是只需要一个眼光远大，魅力无穷的领导者，而是需要他们专心致志地为企业建构一种大而持久的制度，不是让他带给企业的是一条大而肥的鱼，而是让企业找到一种捕鱼的方法。

三是变革人才观。

具有优秀企业文化的企业，不是每个人的最佳工作地点，真正企业文化的理念体系一旦确立，就跟教会一样，坚持自己的主张，对本身希望达成的目标极为明确，根本不容纳不愿或不符合它的标准的人。这里指的不符合标准的人不只是指企业的普通员工或中高层管理者，还包括企业马上要上任的新的领导人，哪怕是来了一个能力非凡的领导人，只要他不认同企业的理念，一样要被拒绝在外。如果他实在很优秀，可以鼓励他自己创立自己的企业。

四是变革利润观。

优秀的企业文化不只是以追求利润最大化为首要目标，赚钱只是目标之一，而不是全部。

五是变革企业文化观。

企业文化不是万能的，可以为企业解决任何问题。同样优秀的企业可能拥有截然不同的理念，拥有优秀的企业文化的企业不一定都是成功的企业。在企业中最重要的是理念一旦确立，公司的一切行为都必须遵循其核心价值，并在关键时刻企业能为核心价值观赋予新的意义。

第六节　企业战略的制定和实施

一、企业战略的制定

企业的决策机构组织各方面的力量，按照一定的程序和方法，为企业选择合适的经营战略的过程。制定战略的一般程序是：

1. 识别和鉴定企业现行的战略

在企业运营的过程中，随着外部环境的变化和企业自身的发展，企业的战略也应该作相应和调整和转换。然而，要制定新的战略，首先必须识别企业的现行战略是否已经适应于形势。因此，识别和鉴定企业现行的战略是制定新战略的前提。只有确认现行战略已经不适用时，才有必要制定新的战略。同时，也只有在认清现行战略缺陷的基础上，才能制定出较为适宜的新战略方案。

2. 分析企业外部环境

调查、分析和预测企业的外部环境是企业战略制定的基础。通过环境分析，战略制定人员应该认清企业所面临的主要机会和威胁，觉察现有和潜在竞争对手的图谋和未来的行动方向，了解未来一段时期社会、政治、经济、军事、文化等的动向，以及企业由此而面临的机遇和挑战。

3. 测定和评估企业自身素质

企业可以通过内部分析来测定和评估企业的各项素质，摸清企业自身的状况，明确自身的优势与劣势。

4. 准备战略方案

根据企业的发展要求和经营的目标，依据企业所面临的机遇和机会，企业列出所有可能达到的经营目标的战略方案。

5. 评价和比较战略方案

企业根据股东、管理人员以及其他利益相关团体的价值观和期望目标，确定战略方案的评价标准，并依照标准对各项备选方案加以评价和比较。

6. 确定战略方案

在评价和比较方案的基础上，企业选择一个最满意的战略方案作为正式的战略方案。有时，为了增强企业的战略的适应性，企业往往还选择一个或多个方案作为后备的战略方案。

企业战略制定出来之后，企业必须将战略构想、计划转变成行动。在转化的过程中，企业要注意三个相互联系的重要阶段：①战略操作化。企业利用年度目标、部门战略与沟通等手段，是战略最大限度的变成可以具体操作的业务。②战略制度化。企业通过组织结构、资源配置等方式，使战略真正进入企业的日常生产经营活动之中。③战略评估与控制。战略是在变化的环境中实施的，企业只有加强对执行过程的评价与控制，才能适应环境的变化，完成战略任务。这一阶段的任务，主要是建立控制系统、监控效益和评估偏差、协调与反馈等三方面的内容。

制定企业的生产作业管理战略时，通常遵循图6-6所描述的一种程序：

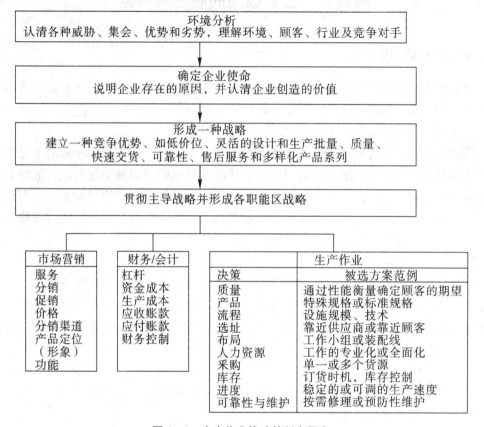

图6-6　生产作业战略的制定程序

由图6-6可以看到，制定生产作业战略的程序是这样的：先进行环境分析，认清环境中存在的各种威胁和机会，结合企业自身的优劣势确定本企业的使命，形成一种战略，然后根据这个主导战略形成企业的生产作业战略。当然，与此同时，也形成了企业的其他两个重要的职能战略：市场营销战略和财务战略。剩下的事情就是实施企业的这个生产作业战略并根据环境的变化适时地调整这个战略了。

二、企业战略的实施

战略实施是将战略构想转化成战略行动的过程。如果制定的战略不能实施，那么战略制定对企业来说就没有什么价值。美国管理学者波奈玛就战略实施的重要性曾说到："一个合适的战略如果没有有效地实施，会导致整个战略失败。但是有效的战略实施不仅可以保证一个合适的战略成功，而且还可以挽救一个不合适的战略或者减少它对企业造成的损害。"战略管理中的实施阶段包括三个步骤：第一步是制订行动计划和职能部门策略。行动计划通过指明公司在特定时期的特定任务来指导战略实施，而职能部门策略是公司为了实施战略而进行的短期活动。实施阶段的第二步是将战略整合入组织。第三步，也就是最后一步，是建立战略控制和持续改进。持续改进使公司能及时对快速变化的外部环境做出反应；而战略控制有助于追踪战略实施的情况，发现潜在的问题或变化，并且进行必要的调整。

面对更为复杂多变的严峻竞争形势，我国企业越来越重视战略管理，希望通过制定明确清晰的发展战略增强自身的核心竞争力和国际竞争力，但却又因为不能快速有效地实施发展战略，而丧失持续发展动力。总的看来，企业战略实施能力不足主要来源于两个方面的原因：

1. 只讲制定，不讲实施

借助"外脑"力量是当前国内企业制定发展战略的主要方式，但在项目咨询过程中，容易出现管理层认为制定发展战略就是撰写战略方案和咨询报告，从而对咨询团队过分依赖、不能真正深入思考、对战略方案"拥有感"不足的问题，结果在对战略方案达成共识时，忽略了对战略实施的深入考虑。尤其是在战略制定与实施的责任主体分离时，战略目标就很难实现。

2. 只讲战略，不讲战术

言必称战略是当前国内企业的一大突出进步，可战略关注的是企业长期可持续健康发展的整体性、全局性、根本性的问题，最终还需要短期的战略措施和行动计划来实现战略目标和发展方向，其实质都是责权利的重新界定、资源和利益的重新分配，对这个问题处理不善往往影响战略实施的成效。

中国正在成为跨国并购的热点，以发展战略为导向的战略性并购正在主导未来国内外企业竞争的态势。在新的竞争环境下，谁能快速而有效地把发展战略付诸于实践，谁就能够在未来竞争中树立比较优势。

1. 战略认同为战略实施提供群众基础和根本动力

要确保战略目标，加强力度固然重要。有公司和媒体对麦肯锡咨询公司指点评判，可有哪家企业真正深刻地检讨过自身的实施环境和实施能力。国内企业学习 GE 的高涨热情很快就冷却下来，有谁又能深刻认识到，这种学习和实施能力正是 GE 公司的核心竞争力。在公司总部，管理部门通过为各事业部提供"工具箱"、分配资源和传授经验促进工作；在领导品格上，"4E"（Energy 活力、Energizer 激励、Edge 敏锐、Execution 执行）要求标准的最终目的都是为了尽快尽好地解决现实问题；在制度及体制上，公司建立了完备的业务管理运营系统，通过"选一流人才、重诚信价值、挖运营风险、统全球财务、超账本审计、无边界沟通"等手段确保行动效果。《财富》报道快餐大王麦当劳即将成为"倒塌的拱形标志"，其中一个重要原因就是公司首席执行官提出的"为顾客提供定制服务"的战略设想，始终得不到 1 万多名特许经销商们的鼎力支持，因为这会增加它们的经营费用、延长对顾客的服务时间。因此，在战略制定及实施过程中，应尽可能地让实施战略的领导者和全体员工深入参与，确保公司上下对战略目标及措施的高度认同和充分拥护，从而为推进战略实施奠定良好的群众基础和思想基础。

2. 实施计划为战略实施提供行动依据

发展战略的本质揭示了企业现在及未来存在的根本意义，要具体落实战略方案，还要具体制订实施计划，包括对企业总目标、总任务在时间上的分解，在各事业部和职能部门等空间上分战略及其措施的落实，关键的战略成功要素和重点指标的取舍，以及资源配置的优先顺序等。此时要深入考虑影响战略实施的领导风格、组织结构调整、企业文化、资源满足程度、管理变革支持等因素，以确保战略实施效果。虽然华润、中粮、中化三家企业的战略目标和发展路径各不相同，但它们都能根据发展战略进行战略实施的制度设计，进行快速而有效的业务重组、组织结构及人员调整、完善和强化管理体系等。在美国折扣零售行业，凯马特公司多年来战略实施乏术，无规划的布局及过速扩张不仅造成订货、库存、运输、销售等价值链环节的脱节，而且在信息系统建设上行动迟缓，始终未能建立起低成本、高效率的运作体系，而沃尔玛公司则紧紧围绕"低价位、高效率"的经营法则，坚决推进战略实施，在店铺选址、商品的供、存、流、销等各个供应链环节采取了重要措施，率先并持续对零售信息系统进行巨额投资，实现了快速反应的供应链管理及其运作，为其树立行业领袖地位创造了条件。可见，只有详实周密的实施计划才能使战略目标的实现更为坚实可靠。

3. 战略评价机制为确保战略实施效果及战略调整创造条件

战略实施的效果如何，企业还需要建立跟踪和评价、考核机制。GE 公司精心构造了一个以一年为一个循环，以一个季度为一个小单元的"业务管理运营系统"，通过严密有效的实施系统使得任何战略措施能在一个月内完全进入操作状态，并在第一个年度循环内产生财务效果，同时为各个层面针对实施情况对比差距、共享经验提供了一个制度化平台。目前，在国内很多大型企业集团内部，也都采取了战略质询会议等方式定期检验战略实施情况，为发展战略调整和实现动态的战略管理创造了积极条件。

当前，围绕核心业务制定出一个清晰明确的发展战略，对国内企业的成长和发展非常重要，但要真正在与战略目标明确、战略措施具体、战略优势明显的跨国公司的竞争中立于不败之地，保持企业的可持续竞争优势和持久发展动力，战略实施能力的提高就成为增强企业竞争力的关键要素。

章末案例

UT 斯达康陷困小灵通　继续豪赌还是另寻他径

也许很难找出其他一个企业如 UT 斯达康一样，随着一个业务的起浮而变，最起码在小灵通这个业务上，好像找不出另外一个企业。无论是中兴还是华为或是其他小灵通设备厂商，虽然它们或迟或早地加入到小灵通业务的竞争中，然而对于这些企业来讲，小灵通的沉浮还不至于直接影响到整个公司的业绩。UT 斯达康的情况实在与他们截然相反，辉煌依靠小灵通，经营陷入困境同样因为小灵通。UT 到底怎么了？出路在哪里？是继续坚持豪赌小灵通业务，还是另寻他途成为 UT 如今急需解决的问题。"整体来讲，我不看好 UT。"易观国际副总裁张鹰对《财经时报》称，"UT 的业务模式太单一。"近日，备受转型煎熬的 UT 又一次被"阴云笼罩"。先是取消了原定任命中国区 CEO 吴鹰出任全球 CEO 的决定，随后传出该公司可能出售或分拆部门。业内人士认为，导致突然出现这种情况的原因与 UT 目前业绩不佳密不可分。"我们的董事会和管理团队都认为，UT 的内在价值和发展机会目前并没有体现在股价上。"陆弘亮表示。

据悉，UT 在取消吴鹰出任全球 CEO 决定的同时，对外宣布将在董事会下成立特别委员会，分析和考虑公司发展战略，以提高股价。资料显示，2000 年 3 月 3 日，UT 在全球电信业低潮时于纳斯达克挂牌上市，当日股价以 41 美元开盘，随后至 73 美元。此后时间，UT 股价最高时达到 91.88 美元，一时成为华尔街的焦点。不过如今，UT 的股价却徘徊在 10 美元左右。"中国区 CEO 吴鹰将在特别委员会的指导下负责整个计划，"相关人士分析称，"这是对吴鹰的考验。"雷曼兄弟分析师杰夫·科瓦尔对 UT 的现状研究认为，UT 要提升其股价，可能会"出售或分拆某些部门"。成败小灵通 UT 是"小灵通"的代名词，就是这个当时不被看好的业务，让 UT 异军突起，成为中国通信业中一颗耀眼的明星。1998 年，小灵通开始商用，2002 年，随着中国电信分拆为中国电信、中国网通两个固网运营商，他们开始力挺小灵通，该市场开始高速增长。据不完全统计，2002 年底，整个中国有 30 个省、三百多个城市开通小灵通，覆盖率达到 50% 以上，而用户量也从 2002 年底的 1100 万发展到 2004 年的 6800 万。UT 员工数量从 1999 年的 1100 人猛增到 2004 年的 8200 人，增长了 7.5 倍；年销售额从 1.05 亿美元升至 25.93 亿美元，增长了 24.7 倍。正是这个给 UT 带来过辉煌的小灵通现在 UT 陷入了困境。2005 年截至 3 月 31 日的第一季度财报显示，UT 虽然净销售额同比增长了 44.9%，达 9.018 亿美元，但净利润却同比下滑了 30%。到了第二季度，UT 迎来第一个"历史上最大亏损"——7470 万美元。第三季度财报更将亏损历史记录刷新，达到了惊人的 4.027 亿美元。据悉，其 2005 年全年亏损为 4.62 亿美元，而 2004 年的利润仅是 7340 万美元。进入 2006 年，UT 依然没有好转的迹象。其第一季度 UT 财报显示，营收 5.966 亿美元，同比下滑 34%，净亏损 1060 万美元。分析者认为，导致 UT 亏损的原因主要是小灵通业务的迅速衰落。其出现早期，由于固网运营商急需一个新的业务增长点与移动运营商竞争，而小灵通的出现恰好满足了固网运营商的这一需求，同时加之当时手机通话费用较高，因此小灵通一开始面世，就取得了巨大的凡响。然而前期小灵通扩张过快，迅速完成了从普及期到饱和期的过程，过早地进入了"从爆发式增长阶段进入到稳步增长阶段"。中国电信的财报有进一步的证明，根据中国电信 2004 年财报，2004 年中国电信用于小灵通业务投资比 2003 年减少了 7.41 亿元人民币。"移动运营商的竞争也是一个影响因素。"分析者称，小灵通出现之时，无论是中国移动还是中国联通的通话费用皆居高不下，而且手机当时也不便宜，因此小灵通以其终端的价格低廉、话费便宜取得了一定的先机，而如今移动运营商利用各种手段采取直接与间接话费降价，直接对小灵通业务造成很大的冲击。这间接上影响到 UT 产品的销售业绩。业务结构单一谜团"UT 的业务模式比较单一。"张鹰对 UT 的担心具有一定的代表性。不过事实上 UT 一直在进行新业务的探索。2001 年 12 月 UT 以 2000 万美元从 Advanced Communications Devices 手中购芯片设计业务，并成立芯片设计部门，作为面向 3G 的一个主要布局。在鼎盛期的 2004 年，UT 又先后收购了韩国 Hyundai Syscomm 公司、3Com 子公司 CommWorks、加拿大 TELOS 公司、美国 Audiovox 通信公司的 CDMA 手机终端业务，试图打造出一条完整的 CDMA 产品线。同时 UT 也开始投入大量资本进行 IPTV 尝试。"小灵通、宽带、IPTV 和 3G 业务"曾是 UT 的业务布局。不过这些业务中能带来回报的也还是只有小灵通。其他业务只能算有希望的未知数，而当下 UT 却处于亏损中，为了解决这一问题并确定未来的业务方向，去年 12 月 UT 开始业务收缩。先是 2400 万美元将芯片设计部门卖给美国 Marvell 半导体公司。紧接着一周后，又将在新加坡子公司 SB China Holdings Pte. Ltd. 中持有的 10% 股份以 5690 万美元出让给了股东日本软银。同时，UT 开始调整自己的 3G 业务。据悉，今年 1 月 20 日，信息产业部正式宣布：以 3G "中国标准" TD－SCDMA 作为我国通信行业标准。而之前 UT 在 WCDMA 上投资巨大，造成亏损。如今 3G 业务被大幅削弱，小灵通、IPTV 和手机成为 UT 新确立的三个重点业务方向。其中，IPTV 是重中之重。吴鹰曾预计，IPTV 不用两年就能达到 100 万用户，UT 将在与华为、中兴等强势公司的竞争中取得优势。"IPTV 目前的市场情况与当年 UT 进入小灵通时的环境不同，一方面这个产业中有阿尔卡特以及其他国际性的厂商，另一方面这块业务未来的发展还具有很大的不确定性。"张鹰在肯定小灵通萎缩的事实后表示了对 IPTV 的担心。"以小灵通业务为主的企业现在都在忙于转型，但是很显然，这样的公司如果没有小灵通业务做支撑，盲目的转向自己并不在行的领域，这样的成功是很难想像的。"一位业内人士称。

链接："小灵通"是对中国电信、中国网通运营的无线市话业务的俗称，利用现有固定电话网络的交换、传输资源，以无线接入网方式提供可在一定范围内流动使用的无线通信系统。这一产品的问世，使中国的固话网"老树发新芽"。

资料：

技术不是小灵通发展的障碍

尽管信息产业部一度将小灵通（PHS）定义为没有前途的技术，但事实似乎并非如此。事实上，小灵通最初的诞生和崛起，就曾让不少专家大跌眼镜。然而，正因为"身出旁门"，小灵通的一生也饱尝颠沛流离之苦，渐成鸡肋。对于小灵通，业界的普遍看法是一种落后的技术。信息产业部曾多次组织专家进行论证，最终的结论是：小灵通从本质上就是一种"技术上没有前途的系统……不适合提供大规模公众业务"。而且，3G 手机的出现，更被视为小灵通的"催命符"。业内普遍的判断是，3G 的风生水起，也意味着小灵通的逐步消亡。从技术上来说，小灵通的致命缺陷之一就是它的基站覆盖面和容量小，与移动基站相比，其覆盖面积只能达到百分之一到万分之一。这就意味着，大面积推广小灵通将需要比移动基站更多的空间和成本。而且，小灵通价格方面的优势，也随着移动运营商的几次资费调整而逐渐丧失。据信息产业部统计显示，截至 2006 年上半年，全国小灵通用户已近 8000 万户，且平均每个月新增用户数近 250 万户。信息产业部在 2006 年 6 月发布的电子信息产业的最新调查显示，2006 年以来，小灵通的生产"依旧呈不断下降趋势"。尽管全国小灵通用户还在持续增长中，但增长步伐已经明显缓慢下来。与此同时，曾经捧小灵通为金牌业务设备的主要厂商和固网运营商的业务上也有所取舍。最大的小灵通厂商 UT 斯达康的命运，无疑是个最好的注解。自 2004 年下半年以后，随着小灵通市场增长率的不断下滑，UT 斯达康被迫全面转型，放弃发展小灵通的战略思路，而转向更具市场潜力的 IPTV。与 3G 共生存？但也有专家认为，小灵通是一种落后技术的说法值得商榷。在小灵通最火热的日本市场，无论 NTTDocomo 还是 KDDI 的网络，PHS 网都是一个完整的移动网，这个网中既有 PHS 集站，也有专用的核心网设备，如交换机，数据库等。基于这种整网规划的网络，其网络性能、服务水平均可以得到最大程度的优化。在不少电信专家眼里，贴近普通百姓的现实需求，是小灵通得以发展壮大的主要原因。而用户消费层次的多样性，决定了网络技术的多样性，也决定了小灵通的存在合理性。这些小灵通支持者们认为，3G 手机业务的受众集中于高端，而小灵通业务则存在于中低端市场，因此不存在重叠。小灵通甚至可以作为 3G 的补充和完善而存在。尽管对于中国的固网运营商来说，国内小灵通网不可能像国外一样整网规划。但是，小灵通业务也不可能在短期内淡出历史舞台。由于当前其在固网运营商业务布局中的重要地位，这一网络不仅不可能立即撤销，反而还需要更持续的投入。网舟咨询公司顾先立表示，除非 3G 的建设成本小于小灵通的建设成本和维护成本，小灵通才可能被立即废除，而且，将承担上亿用户的小灵通也不可能放弃众多用户。BDA 公司的分析师方美琴同样认为，中国网通和中国电信肯定会考虑投资的成本，不会短期内放弃。尤其在未来 3G 牌照欲发未发的情况下，中国两大固网运营商更不愿放弃小灵通市场，他们急需提高小灵通的 APRU 值，以使这一业务继续维持。据悉，中国电信、中国网通已投入巨资完善小灵通网络，他们并计划今年在全国进一步推广小灵通机卡分离、短信、彩信、个性化铃音等增值业务，使小灵通功能更加齐全。实际上，小灵通产业链各方力量为了挽回颓势，早就开发了机卡分离和双模灵通手机，小灵通业务与移动手机业务之间的竞争，已经从单纯的冲突论向互补论转变。因此，机卡分离小灵通、双模灵通手机和 QBOX 灵通无绳手机都逐渐走向市场，极大的丰富了小灵通功能，拓展了小灵通业务的受众，使得小灵通业务具有了进一步发展的空间。因此，这些乐观者认为，在未来 3G 牌照发放后，小灵通还会以其不同的市场定位与 3G 业务共存。

双模小灵通再遇政策考验 或要重蹈覆辙？

经过几年的发展，当前小灵通遇到前所未有的压力。一方面固网运营商将投资重点逐渐向 3G 转移，降低了对小灵通的投入；另一方面移动运营商大幅降价，使得以话费低廉著称的小灵通优势日渐消退。"双模小灵通是目前小灵通扭困的一剂良方，但是政策的限制让双模小灵通发展缓慢。"资深分析师程宏认为。"双模"是指在一部手机内设置两个手机卡插槽，同时使用小灵通与普通手机两张卡。这样避免了用户既要随身携带手机，又要携带小灵通的麻烦。不过自其 2003 年诞生以来，政策上一直没有对其开禁。因此虽然双模形式出现较早，但发展缓慢。《财经时报》近日获悉，双模小灵通突然在河南、山东、广东以及国内其他很多地方被大量生产和销售，而且可能有政策开禁的迹象。但是令人遗憾的是，传言并没有得到信息产业部的证实。信产部内部人员称，"当前的工作重点在 3G"，"政府已经没有压力和动力去做小灵通政策方面的调整。""信息产业部的讲话无疑给双模小灵通判了死缓，而这只是小灵通命运多舛的又一次劫难。"一位业内人士对《财经时报》说。20 世纪 90 年代后期，小灵通在中国大陆曾经火暴一时。据当时媒体报道，在西安正式开通当天就曾创造一天放号四千多户的记录。不过，正受到消费者追捧的小灵通却受困政策监管，险些夭折。1999 年 10 月，信息产业部下发紧急通知，要求全国各省区市管理局在无线接入（PHS）发展问题上，不要一哄而起，没有上马的项目一律暂停。2000 年 5 月，信息产业部又要求所有小灵通项目一律暂停，等待评估。这差点是成为小灵通的灭顶之灾。此消息让 UT 斯达康的股票市值在纳斯达克缩水了 200 亿人民币。不过好在一个月后，信息产业部下发了《关于规范 PHS 无线市话建设与经营的通知》，该文件明确小灵通是"固定电话的补充和延伸"，定位为"小范围低速移动无线接入"。此时，小灵通又重获生机。不过，同年 11 月信息产业部却要求提高小灵通的月租费和通话费。三个月后，信息产业部再次发文，对小灵通收费提出明确要求，规定了收费方案，同时提出"大城市暂不发展小灵通"。2003 年 3 月 9 日，时任信息产业部部长的吴基传向媒体表示，对小灵通的政策是"不鼓励不干涉"。吴基传甚至表示，"小灵通属于三级频段，部里发文了，这个频段不能再批用了，所以它再发展也是在这个频段。"至此，小灵通算是得到了默认，开始在移动运营商的夹缝中生存。即使如此，小灵通在国内也取得了不错的业绩。数据显示，截至 2006 年 10 月 8 日，国内小灵通用户为 92 123 798 人。不过眼下，小灵通业务的风光好像已经不同往日，尤其是其主导设备厂商 UT 斯达康自 2005 年以来频频传出业绩不佳的负面消息，更让不少业内人士对小灵通充满了担心。分析者认为，当年小灵通之所以能成功，与固网运营商与移动运营商的竞争态势密不可分，当时中国电信与中国网通没法做移动业务，而其固话业务又面临增量不增收的局面，因此固网需要新的业务增长点。同时，当年手机以及话费居高不下也形成了一定的市场需求，而如今，3G 时代呼之欲出，中国电信与中国网通的 TD 测试日渐成熟，而且移动话费也降了不少，因此小灵通当年的市场环境与资费优势受到严峻挑战，有观点甚至认为小灵通行将淘汰。不过小灵通之父徐福新对此并不认同。他认为，虽然受政策不利的影响，小灵通难以与移动运营商展开正面竞争，但是，小灵通的存在将是对移动运营业务的有力补充和监督，所以，小灵通依然有机会。他认为，只要有资金投入到研发，3G 手机能做的事情小灵通一样能做，如小灵通上网，看电视。

此外，中国广阔的农村市场也会给小灵通留下机会，一方面小灵通在空旷地带的接收信号好，一个村只需要建一两个机站，成本比市区还要低廉；另一方面，农民的生活水平以及消费习惯只要有电话就好，并不需要高端的数据服务。在徐福新看来，把握好增值服务、农村市场，有条件的情况下进军海外市场将让小灵通有效地规避政策风险，走出一条与移动运营商不同的差异化之路。

复习思考题

1. 战略实施的基本原则有哪些？
2. 企业组织如何进行战略调整？
3. 战略实施中的企业家的作用表现在哪些方面？
4. 现代企业如何适应战略实施的企业文化？
5. 制订战略的程序有哪些？

第七章　战略控制

学习要点：

1. 战略控制过程；
2. 战略控制的任务；
3. 战略的有效控制。

开篇案例

牛根生：蒙牛舵手只管三件事

作为蒙牛的创始人，牛根生仍被看作是蒙牛的掌舵人。对此，牛根生表示，担任董事长之后，将只管三件事，即品牌的维护、文化的建设和战略的管理。除了这三件事，统统归总裁杨文俊来负责。"蒙牛，根生造"成了许多人描述蒙牛和牛根生最简洁也最深刻的语言。说起牛根生就不能不提蒙牛，因为在很多人的意识里蒙牛就等于牛根生，那么，在年初辞去了总裁职位后，牛根生是否会功成身退，他对于蒙牛的影响是否还在继续，记者在第27界IDF国际乳业大会上采访了这位蒙牛的创始人。

财聚人散，财散人聚

1998年底，时任伊利集团负责经营的副总牛根生被免职，第二年1月，他注册100万元创立了蒙牛。而在这个原始创业团队中就有来自伊利原液态奶总经理杨文俊，伊利总工程师邱连军，伊利冷冻事业部总经理孙玉斌，伊利广告策划部总经理孙先红，组成了当时蒙牛的领导层。按牛根生的说法是，"最根本的道理就是财聚人散，财散人聚"。早在伊利担任副总的时候，牛根生就曾将自己的100多万年薪分给手下员工。"当时我分钱的目的不是为了救穷和救急，是给我的部下干活预付的报酬。如果我觉得某个人干活非常有能力只是差一点动力，我认为投资到这个人身上值，对团队会有好处。"牛根生回顾当时的情形时如是说。而根据现任总裁杨文俊的回忆，早在20年前，牛根生就已经有了类似的做法。当时的情况是，杨文俊需要买房结婚，4000元的房钱只凑够了2000元，"而我那时的工资只有六十几块钱，只好放弃。"杨文俊说，"牛根生知道了情况后对我说，不要担心，2000块钱我给你出。而他那时家里的存款也仅仅就是2000块钱"。"或许那也是一种风险投资，是押宝，"杨文俊笑着说。但显然，他押对了。

在其后的日子里，牛根生一直遵循着这条原则。不久前，他提议给集团的部分没有股权的中高层管理者分配权益，而董事会以及此前拥有股权的高管将不仅不再分配，牛根生还鼓励他们进行捐献。这个在别的企业中不可想象的事情，在蒙牛身上却发生得如此自然，其原因用牛根生的话来说有两点，"一是我自己早就捐献了，二是我们的高层团队对此比较理解，即使不情愿，我们也有企业文化等给以引导或限制。"在牛根生看来，财产是必须要流动的，该散的钱一定得散，这样才能聚得了人。所以，牛根生在蒙牛赴港上市后就将价值10亿元的股份捐献出来，成立了"老牛基金"。"老牛基金会"所积累之基金主要用于奖励对蒙牛公司发展有贡献的人员。

现在只管三件事

今年2月份，杨文俊从牛根生手中接过了总裁的位置，牛根生只担任董事长一职。然而作为蒙牛的创始人，牛根生仍被看作是蒙牛的掌舵人。对此，牛根生表示，担任董事长之后，将只管三件事，即品牌的维护、文化的建设和战略的管理。除了这三件事，统统归总裁杨文俊来负责。牛根生坦言，以前在伊利做了16年副总裁，最后因为"不适应"被免职对他触动特别大。这恐怕是他愿意给杨文俊更多决策权的主要原因。"你给人家位置，总要给人家决策权和话语权，要是你都抢着说了，让人家说什么呢？所以凡是涉及总裁的事宜我都让出去，如果要我点头才能干活的话，那干活的人就没有办法做了。"牛根生说到做到，关于蒙牛具体经营方面的问题他一概不予回答。不过，在管的这三件事上，他却毫不含糊。在谈到他让出总裁位置时，他说"我做总裁的时间也不长，而且尽管总裁和董事长一个人兼任，但是那个时候连行业的资格也没有，所以没太过瘾。最后做了两年，刚刚有作为了，这个总裁的位置就让出去了。"不过他表示，这是他定的制度，"在企业刚刚成立的时候，我们就制订了各项制度，包括高管任期、股权分配等等，可以说还没有蛋糕就已经把蛋糕分配好了，这是有备无患，也是相信我们会做成蛋糕。"牛根生说，蒙牛目前有制度做保障就不用有太多担心，高管甚至董事会的人退下来也很正常。"至于退下来做什么位置不重要。"

据他介绍，总裁的任期一般不得超过两届，每届3年，哪怕再出色也不得超过3届。"所以今后不管是谁，包括是杨文俊表现出色也只能3届，9年以后还要招新的总裁。"

功成身退后致力行业发展

牛根生表示，他今后的精力将主要偏向乳业行业方面。"为行业做事会更多一些。我是中国乳品行会的副理事长，又是奶业协会中的一员，现在我不插手蒙牛具体业务，除了做基金之外，我可能会做协会的事情多一点，而且中国的协会和亚洲的协会要成为世界第一，可能也不远。"对于蒙牛未来发展方向，牛根生已经有了清晰的规划，即"用10~20年的时间成为世界一流企业"，蒙牛的定位也由内蒙古牛到中国牛直到现在的世界牛。除此之外，牛根生一直还有个心愿，就是把呼和浩特建设成世界乳都。据介绍，呼和浩特市蒙牛400万吨产量加上伊利的300万吨产量，总共有700万吨，目前在世界上还没有一个城市能超过。"现在蒙牛和伊利在全国的市场份额，蒙牛超过33%，伊利占22%，两家共有55%的占有率。再加上酸奶的覆盖率在全国达到50%，再在奶粉的市场合作3~5年达到超过50%的覆盖率，最后是奶酪，找出多种适合中国人口味习惯的产品，把它覆盖下去。"牛根生憧憬着，"那么就像呼和浩特市委书记说的那样了，10~20年后，整个呼和浩特就是世界乳都。"

对话

在一个位置上待久了不是好事

新京报：你在蒙牛快速发展的时期把总裁位置让出去了，是出于何种考虑？接任者会感到很大压力吗？

牛根生：我们制订了制度，总裁一般做两届（一届3年），我做了两届了，所以让出去。一个人在一个位置上待久了不是好事。接任者压力不会有的，杨文俊风格比我强，优点比我多，缺点比我少。

新京报：老牛基金目前有多少，如何运作？

牛根生：现在是20多亿，但是能花的钱并不多，大概一两个亿吧。以前认为赚钱比较难，是个学问，其实花钱更是学问。我正在跟比尔·盖茨基金以及李嘉诚基金进行商谈合作事宜，而前几天也见了洛克菲勒基金的管理人，有合作的可能。我的基金刚成立，而他们已经有几十年历史了，目前老牛基金组织有50多人的团队，还有社会上的一部分专家、教授，包括行业的领导，银行、金融界人士等，我看他们那么长时间学的东西，我要找一些经验，最起码要找一些他们原来走过的弯路，会更有好处。

新京报：那基金的使用方向是什么，仅限于乳业内部吗？

牛根生：当初我想的有一点窄了，只给内部员工，现在则不限于乳业，由企业内部转到社会，各方面都会有，扶贫、医疗等。并且尽量避免给内部员工花，原因很简单。比如抗非典的时候捐了一千多万给卫生部，当时很多内蒙古当地人都说把这些东西都给全国不如给内蒙古。但顺着这个思路想，给内蒙古不如给河林，给河林不如给蒙牛……那不如给我们几个领导分就算了，事实是肯定不能这样做。蒙牛的产品、社会影响在全国，这个钱如果花不到全国，影响小了，对全国的市场和消费者都不是好事。可口可乐每届奥运会都去赞助，也客观上推进了它成为世界可乐，这就意味着钱花的范围有多大，成就就有多大。

新京报：你如何定义世界牛？

牛根生：世界牛的含义很特别，是指卖了多少个国家才算世界牛，还是指总量排行世界前三位或前五位才是世界牛。雀巢是瑞士的，达能是法国的，如果做不到世界其他国家，他们就不是世界的了。像俄罗斯和美国虽然国家的版图很大，但是人口不多，如果只在本国做，想成长为世界冠军很难。我们的人口比他们多得多，如果要达到他们的平均销售水平，我们不出国门也是世界的老大。

新京报：在你看来，中国企业跟世界企业的差距在哪？

牛根生：我觉得主要是市场上的差距，因为它是发达、比较富裕的市场；而我们是发展中的市场，消费者的消费能力相差很多。

至于生产企业则没有差距，要生产什么奶我们是可以生产的。当然，必须要有这么一个群体，才可能支撑起这个企业，这个过程是循序渐进的。

记者手记

不可复制的牛根生

与外界所传的那样，牛根生豪爽、健谈，一见记者他就开门见山地表示"现在有1/3的时间都在跟媒体打交道了"，一句话就拉近了与现场记者的距离。在采访的过程中，记者时刻可以感受到这个面庞黝黑的中年人拥有地地道道内蒙古汉子的憨直和朴实。中国乳业的蓬勃发展给了牛根生一个证明自己的机会，当他怀着满腔委屈走出伊利大门的时候，恐怕早就等待有一天能够重新证明自己；而他也通过短短的 7 年时间给了中国乳业一个属于蒙牛、也属于牛根生的奇迹。牛根生的成功得益于他的个性、经历、跟他一起打天下的团队以及整个乳业大环境，这些是很难再复制的，但他的很多观点，尤其是对"财和权"的态度，是可以被现在的和新进入的企业家所借鉴。

人物简介

1999 年创立蒙牛集团，现任集团董事长。据牛根生自己回忆，他出生在内蒙古一户贫农家庭，后来，被卖给姓牛的人家做儿子，并改姓牛，他的命运似乎也从此与牛结下了不解之缘。早年牛根生在伊利集团工作，从一名洗瓶工做起，担任过车间主任、厂长等职，在伊利做到了生产经营副总裁的位置。1998 年底，公司董事会对其免职，1999 年 1 月，他带领部分伊利旧部创建了蒙牛。几年的时间，牛根生领导的蒙牛由创立时的全国 1116 位上升为仅次于伊利的全国第二，"蒙牛，根生造"也成为人们对他的最高评价。现在他已经卸任总裁只担任董事长。

（资料来源：李彤. 商界评论. 2008 年 12 期）

第一节　战略控制的过程

一、战略控制的必要性

战略控制的必要性：主要源于战略失效的存在。经验表明，在战略实施过程中经常出现战略失效。所谓战略失效，是指企业战略实施的结果偏离了预定的战略目标或战略管理的理想状态。造成战略失效的原因有很多，主要有：①企业内部缺乏沟通，企业战略未能成为全体员工的共同行动目标，企业成员之间缺乏协作共事的愿望；②战略实施过程中各种信息的传递反馈受阻；③战略实施所需的资源条件与现实存在的资源之间出现较大缺口；④用人不当，主管人员或作业人员不称职或玩忽职守；⑤公司管理者决策错误，使战略目标本身存在严重缺陷或错误；⑥企业外部环境出现了较大变化，而现有战略一时难以适应等。因此，战略失效的存在使得战略控制十分必要。

二、战略控制的特点

企业经营战略控制系统与业务控制系统有三个共同点，即：

1. 控制标准必须与整个企业的长远目标和年度目标相联系

有效的战略实施的控制与评价必须将控制目标与各特定系统的绩效标准相联系，与资源的分配导向相联系，与外部环境的关键因素相联系，这样做将有利于明确战略计划和人们的行为目标之间的联系。

2. 控制要与激励相结合

一般说来，当人们的行为取得符合战略需要的绩效时会得到激励，但在平时人们的行为期望目标是不十分清楚的，而有效的战略实施的控制提供了控制的标准，使人们的行为期望目标明朗化、具体化了，它提供了人们行为的期望与战略目标之间的清晰联系，这时的控制与评价就具有激励性的特点，这对有效地实施战略十分有用。

3. 控制系统需要有"早期预警系统"

该系统可以告知管理者在战略实施中存在的潜在问题或偏差，使管理者能及早警觉起来，提早纠正偏差。应当指出，控制系统还有四个基本区别，即：执行的主体不同，战略控制主要由高层管理者执行，业务控制主要由中层管理者执行。战略控制具有开放性，业务控制具有封闭性。战略控制既要考虑外部环境因素，又要考虑企业内部因素，而业务控制主要考虑企业内部因素。战略控制的目标比较定性，不确定，不具体；业务控制的目标比较定量、确定、具体。战略控制主要解决企业的效能问题，业务控制主要解决企业的效率问题。

三、战略控制的分类

（一）以纠正措施的作用环节为分类标准

控制的实质是通过信息反馈，发现偏差，分析原因，采取措施予以纠正。但是在实际的 管理过程中，得到的却往往是"时滞信息"，即时间滞后的信息。因此，在信息反馈和采取纠正措施之间经常会出现时间延迟，以至于纠正措施往往作用在执行计划过程中的不同环节上。

根据纠正措施的作用环节，战略控制可划分为前馈控制、同期控制和反馈控制。

1. 前馈控制

前馈控制，又叫事前控制，是企业战略实施之前进行的控制活动，其原理是：在工作成果尚未实现之前，对那些作用于输入量和主要扰动量进行观察、分析它们对系统输出的作用，并在产生不利影响之前，及时采取纠正措施予以消除，使战略不偏离原定计划，保证企业战略目标的实现。前馈控制的一个重要特点是克服了时间滞后所带来的缺陷，并且往往采用预防式的控制措施，使之作用于战略实施过程的输入环节。一般情况下，在战略实施过程中可采用将前馈控制、同期控制和反馈控制相结合的复合型控制网络，以提高和改善控制效果。

2. 同期控制

同期控制，又叫事中控制、过程控制，是指企业战略实施开始以后，即开始对涉及的人和事进行指导和监督的活动。其原理是：在战略实施过程中，按照既定的控制标准检查战略行动的执行情况，及时发现偏差和采取纠正措施。管理人员越早感知偏差，就可以越来快采取纠正措施，在发生重大问题之前进行及时纠正。同期控制一般适用于实施过程标准化战略的控制，或部分过程标准化战略项目的控制。

同期控制的具体操作有以下三种形式，一是直接指挥，企业管理者根据控制标准，对战略行动进行直接指导，发现偏差及时纠正，确保有关行动符合控制标准；二是自我调节，执行者在具体工作过程中，通过正式的或非正式的沟通，按照规定的控制标准主动调节自己的行为，保持与协作者的默契配合；三是共同愿景，各职能部门及职能人员，对企业战略目标应在认识上保持一致，并在各自的岗位上表现出使命感，从而达到殊途同归，和谐一致，齐心协力实现目标。

3. 反馈控制

反馈控制，又叫事后控制，是指战略过程实施过程结束以后，对这段时期的资源利用状况及其结果进行总结。其原理是：在战略实施过程中，对行动的结果与期望的评价标准进行衡量，然后根据偏差大小及其发生的原因，对战略的输入和执行过程采取纠正措施，以使最终的结果能符合控制标准的要求。

反馈控制的对象是结果，纠正的是战略的输入部分及执行过程，根据实施形成的结果，总结经验或教训来调整和指导未来的行动，确保企业战略的正确实施。由于反馈控制具有一定的滞后性，有可能在某些环节上纠正措施不及时的现象，影响战略的顺利执行，因此，反馈控制一般在经营环境比较稳定的条件下采用。同样道理，在战略实施过程中，可采用将反馈控制、前馈控制和同期控制相结合的形成的复合型控制网络，更能改善控制效果。这样的复合型控制网络是一种相当有效的战略控制方法。反馈控制的具体操作有以下两种形式：一是目标导向，让员工参与战略目标、评价标准的制定和工作绩效的评价，既可以看到个人行为对实现企业战略目标的作用和意义，也可以从工作业绩的实际评价中看到成绩与不足，得到肯定和鼓励，为战略的推进发挥作用；二是行为符合规定的控制标准要求。同时，通过员工行为实际产生的结果反馈来规范员工的行为，使之更符合战略的要求，从而强化员工的战略意识，确保员工与战略行动的一致性。

（二）以改进工作的方式为分类标准

按照改进未来工作的方式，战略控制可划分为间接控制和直接控制两类。

1. 间接控制

间接控制着眼于发现已发生的偏差，分析原因，并通过追究个人责任来改进未来工作。如果造成偏差的原因是由于战略执行者缺乏知识、技能或经验，那么，运用间接控制的方法，可以帮助他们总结经验教训，学习知识和技能，改进未来工作。但是，如果偏差是由某些不确定因素造成的，例如未来的国际经济形势变化、技术进步等等，那么，间接控制就不能发挥作用了。

2. 直接控制

直接控制着眼于培养更优秀的人才，使他们能够以系统的观点来进行和改进未来的工作，从而防止出现不良后果。因此，直接控制的根本思想在于通过提高人员素质来进行控制工作。直接控制的有效性依赖于以下假设条件：

（1）合格人才所犯的错误最少；

（2）管理工作的成效可以计量；

（3）在计量管理工作的绩效时，管理的概念、原理和方法是有用的判断标准；

（4）管理基本原理的应用情况是可以评价的，相对于间接控制的假设条件而言，直接控制的假设条件更为可靠和现实。

（三）依据控制对象和目的的分类

依据控制对象和目的的不同，战略控制可分成回避控制、具体活动的控制、绩效控制和人员控制四类。

1. 回避控制

回避控制，也称为避免控制，是指管理人员通过采取适当的手段，避免不良情况发生，从而达到避免控制的对象，具体的手段有：

（1）高效自动化。计算机等高效自动化手段通常可以按照企业预期的目标按部就班地工作，保持工作的稳定性，使控制得以改善。企业可以采用计算机或者其他高效自动化手段来减少控制问题。

（2）管理集中化。管理集中化就是指把各个管理层次的权力集中在少数高层管理人员手中，从而避免分层控制引起的矛盾。

（3）风险共担。这里的风险共担是指企业可以将一些内部风险与企业外的一些组织共同分担，如与保险公司鉴定协议等。这样，企业可以不必担心某些职工的个体行为严重地影响企业的利益从而形成对企业的控制威胁。

（4）风险转移。当企业的管理人员对于企业的某些生产经营活动感到很难控制时，可以考虑采取发包或完全放弃的方式来处理该项经营活动，从而将潜在的风险转移出去，当然与之相应的利益也就转移了出去，这样企业就消除了相关的控制问题。

2. 具体活动控制

具体活动的控制是为了保证企业员工能够按照企业的预期目标进行活动的一种控制手段，具体的做法主要有以下三种形式：

（1）行为限制。这种方式可以通过两种途径来实现，一是利用物质性的器械或设施来限制员工的行为；二是利用行政管理上的限制，约束员工必须按照各自的职能进行工作。

（2）工作责任制。这种方式主要通过检查、评价与考核员工的工作绩效，同时激励员工，从而充分发挥他们的积极性。实行工作责任制一般要求确定企业控制标准所容许的界限。让职工按照一定的规章制度工作；经常地检查与评价员工的实际工作中的行为，根据所制订的标准惩罚或者奖励员工的行为。

（3）事前审查。这种审查主要是指在职工工作完成前所做的审查，可以纠正潜在的有害行为，达到有效控制的目的。

3. 绩效控制

绩效控制形式以企业的绩效为中心，通过明确绩效责任制来达到有效控制的目的，绩效控制系统一般要求确定预期的绩效评价标准，根据评价标准来衡量绩效，根据实际绩效对员工作出奖惩。绩效控制与工作责任制在某种程度上有一定的相似性，即是面向企业未来，使职工的行为符合企业的预期目标。这样的控制系统只有在员工充分认识到其好处时才能充分发挥作用。

4. 人员控制

人员控制系统是依靠企业涉及的人员，让他们为企业做出最大的贡献。同时，人员控制系统还可以为某些人员提供一定的帮助。当该控制系统出现问题时，一般可以采用以下的手段加以解决，包括实施员工训练计划，改善工作分配，提高关键岗位上人员的能力；改进上下级的沟通，使企业职工更清楚地知道与理解自己的作用，将自己的工作与企业中其他群体的工作很好地进行协调，建立具有内在凝聚力的目标和高效协作的团队，促成工作群体间的互相控制。

（四）以战略控制层次为分类标准

一般来讲，对企业战略控制活动分别发生于组织的三个主要层面：公司层、业务层和职能层。战略控制的层次和分类公司层的管理者对组织整体的业绩最为关心，如利润、投资收益率以及资金周转率等。

其目的是制定用于衡量组织整体业绩的标准并形成有效的竞争战略。与之类似，其他层次的管理者最关心的是制定一套标准来衡量业务层或职能作业层的业绩。所有这些衡量手段都应以最终获得领先的效率、质量、创新和对顾客的迅速反应为标准。此外，需要注意的是每个层面上的控制系统不应给其他层面带来问题，如业务层为提高本部门业绩所采取的行为不应以损害公司层的业绩为代价。

企业内各个层面的战略控制活动主要分为三种：战略控制、战术控制和作业控制。战略控制涉及在与环境的关系方面，企业基本的战略方向或态势。与此相对照的是，战术控制基本涉及战略计划的实施和执行，而作业控制主要涉及的是解决近期目标的实现问题。

如同战略结构中有公司战略、经营战略和职能战略一样，企业也存在着控制的结构，在公司级，控制的重点是使公司内各种各样的活动保持一个整体的平衡。在这一层次，战略控制和战术控制是最重要的控制。在事业部级，控制主要是维持和改进经营单位的竞争地位。在此，战术控制占主导地位。在各职能部门中，控制的作用是开发和提高以职能为基础的显著优势和能力。由于其时限较短，因此在这一层次上，作业控制和战术控制是最重要的控制。依据控制的这种层次结构，战略管理人员应确保控制的这三个层次能够一体化地融合在一起，并正确地运作，依据不同的管理角度或范围，侧重于不同的控制方式。

四、战略控制的原则

企业战略控制是一个行为问题，只是各种控制能够按照预定方向影响行为时，它们才是真正有效用的。为此，战略控制应该遵循的原则是：

1. 面向未来原则

企业日常经营管理控制活动的重点是按绩效标准，调节员工的行动，以求取得较高的工作业绩。而战略控制的重点则是企业的战略方向和战略目标。所以要求战略管理者对于战略实施的控制应该面向未来，调节员工的战略行动不偏离战略方向和总目标。

2. 例外原则

战略实施中，无需事无巨细都进行调节，对于标准的、规范的情况可以适度控制或授权控制；战略控制重点是调节例外的因素、不确定情况下的因素，往往是战略实施过程中的重要障碍。

3. 优先原则

战略控制应该优先控制那些对战略实施有重要意义的活动和成果。

4. 适时原则

战略控制应当是适时，及时的控制，这样才能在适当的时间采取修正措施。为了提前注意可能出现的问题，应当加强方向控制，即监控和的测定那些影响企业经营业绩的因素。

5. 适度原则

战略控制应当适度，不能过多或过少。控制过多，则容易引起混乱，甚至导致目标移位；控制过少，则会影响战略实施。

6. 自我控制原则

战略控制的最好方法是自我控制。如果部门和个人都能自觉，及时发现偏差，并采取纠正措施，则有利于获得更好的效果。

7. 确保目标原则

战略控制必须在达成目标的过程中，通过执行战略计划确保战略目标的实施，既要评价和控制短期性经营活动，也要评价和控制长期性战略活动。

8. 信息反馈原则

战略控制应充分发挥战略管理过程中的信息反馈作用。不仅要反馈对战略实施有重要作用的信息，还要反馈对最初战略形成有重要作用的信息，以利于圆满完成战略管理过程中的各个阶段的工作。

9. 组织特征原则

不同的企业组织有不同的经营环境，战略管理者和员工在战略实施中的控制作用也存在着明显的差异。有的经营环境中的企业，其战略控制依赖于高层管理都发挥作用，而有的则依赖于员工的积极性和创造性，根据组织的特征决定战略控制方式往往是行之有效的。

10. 经济合理原则

实际中，理想化的最优战略控制不仅不可能，有时会适得其反，导致控制成本的增高，降低了效率。通常，如果预计的控制效益高于采取控制措施的费用，就认为是经济合理的。追求经济合理，相对的控制优势，有时比尽善尽美的控制更现实，更重要。

第二节　战略控制的任务

一、确定评价内容

企业经营战略实施的控制与评价的主要内容有：

（1）设定绩效标准。根据企业战略目标，结合企业内部人力、物力、财力及信息等具体条件，确定企业绩效标准，作为控制与评价的参照系。

（2）绩效监控与偏差评估，通过一定的测量方式、手段、方法，监测企业的实际绩效，并将企业的实际绩效与绩效标准对比，进行偏差分析评估。

（3）设计并采取纠偏措施，以顺应变化着的条件，保证企业战略的圆满实施。

（4）监控外部环境的关键因素。外部环境的关键因素是企业战略赖以存在的基础，这些外部环境的关键因素的变化意味着战略前提条件的变动，必须予以充分的注意。

（5）激励战略实施控制与评价的执行主体，以调动其自控与自评价的积极性，以保证企业战略实施控制的切实有效。

二、建立评价标准

战略评价标准是测定和评价战略实施结果规范和尺度，一般来说，战略评价标准或绩效衡量指标与企业所要追求的战略有关。若企业采取的是低成本战略，那么评价标准就可能是"一年内降低成本5%"。评价标准可以是多种多样的，也有多种分类方法。通常可以将控制标准分为以下四种：

第一类是效率标准，包括生产率、利润、质量、产量和成本等。这一类是衡量成果的基本指标。

第二类是人力资源方面的标准，包括缺勤率、转厂率、工作满意度、士气的高低和合作水平等。

第三类是标准与内部职能和组织反应程度有关，包括创造性、灵活性、计划决策水平、沟通和冲突管理等。

第四类是标准反映了企业对环境变化的反应，包括外部关系的建立、企业的外部形象相对稀缺资源的控制程度等。评价标准或衡量标准还可以大致分为定性和定量两大类。有的标准是定性和定量相结合的标准。无论是定量还是定性指标，都必须与企业发展过程做纵向比较，还必须与行业内竞争对手、产业内业绩优异者，其他参照企业进行横向比较。下面分别对单纯的定性标准和定量标准加以介绍。

（1）定性评价标准

定性评价标准是对企业运行效果的主要问题进行评价的控制标准。对人方面的因素，如高缺勤率、高跳槽率、产品质量下降和生产量减少及低的员工满意度等因素，都可能是绩效下降的潜在原因，营销、财务与会计、研发及计算机信息系统因素也都可能导致财务问题。对企业方面的主要问题的评价，以及对这些问题的回答就构成了对企业的评价，是采取纠正行动的一个基础。这些指标有：

①企业战略内部的一致性。内部一致指的是各种战略对企业的共同影响，各种战略在目标上是否有冲突。评价一项战略不仅仅要看战略本身，还要看它与企业其他战略之间的关系。

②企业战略与环境的一致性。战略是环境的函数，环境发生变化，战略也要做相应的变化。具体地，企业战略是否与现行的或最新的政府规定、消费者偏好的变化、劳动力供应的趋势等因素相一致。大多数战略因为和环境的不一致而产生问题，使二

者相互匹配并不难，关键是企业本身要认识到这一点并努力使这两个变量相一致。

③企业战略与现有资源的配套性。战略的实现必须由资源作保证，在战略实施过程中尽力掌握所需要的资源，如果企业没有足够的财力、人力和物力，战略制定得再好也是一纸空文。

④企业战略执行的风险性。战略在执行过程中是有风险的，一是由于战略脱离实际，在实施中必然受阻；二是由于出现了未预料到的因素，引起客观环境的变化，从而产生风险。

⑤战略的时间安排妥当性。每一项战略的设计都要求在一定的时间范围内完成某项任务。

在既定的资源条件下，实施战略并达到相应的企业目标的时间安排是否现实？是否能有保证？管理者必须要确保为实现目标所安排的时间和战略实施所必需的时间是一致的，如果这两个变量不一致，企业目标就不可能圆满地实现。此外，战略的实现是长期经济运行的结果，在整个战略期内要尽量避免剧烈、频繁的战略变革和大量的人事变动。

（2）定量评价标准

定量评价标准或衡量指标就是各种反映企业战略实施成果的具体数据。一般可通过数学方法获得这些数据，利用它们来对企业进行评价，在此基础上采取必要的纠正行动。尽管这类标准的确定要比定性标准容易，但要明确标准的实际意义及其表明的纠正行动的解释，却可能是十分困难的。经常使用的战略定量评价标准是各种财务比率，管理者可利用财务比率进行三种重要比较：比较企业在不同经营期的业绩；比较企业业绩与竞争者的业绩；比较企业的业绩与产业平均水平。特别适用于战略评价标准的财务比率主要包括：投资收益率、股本收益率、盈利率、市场份额、权益负债率、每股收益、销售增长率、资产增长率等。在战略管理实践中，到底采用哪种或哪几种标准，应根据企业的具体情况而定。下面对常见的两种标准进行详细说明。

①投资收益率（ROI）

投资收益率是企业最常用的绩效衡量指标，就是企业在一个时期内得到的净收入与总资产（投资额）的比率，它反映了企业经营活动所产生的收入量与所需资产量之间的关系。仅仅某一年份的投资收益率不会向管理者提供什么有用的信息，但对不同时期的投资收益率数字的比较，与其他同类企业和竞争对手的投资收益率数字的比较，就能反映出企业绩效的真实话情况。投资收益率作为企业的一种绩效衡量指标既有其优点也有其局限性。它的优点很多，比如，它是一种全面反映工商企业各方面影响的指标，既能衡量部门经理如何使用公司的资产去盈利，也可以检验各种资本投资方案的合理性；既能刺激管理者更有效地利用现有资产，也能刺激他们去获得新的资产。投资收益率的缺点是容易受折旧方法和账面价值的影响，不能反映企业长期绩效成果等。

②Z比分法

Z比分法是一种经验公式法。由该经验公式计算出的Z比分，可以作为评价指标。Z比分由五个指标加权相加得到。根据Z比分的大小，可用来说明企业是"健康"还是"有病"。Z比分的计算公式为：

$$Z = 1.2A + 1.4B + 3.3C + 0.6D + 1.0E$$

公式中：Z为表明企业总体健康情况的指数；A＝流动资本/总资产；B＝保留盈余/总资产；C＝利税前盈余/总资产；D＝产权市场价值/总资产的账面价值；E＝销售额/总资产。Z比分的范围一般在5到10之间，根据对Z比分法的研究调查证明，Z比分低于1.80的企业，破产的可能性较大；Z比分高于3.00的企业，破产的可能性很低；比分在1.80到3.00之间的企业处于灰色区域。掌握Z比分法可以帮助管理者更好地了解和改善企业的经营状况。必须指出的是，战略评价标准有时是很难量化的，并且不良的量化方法可能带来与预期相反的结果。如警察部门怎样衡量法律和秩序得到维护问题，不易直接衡量，现在常用间接衡量的方法，即用逮捕诉讼的数量、破案结案率等。用这些标准度量的结果，很可能使一些与当地公众具有很好关系的警察机构得到很糟的评分结果。

对于单独使用"负面"指标（如商品破损率）一定要慎重，因为这可能导致有关部门和个人对减少这些负面值的差值过分关心，最终导致各个部门都极力避免这些风险，并企图把这些差值的表现转移到别的部门和别人那里去。正确的做法是，让大家都明白，企业计划是如何实现的，并且同揭示负面效果一样展示正面效果。还有，在设定据以评价绩效的目标时，应鼓励大家参与而不仅是由上级管理部门下达。这样目标应该为那些努力实现它们的人们所拥有，作为对自己工作的有效衡量而不被当作高层管理者强加给他们的沉重负担。

三、衡量实际业绩

企业为保证战略控制的有效实施，必须对实际工作成果进行及时地监测，并加以衡量。

例如，如果企业的目标是在年内使市场占有率提高5%，那么就需要对自己和竞争对手的销售额进行及时地监测和衡量。要获得竞争对手的有关资料是需要时间的，但也必须在采取必要行动所允许的限定时间内完成。

各种标准的确立都是为了说明企业目标，因此标准也就是说明绩效水平的"尺度"。很多评价标准都是以某种形式的历史数据为基础的，比如汽车公司都用"十天销售量"作为评价标准。必须注意的是，衡量企业的工作绩效应该看当时要评价的活动，而不是过去曾经衡量过的活动，也就是说，管理者不能把过去衡量过的内容当作现在要评价的内容。比如有一家制药公司，现在的目标是新产品开发，而过去曾经为控制员工成本而对科研人员的雇佣的进行过衡量和报告。如果因此而对新雇佣的科研人员进行衡量和报告，就与现在的目标不一致，起不到控制作用。

四、纠正战略偏差

在反馈阶段中，将测定的实际绩效与评价标准进行比较，可能出现三种情况：第一，超过预定标准或目标，出现正偏差，如果这是稳定协调发展的结果，则是一种理想的结果；第二，与预定标准或目标基本相等；第三，没有达到标准，出现明显的负偏差。当出现偏差，特别是负偏差时，企业应当认真分析原因，及时采取纠正措施。

1. 分析偏差原因

偏差可能是由于许多复杂的原因引起的。因此，当发现问题之后，必须首先分析产生差异的原因，才能采取针对性的纠正措施。一般地，产生差异的原因主要包括以下四类：

（1）战略实施过程的原因。例如组织结构调整不合适、主要执行者配置不恰当、资源分配不合理、组织领导不得力、职能战略有问题、预定措施未实现等。

（2）战略规划阶段中的原因。例如由于外部环境和内部条件发生重大变化，既定战略脱离实际；或者原来为应付多种情况而制定的应变战略未能付诸实施；或者外部环境和内部条件虽然没有发生重大变化，但由于过去对企业内、外状况的调研过于乐观和悲观，从而使既定战略目标过高或过低，选择的战略不够恰当等。

（3）控制内容和评价标准的原因。如果控制内容不合理，评价标准设置的不科学，也会产生较大的偏差。

（4）既有战略实施过程的原因，又有战略规划、控制内容和评价标准的原因，问题比较复杂，需要进一步分析。

2. 采取纠正措施

战略控制的最后一项行动是采取纠正措施。它要求企业通过变革为未来而进行更有竞争力的重新定位。对于已经出现的差异，如果产生的原因比较简单，则可以直接采取纠正措施；如果产生的原因比较复杂，一般可先采取临时性措施使问题得到暂时缓解或停止，待仔细分析，查明原因后采取针对性的纠正措施。对于事先预测将会出现的差异，则需要立即采取预防措施。

针对上述四种产生差异的原因，可以分别采取以下纠正和预防措施：

（1）如果是战略实施过程中的原因，则应针对问题采取相应措施，消除产生差异的根源或可能出现的差异。例如，企业可以利用组织手段来进一步明确职责、补充授权、调配人员、重新分配资源、改善领导、加强激励措施、变革组织结构等。

（2）如果是战略规划中的原因，则应根据新情况修改、调整和重新制定战略，确定更切合实际的新目标。

（3）如果是控制内容和评价标准的原因，则应根据实际情况和调研结果修改、调整和重新制定控制内容和评价标准，确保科学合理。还有一种情况，战略发生修改、调整和重新制定，那么，控制内容和评价标准也作相应的修改、调整或者重新制订。

如果上述两种或三种原因兼而有之，就要同时采取上述措施。

纠正性措施应当将企业置身于能够发挥内部优势和利用外部机会的有利位置，能够使企业规避、减少或缓和外部威胁，能够使企业弥补内部劣势。纠正措施应当有明确的贯彻落实时间界限和适当的风险，措施应当与企业内部条件及承担的社会责任保持一致。或许最为重要的是，纠正措施能够增强企业在其主营业务所在产业中的竞争地位。

第三节 战略的有效控制

企业战略的控制，战略控制主要是指在企业经营战略的实施过程中，检查企业为达到目标所进行的各项活动的进展情况，评价实施企业战略后的企业绩效，把它与既定的战略目标与绩效标准相比较，发现战略差距，分析产生偏差的原因，纠正偏差，是企业战略的实施更好的与企业当前所处的内外环境、企业目标协调一致，使企业战略得以实现。

一、战略控制的内容与作用

对企业经营战略的实施进行控制的主要内容有：

（1）设定绩效标准。根据企业战略目标，结合企业内部人力、物力、财力及信息等具体条件，确定企业绩效标准，作为战略控制的参照系。

（2）绩效监控与偏差评估。通过一定的测量方式、手段、方法，监测企业的实际绩效，并将企业的实际绩效与标准绩效对比，进行偏差分析与评估。

（3）设计并采取纠正偏差的措施，以顺应变化着的条件，保证企业战略的圆满实施。

（4）监控外部环境的关键因素。外部环境的关键因素是企业战略赖以存在的基础，这些外部环境的关键因素的变化意味着战略前提条件的变动，必须给予充分的注意。

（5）激励战略控制的执行主体，以调动其自控置与自评价的积极性，以保证企业战略实施的切实有效。

二、企业经营战略的控制在战略管理中的作用

（1）企业经营战略实施的控制是企业战略管理的重要环节，它能保证企业战略的有效实施。战略决策仅能决定哪些事情该做，哪些事情不该做，而战略实施的控制的好坏将直接影响企业战略决策实施的效果好坏与效率高低。因此企业战略实施的控制虽然处于战略决策的执行地位，但对战略管理是十分重要的，必不可少的。

（2）企业经营战略实施的控制能力与效率的高低又是战略决策的一个重要制约因素，它决定了企业战略行为能力的大小。企业战略实施的控制能力强，控制效率高，则企业高层管理者可以做出较为大胆的、风险较大的战略决策，若相反，则只能做出较为稳妥的战略决策。

（3）企业经营战略实施的控制与评价可为战略决策提供重要的反馈，帮助战略决策者明确决策中哪些内容是符合实际的、是正确的，哪些是不正确的、不符合实际的，这对于提高战略决策的适应性和水平具有重要作用。

（4）企业经营战略实施的控制可以促进企业文化等企业基础建设，为战略决策奠定良好的基础。

三、战略控制的方式

1. 事前控制

在战略实施之前，要设计好正确有效的战略计划，该计划要得到企业高层领导人的批准后才能执行，其中有关重大的经营活动必须通过企业的领导人的批准同意才能开始实施，所批准的内容往往也就成为考核经营活动绩效的控制标准，这种控制多用于重大问题的控制，如任命重要的人员、重大合同的签订、购置重大设备等等。

由于事前控制是在战略行动成果尚未实现之前，通过预测发现战略行动的结果可能会偏离既定的标准。因此，管理者必须对预测因素进行分析与研究。一般有三种类型的预测因素：

（1）投入因素。即战略实施投入因素的种类、数量和质量，将影响产出的结果。

（2）早期成果因素。即依据早期的成果，可预见未来的结果。

（3）外部环境和内部条件的变化，对战略实施的控制因素。

2. 事后控制

这种控制方式发生在企业的经营活动之后，才把战略活动的结果与控制标准相比较，这种控制方式工作的重点是要明确战略控制的程序和标准，把日常的控制工作交由职能部门人员去做，即在战略计划部分实施之后，将实施结果与原计划标准相比较，由企业职能部门及各事业部定期的将战略实施结果向高层领导汇报，由领导者决定是否有必要采取纠正措施。

事后控制的方法的具体操作主要有联系行为和目标导向等形式。

（1）联系行为，即对员工的战略行为的评价与控制直接同他们的工作行为联系挂钩。他们比较容易接受，并能明确战略行动的努力方向，使个人的行动导向和企业经营战略导向接轨；同时，通过行动评价的反馈信息修正战略实施行动，使之更加符合战略的要求；通过行动评价，实行合理的分配，从而强化员工的战略意识。

（2）目标导向，即让员工参与战略行动目标的制定和工作业绩的评价，既可以看到个人行为对实现战略目标的作用和意义，又可以从工作业绩的评价中看到成绩与不足，从中得到肯定和鼓励，为战略推进增添动力。

3. 随时控制

随时控制即过程控制，企业高层领导者要控制企业战略实施中的关键性的过程或全过程，随时采取控制措施，纠正实施中产生的偏差，引导企业沿着战略的方向进行经营，这种控制方式主要是对关键性的战略措施要进行随时控制。应当指出，以上三种控制方式所起的作用不同，因此在企业经营当中它们是被随时采用的从控制主体的状态来看，战略控制可以分为如下两类：

（1）避免型控制。即采用适当的手段，使不适当的行为没有产生的机会，从而达到不需要控制的目的。如通过自动化使工作的稳定性得以保持，按照企业的目标正确的工作；通过与外部组织共担风险减少控制；或者转移或放弃某项活动，以此来消除有关的控制活动。

（2）开关型控制。开关型控制又称为事中控制或行与不行的控制。其原理是：在战略实施的过程中，按照既定的标准检查战略行动，确定行与不行，类似于开关的开与止。

开关控制方法的具体操作方式有多种：

（1）直接领导。管理者对战略活动进行直接领导和指挥，发现差错及时纠正，使其行为符合既定标准。

（2）自我调节。执行者通过非正式的、平等的沟通，按照既定的标准自行调节自己的行为，以便和谐作者配合默契。

（3）共同愿景。组织成员对目标、战略宗旨认识一致，在战略行动中表现出一定的方向性、使命感，从而达到殊途同归、和谐一致、实现目标。

开关控制法一般适用于实施过程标准化的战略实施控制，或某些过程标准化的战略项目的实施控制。

从控制的切入点来看，企业的战略控制可以分为如下五种：

（1）财务控制。这种控制方式覆盖面广，是用途极广的非常重要的控制方式，包括预算控制和比率控制。

（2）生产控制。生产控制即对企业产品品种、数量、质量、成本、交货期及服务等方面的控制，可以分为产前控制、过程控制及产后控制等。

（3）销售规模控制。销售规模太小会影响经济效益，太大会占用较多的资金，也影响经济效益，为此要对销售规模进行控制。

（4）质量控制。包括对企业工作质量和产品质量的控制。工作质量不仅包括生产工作的质量，也包括领导工作、设计工作、信息工作等一系列非生产工作的质量，因此，质量控制的范围包括生产过程和非生产过程的其他一切控制过程，质量控制是动态的，着眼于事前和未来的质量控制，其难点在与全员质量意识的形成。

（5）成本控制。通过成本控制使各项费用降低到最低水平，达到提高经济效益的目的，成本控制不仅包括对生产、销售、设计、储备等有形费用的控制，而且还包括对会议、领导、时间等无形费用的控制。在成本控制重要建立各种费用的开支范围、开支标准并严格执行，要事先进行成本预算等工作。成本控制的难点在于企业中大多数部门和单位是非独立核算的，因此缺乏成本意识。

四、企业经营战略实施的控制有四个条件

（1）必须要有企业经营战略规划。企业经营战略控制是以企业经营战略规划为依据的，战略规划越是明确、全面和完整，其控制的效果就有可能越好。

（2）健全的组织机构。组织机构是战略实施的载体，它具有能够具体地执行战略、衡量绩效、评估及纠正偏差、监测外部环境的变化等职能，因此组织机构越是合理、明确、全面、完整，控制的效果可能越好。

（3）得力的领导者。高层领导者是执行战略控制的主体，又是战略控制的对象，因此要选择和培训能够胜任新战略实施的得力的企业领导人。

（4）优良的企业文化。企业文化的影响根深蒂固，如果有优良的企业文化能加以利用和诱导，这对于战略实施的控制是最为理想的，当然这也是战略控制的一个难点。

章末案例

欧莱雅的成功之道

欧莱雅在 1907 年由 Eugene Schueller 创立的。2003 年，欧莱雅集团全球销售额达 140.2 亿欧元。作为财富 500 强之一、世界第一大化妆品公司的欧莱雅集团，其经营活动已遍及 150 多个国家和地区，在世界各地拥有员工 5 万多人。

欧莱雅 1996 年全面落户中国大陆。2004 年年初，欧莱雅继收购小护士之后，又闪电般地虎口夺食，从宝洁手中"抢"走知名化妆品牌——羽西，震惊了整个化妆品业界。

欧莱雅显然是有备而来，因为它在企业管理，特别是人才管理上有一套成熟而有效的管理方法。它的战略性人才招聘的策略更是为人所称道。正是因为它的战略性的招聘，使自己的品牌得到了不断的提升，更是聚集了大量的人才。

思路：人力资源的提前开发

2003 年的 9 月，虽然 2004 届毕业生距离毕业还有近一年的时间，但南京的"准"毕业生们已经吸引了欧莱雅的注意，其主办的一场"工业设计大赛"已经让学生们真实了解到了欧莱雅的文化。此次欧莱雅大赛主题是请大学生选择一种做一套环保化妆的方案，获奖者分别有 10 000 元，5000 元和 2000 元的奖励。除了高额奖金以外，冠军每人可获得在欧莱雅 6 个月的实习期。对于这样的活动，很多企业都在搞，但是它们收到的效果却是非常有限的，因为常规的企业并没有把活动放进自己企业的人才管理的体系，最多是为了推广自己的产品。

与这些企业不同，欧莱雅的校园活动现在已经是欧莱雅人力资源战略的一个重要部分。校园活动只是为吸引人才做热身运动罢了。企业人力资源开发常规的方法是，把某一个员工招进公司，从那一刻起开始给他职业培训，为他设计职业发展道路等等。显然，欧莱雅的思路不同，它提出了"提前进行人力资源开发"的思路。欧莱雅认为，创造与人才接触的机会，才是人力资源发展的第一步。自然，欧莱雅首先想到的是大学，因为大学是欧莱雅未来人才的基地。"提前进行人力资源开发"的第一步就是，要让大学生们在大二、大三的时候就开始了解欧莱雅，了解欧莱雅的企业文化、价值观、市场策略，了解欧莱雅的产品和管理。欧莱雅希望这些大学生在将来入职的那一刻就能起飞。加快他们迈向成功的步伐，也可减少企业后期培训的投入。欧莱雅认为，这样的人力资源开发是相对稳定的。

操作：打造品牌赛事

在有了人力资源提前开发的思路之后，欧莱雅不断进行校园的活动的推广，但是欧莱雅逐渐发现，这些活动如果只是平铺下去的话，效果并不好，打造一个品牌性的学生参与度高的比赛才是重要工作。于是"欧莱雅全球在线商业策略大赛"逐渐发展开来。"全球在线商业策略竞赛"于 2000 年起，由欧莱雅和《商业周刊》及欧洲著名职业培训软件开发公司 Strat X 联合举办。目前，全球在线商业策略竞赛"已经成为世界上唯一一项向全球所有大学生包括 MBA 学生开放的商业模拟竞赛。那么欧莱雅是如何运作这项赛事，如何在这样的大赛中发掘人才的呢？竞赛模拟新经济环境下国际化妆品市场的现状，结合商业竞争的各主要要素，让每一位渴望成为未来企业家的大学生有机会在虚拟但又近乎现实的网络空间里，通过运用他们的专业知识和技能，管理和运行一个企业，并根据竞争状况对本公司的主要产品在研发、预算、生产、定价、销售、品牌定位和广告投入等方面做出全方位的战略性决策。这项赛事主要考察各参赛队伍对公司运作、战略制定与实施、市场开拓和培育，财务数值分析，及市场变化的综合分析和随机应变能力。整个竞赛过程全部在线进行，每 8 天一轮，共计 6 轮。

比赛中，三人一组的参赛队伍将自己置身于跨国公司的经理席上，在高度逼真的网络世界里拥有自己的一家化妆品公司，与网上虚拟的另外四家公司进行角逐，最后以公司股票价格的高低来排定名次。根据安排，入围的队伍被划分成几个赛区，在 6 周内进行 5 轮比赛，成绩靠前的队伍将进入半决赛，这些队伍将提交一份完整的商业计划书并进行第 6 轮比赛，由此产生全球各赛区的区冠军队伍。竞赛首轮实行淘汰制，目的是要从大量的报名参赛队伍中筛选出一定数量的正式参赛队，比如 2003 年的时候就从 5600 支报名队伍中筛选出 800 支正式参赛队伍。筛选中，欧莱雅公司会出很多道题，比如它要求估算欧莱雅 2002 年卖了多少瓶香水。而事实上，网上只能找到那年欧莱雅的营业额是多少，至于香水卖了多少是查不到的。最终，各区冠军队伍将受邀到欧莱雅公司的巴黎总部进行最后的总决赛，届时他们将向主要由欧莱雅总部高层管理人员组成的评审团"推销"自己的虚拟公司，由此产生两个组的全球总冠军。全球总冠军队伍将获得在世界任何一地免费一周游的机会，目的地由获奖者自行确定。各区冠军队伍则有机会进行 3 天的巴黎之旅。通过竞赛选拔人才的方式并不新鲜，但像欧莱雅这样能把一场商业竞赛做得如此有趣的并不多。

效果：一箭双雕

欧莱雅全球在线商业策略竞赛的前期设计、后期的在线管理以及从全球各地飞向巴黎的冠军们的费用是巨大的，这些费用都由欧莱雅总部统一支出。天下没有白吃的午餐。通过商业策略大赛，欧莱雅一箭双雕。"商业策略大赛"给欧莱雅提供了一个与全球各地学生交流的绝佳机会，欧莱雅因此与这个年轻和富有活力的群体保持联系，了解他们的期望。欧莱雅还因此发现了人才，通过运用这种国际化的招聘工具，吸引来自全球的精英。欧莱雅认为，在全球范围内招收最好的人才，是欧莱雅公司的生命和活力之源。经过几年的比赛，"全球在线商业策略竞赛"已成为检测参赛学生战略性思考能力的一项重要而有效的工具，招聘经理也因此有机会近距离地观察参赛选手的表现。与此同时，欧莱雅"全球在线商业策略竞赛"也体现了它们作为一家大型跨国公司所倡导的全球化经营与团队精神等商业理念。事实上，全球的参赛学生大多来自世界顶级院校，其中包括美国的哈佛、耶鲁、西北大学和纽约大学，英国的剑桥大学，西班牙的 ESADE 和法国的 INSEAD（欧洲工商管理学院）等。欧莱雅明确表示，也许他们不能仅仅通过一次比赛就决定是否录用一位参赛者，但比赛确实为他们与潜在的雇员之间建立了一座互相发现、增进了解的桥梁。欧莱雅对优秀的选手很感兴趣，比赛结束后，欧莱雅会主动和他们联系，共同探讨他们在欧莱雅可能的职业发展机会。

但欧莱雅并没有硬性的数量指标。通过几轮比赛后，人力资源部门就能对选手的表现有一个大致的了解。欧莱雅一般都会给在商业策略竞赛取得优异成绩的学生优先面试机会。欧莱雅认为，在商业策略大赛中取得好成绩的人在面试的时候会有一定的优势，但并不意味着他们就一定适合这份工作，毕竟比赛和实际工作有一定的差距。当然，欧莱雅通过商业策略大赛招募的人也不局限于在当年竞赛中表现出色的学生。欧莱雅人力资源部保留了所有曾经参加竞赛学生的资料，一旦有人来欧莱雅应聘，公司发现他曾经在往年的比赛中有出色表现，这对公司与人才的沟通来说显然是一个好的开始。通过商业策略大赛这种形式，欧莱雅建立了一个丰富的人才资源库，以保证欧莱雅能持续地招募到全球的优秀人才。多数跨国公司的全球人力资源架构基本遵循"总部—区域（如亚太）—单一国家（如中国）"的路径，由于业务范围广，人力供给链条太长，利弊同时都被放大：用人得当则"海纳百川"，用人不当则"危机四伏"。欧莱雅的人力资源架构显然胜一筹。欧莱雅实行垂直管理的线性体系，从全球人力资源副总裁，到亚太区 HR 总监，再到中国区 HR 总监是欧莱雅人力资源战略典型的三级传递路径，其目标都是基于公司战略的人才接触、招聘与储备。这个体系的实质就是，总部为地区提供战略方向、政策及培训支持，地区总部和地区分公司则把接触和招聘到的人才，用某种程序往"金字塔顶端"输送。为什么我们的企业总是面临着人才短缺的烦恼：业务高速发展却缺乏相应的人才，员工的频频辞职使工作难以为继，工作效率的低下让主管大为恼火。答案是，企业没有发掘人才的渠道。为了避免人才流失带来的损失，我们出台了各种各样的政策和改进方式，但是为什么效果就是没有预期的理想：员工情绪依然低落，辞职怠工不断发生？答案是，因为企业所做的都是亡羊补牢。那么，如何有效整合企业人力资源，最大限度的发挥人才的作用，做好招聘工作无疑是人力资源工作的关键。欧莱雅的战略性招聘，从一开始就将其参加对象锁定为全球顶尖的 MBA，保证了参赛者的素质和能力。而通过激烈的竞争和层层选拔，在商业策略竞赛中脱颖而出的优胜者无疑是精英中的精英。欧莱雅从这样的群体中挑选其未来管理人员的预备队，无疑保证了候选人的素质。

目前国内流行的各类人才选拔的方法还以传统的笔试、面试为主，而案例分析、in－tray test、商业模拟等"仿真练习"的方式较少。欧莱雅则是领先一步，通过全球在线商业策略竞赛的方式，仿真的商业环境中来测试应聘人员的全面战略管理能力，让企业有机会近距离地观察参赛选手的表现，判断其在未来工作中的潜力。全球在线商业策略竞赛的作法也为中国企业吸引人才提供了启发。

首先，应该积极开辟吸引人才的渠道：对于人才引进的渠道进行细分，并针对不同的候选人群体设计不同的策略。

其次，引进新的人才选拔方法。从对学历、技能和经验的审核，发展到有针对性地测评本企业需要的特定素质。

最后，培育雇主品牌。在毕业生、求职者和潜在的候选人中树立良好雇主形象，为未来的人才争夺战建立优势。

复习思考题

1. 企业战略控制的基本过程有哪些?
2. 战略控制基本的任务有哪些方面?
3. 现代企业如何进行战略的有效控制?

第八章　公司战略

学习要点：

1. 重点掌握成长型战略每一具体战略类型的含义及其优缺点、适用条件；
2. 掌握稳定型战略与收缩型战略的类型与优缺点；
3. 了解混合型战略的一般知识。

开篇案例

光明乳业股份有限公司第一副总裁吕公良
——光明乳业的整合竞争对策

2003 年 9 月 19 日，由中国社会科学院和中国经营报共同举办的"首届企业竞争力年会"，在北京怡生园国际会议中心召开。

企业的整合风风雨雨、酸甜苦辣，我们本来想装在肚子里就可以了，我们整合过程中也碰到了矛盾。我们第一个收购的企业是我们下面的工厂去收购的，是做奶粉的，收购了以后失败，好在我们只投资了 200 万。由于这个小厂做奶粉，奶价这么高，收购这个奶粉成本也很高，卖不出去。从这方面来说，我们确实也有很多问题。

应该说乳品业也是一个集中度比较高的行业，虽然中国的乳品业还是在整合时期，但是很集中的趋势已经出来了。2000 年我国规模以上的乳品企业完成销售收入是 340 亿，前十家的企业已经占了行业基数的 53%。世界情况来看，乳品业的集中度是很高的。

中国的乳品业现在是充满着机遇，也充满着希望。大家可以看到，2000 年，我国的行业有 100 亿的资金融进来，40 亿是行业以外进来的。为什么？是看到了这个行业的希望，都想到这个行业来发展。作为行业里面的企业，我们是怎样看待这个问题的？下面介绍整合的策略：一，基础策略，满足消费的需求。二，盈利增长是我们整合的源泉。我们从内部开始整合，和外部结合起来逐步逐步建立自己的竞争优势。

在产业整合上，我们从内部开始整合，首先是产业链整合，主要是四个方面。第一，奶源的整合。第二，生产步骤。第三，物流、人员。第四，实现了通道。

人家都说光明乳业是一个城市型的公司，你们到底有没有奶。我们有一句广告语：我们的牛奶，好牛好奶百分之百。历史可以追溯到 100 年，当时在上海开了一个可迪牧场，把荷兰牛奶引进过来。上海地区有 57 000 头奶牛，都是荷兰引进来。这是我们的农业系统，现在基本上销售的通道，我们通过内部整合以后，以前都是下面直接销售。整合之后，我们是送奶上门为 41%；零售的占 46%；第三个是经销商，主要是销售我们的常温产品，占我们的销售收入 23%。刚才说的是硬件整合，软件公司内部整合主要是三个方面：

首先是品牌。以前我们公司下面工厂有近 100 个品牌，首先整合成一个主品牌。

其次，建立了我们的及时中心，技术中心是国家级的研发中心，同时经过人事部的批准，也变成一个博士后的工作站。

我们现在做到了产品的市场化，每年公司新产品的销售收入总是占公司的百分比是在 20% 左右，五年新上市的产品是 100 种，我们要求新品毛利率达到 45%，这一块是很重要的，因为现在乳业竞争很厉害。价格战，如果低价销售，一个公司保证它的盈利，新品的盈利是很重要的。

最后，管理变革能力，核心竞争力是动态的，确实光明也是这样。我们在内部整合的过程中，从我们以前的核心竞争力，主要是保鲜牛奶，现在核心竞争力已经是一个管理变革的能力。我们进行了信息系统的变革、组织结构的变革、资源配置能力，组织了现在公司的核心竞争力。企业文化也是公司进行了整合。

从外部来说，我们外部整合也是从上海开始的。我们从上海走到华东，又走到全国。从上海开始，首先我们在上海收购了新安和永安两个企业，又并掉了 7 个工厂，达到了规模效应。我们控制了上海的奶源，收购了 80% 到 90% 的牛奶，一年大概是 20 万吨。同时在上海，我们主要是低温产品达到了 59.4%，酸奶达到了 78%。

在上海整合以后又开始走到华东和江浙地区，首先是从销售开始做起，当时行业有一个说法，天下乳业是一家，特别是新鲜牛奶、低温牛奶。行业有一个规定，上海的牛奶不能到杭州，杭州的牛奶也不会到上海。但是我们走出来了，把我们的牛奶卖到了江苏和浙江，已经占到一定的销售份额，低温牛奶市场份额达到 21.7%，酸奶达到了 37%。同时，在江浙地区进行了奶源的建设。实际上在我们上海和江浙地区形成了 46 万吨到 50 万吨的奶源。

在这个基础上我们从华东走向全国，光明乳业原来是一个城市性的企业，逐步和资源性的企业集合起来。

我们从内部整合走向外部的整合，基本上整合取得了成功。举两个例子：一，我们收购达能的例子。达能是一个过去品牌的酸奶，大家知道 2001 年达能就成为我们的股东，2001 年，实际上他已经把在上海和广东的企业交给了光明进行管理。原来上海达能在我们接管之前，销售收入是 6000 万到 5000 万之间，每年亏损 2000 万到 2500 万。光荣整合以后，用了我们的信息系统、ERP 系统、能源系统、销售通道，采用了我们的工厂管理系统，它的销售手术是大幅度上升。去年它的销售收入达到了 1.2 亿万，开始盈利 1.8 亿万。这是我们整合比较成功的一个例子。二，馥郁县乳品厂，是黑龙江的一个乳品企业，1997 年被我们收购。当时收购牛奶是 1.4 万吨，销售收入 9 千万左右，给农民的奶款是 6 千万，我们去的时候资金周转不行。通过我们整合，去年收购牛奶是 86 000 吨，销售收入达到 3.8 亿，农民奶款 1.2 亿。应该说这个企业也是成功的。

通过由内部整合到外部整合，我们的整合是成功的，也实现了公司的原则：盈利性增长。三年以来我们公司的综合毛利润提高，一般一年提高一到两个百分点。销售收入也得到了比较大的增长。更可贵的是，我们的利润是达到了同步的增长，也超过销售收入的增长。

以下是光明乳业公司层级结构图作为大家参考：

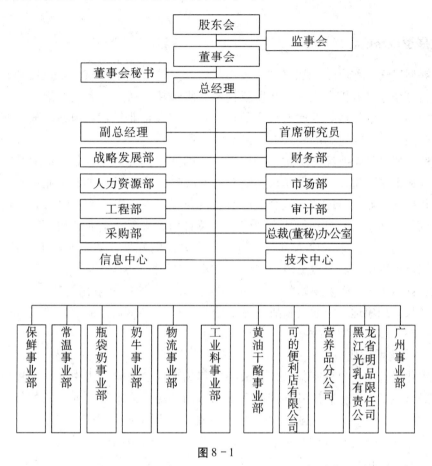

图 8-1

（资料来源：商界财视网）

案例讨论：

1. 光明乳业采取了哪些战略选择方案？

2. 依据第一副总裁所发表的公司战略方向，如果您是市场部经理，请拟出相应的营销战略。

3. 依据第一副总裁所发表的公司战略方向，如果您是人力资源部经理，请拟出相应的人力战略。

4. 依据第一副总裁所发表的公司战略方向，如果您是采购部经理，请拟出相应的采购战略。

5. 依据第一副总裁所发表的公司战略方向，如果您是技术中心经理，请拟出相应的研发战略。

第一节　发展型战略

一、发展型战略的含义

发展型战略又称增长型战略或进攻型战略。发展型战略的核心是发展和壮大。发展型战略是企业采取扩大投资、开发新技术、研制新产品、扩大生产规模、开拓新市场等措施和手段的战略。发展型战略的目标旨在扩大企业经营规模，增强企业抵御市场风险的能力，获得更高的收入水平和盈利水平。

发展型战略是企业经营实践中最广泛采用的战略，又是受企业人员最受欢迎的战略。因为从本质上说，只有选择和实施发展型战略，才能不断扩大企业规模，增强企业实力和提高企业竞争地位。从企业所有者的角度来看，发展型战略有利于增加企业的收益从而有利于增长股利；从企业经营者及管理者来看，企业的快速增长或发展标志着个人成功，并会带来个人升迁、掩盖个人失误的好处；从企业职工的角度来看，发展型战略可以使自己获得更多的加薪、晋级、找到称心岗位的机会。

从总体上来讲，企业谋求增长或成长的途径有三种：集中化增长、一体化增长、多元化增长。相应地，企业增长战略可以分为三种基本模式：集中化增长战略、一体化增长战略、多元化增长战略。

1. 集中化增长战略

集中化增长战略也称密集型成长战略或集约型成长战略。集中化增长战略是企业在原有经营范围内充分利用其在产品和市场方面的潜力来求得企业增长的战略。在这种增长战略指导下，企业将拥有的全部资源都集中用来增加企业现有产品的销售额、利润额或市场占有份额。企业一般采取在不越出原经营范围的基础上扩大企业生产经营规模、开拓新市场、渗透老市场、开发新产品来实现其战略。因此，集中化增长又可分为三种形式：市场渗透战略、市场开发战略、产品开发战略。

（1）市场渗透战略

市场渗透战略是企业通过更大市场营销努力，使企业经营的老产品在老市场上进一步渗透，提高其在选定目标市场上的份额，扩大产销量及生产经营规模，从而增加收入和盈利水平。

显然，市场渗透战略可能给企业带来增加市场份额的机会，但能否采取这一战略不仅取决于企业的相对竞争地位，而且取决于市场的特性。一般来说，当企业所处的整体市场在增大时，不仅占领先地位的企业可以增加市场份额，而且那些只占有少量市场份额以及那些新进入市场的企业也是比较容易扩大他们的销售。相反，在稳定和下降的市场中却很难实现市场渗透，这是因为这两类市场的需求已超于饱和，基本上已经没有潜在客户可以争取。

（2）市场开发战略

市场开发战略是企业将老产品打入新的地区市场或新的用户市场，通过扩大市场覆盖面来得到更多的顾客，从而扩大企业的产销量、经营规模，提高其收入水平和盈利水平。

能否采取市场开发战略来获得增长，不仅与所涉及的市场特征有关，而且与产品的技术特性有关。在资本密集型行业，企业往往有专业化程度很高的固定资产和有关的服务技术，但这些资产和技术很难用来转产其他产品。在这种情况下，企业有特色的核心能力主要来源于产品而不是市场。因而不断地通过市场开发来挖掘产品的潜力就是企业首选的方案。一些拥有技术和特殊生产配方的企业也比较适合采取市场开发战略。

（3）产品开发战略

产品开发战略是企业通过改进和改变技术，开发更新、更优的产品来增加企业在市场上的销售量，获取更高的市场份额，从而提高其收入和盈利水平。这就要求增加企业的产品的规模、式样，使企业产品具有新的功能和用途等，以满足目标顾客变化的要求。

毫无疑问，产品开发战略和市场开发战略往往是同步或相继进行的，二者有非常紧密的联系。一方面，进入新的用户市场或地区市场即新的细分市场，要求开发出现有产品的替代品或产品新的功能和特性；另一方面，产品的更新和再设，也需要新的细分市场来支撑。

一般来说，技术和生产导向型的企业可以通过产品开发战略来寻求增长，这些企业或者具有较强的研究和开发能力，或者其市场开拓能力较强。但无论出于何种原因，一旦产品开发成功，往往可以给企业带来较丰厚的利润。

2. 一体化增长战略

一体化增长战略是企业突破原来的经营范围，充分利用自己在产品的技术、市场上的优势，根据企业物资流动的方向，使企业不断地向深度和广度发展的一种增长战略。在这种增长战略指导下，企业将拥有大部分资源用来增加企业相关产品的销售额，扩大其经营规模，提高其收入和利润水平。一般来说，企业沿着原有产品的生产及经营链条即扩大企业生产及经营的广度的方向来增长企业。因此，企业一体化战略可以分为纵向一体化增长战略。

（1）纵向一体化增长战略

纵向一体化增长战略也称垂直一体化增长战略，这种战略主要通过纵向联合等手段，试图将企业现有经营范围向前扩展到包括最终产品生产及经营，或者向后扩展到包括原料生产及经营，或者向前向后同时扩展到包括最终产品及原材料生产及经营，从而加强企业在行业中的市场地位和竞争优势。因此，纵向一体化增长战略可以分为三种：前向一体化增长战略、后向一体化增长战略、双向一体化增长战略。

①前向一体化增长战略

前向一体化增长战略以企业原有生产及经营的产品项目为基准，将企业生产及经营范围沿着其生产及经营链条向前延伸，使企业的生产及经营活动更加接近最终用户——即为顾客提供原有产品的深加工、运输、维修和售后服务。

②后向一体化增长战略

后向一体化增长战略以企业原有生产及经营的产品项目为基准，将企业生产及经营范围沿着其生产及经营链条向后延伸，使企业的生产及经营活动更加接近企业原材料的供应商即生产及经营原有产品所需的原材料、配件、能源及包装。

③双向一体化增长战略

双向一体化增长战略以企业原有生产及经营的产品项目为基准，将企业生产经营范围沿着其生产及经营链条同时向前向后延伸，使企业的生产及经营活动既更加接近产品的最终用户又更加接近原材料供应商。

（2）横向一体化增长

横向一体化增长战略也称水平一体化增长战略，这种战略是企业通过购买（兼买、合并、收买）与之直接竞争或相补充的企业，快速增长与企业现有产品密切相关的新产品，使企业生产及经营的产品的种类增多，市场覆盖面和市场占有率提高，规模扩大，收益增加。

3. 多元化增长战略

多元化增长战略又称多样化增长战略或多角化增长战略。多元化增长战略是企业突破原有的经营范围，充分利用自己在人、才、物的优势，使企业向与企业原有产品非相关或相关系数很小的产品扩张的一种增长战略。它可以从企业内部或外部产生，但更多的是通过对其他非相关的企业合并、收买及合资经营而来。

多元化增长战略具有明显的跨行业生产及经营的特征。只要存在有吸引力的市场前景、财务收益及能给企业带来商业风险的分散，多元化增长战略鼓励企业进入适当的行业、产业的产品生产及经营领域中。

和集中化增长战略相比，一体化增长战略和多元化增长战略都突破了企业原来的经营范围，只不过一体化增长战略是在相关产品的基础上，而多元化增长战略是在非相关产品的基础上。事实上，在一体化增长战略和多元化增长战略之间存在许多中间增长战略，他们是属于一体化增长战略还是多元化增长战略决定于其扩张的产品与企业原有产品的相关系数，相关系数越大就越接近一体化增长战略，相关系数越小就越接近多元化增长战略。

二、发展型战略的特征

从企业发展的角度来看，只有发展型战略才能不断地扩大企业规模，使企业从竞争力弱小的小企业发展成为实力雄厚的大企业。与其他类型的战略态势相比，发展型战略具有以下特征：①实施发展型战略的企业不一定比整个社会经济增长速度快，但往往比其他产品所在的市场增长得快。市场占有率的增长可以说是衡量增长的一个重要指标，发展型战略的体现不仅应当有绝对市场份额的增加，更应有在市场容量增长的基础上相对份额的增加。②实施发展型战略的企业往往取得了大大超过社会平均利润率的利润。由于发展速度较快，这些企业更容易获得较好的规模经济效益，从而降低生产成本，获得超额的利润率。③采用发展型战略态势的企业倾向于采用非价格的手段同竞争对手抗衡，不仅在开发市场上下工夫，而且在新产品开发、管理模式上都力求具有竞争优势，以相对更为创新的产品和劳务以及管理上的高效率作为竞争手段。④采用发展型战略的企业常常开发新产品、新市场、新工艺和旧产品的新用途，以把握更多的发展机会，谋求更大的投资回报。

1. 发展型战略的优点

（1）企业可以通过发展，来扩大自身价值，体现在经过扩张后的企业市场份额的绝对财富的增加。这种价值既可以成为企业职工的一种荣誉，又可以成为企业进一步发展的动力。

（2）企业能通过不断变革来创造更高的生产经营效率与效益。由于增长型发展，企业可以获得过去不能获得的崭新机会，避免企业组织的老化，使企业总是充满生机和活力。

（3）发展型战略能保持企业的竞争实力，实现特定的竞争优势。

2. 发展型战略的缺点

（1）在采用发展型战略获得初期的效果后，很可能导致盲目的发展和为了发展而发展，从而破坏企业的资源平衡。

（2）过快的发展可能出现企业新增机构、设备、人员太多的情况，而未能及时形成一个有机的相互协调的系统，降低了企业的综合素质，使企业出现内部危机和混乱。

（3）发展型战略可能更多地注重投资结构、收益率、市场占有率、企业的组织结构等，而忽视产品的服务或质量，重视宏观发展而忽视微观问题，因而不能使企业达到最佳状态。

3. 采用发展型战略的原因

（1）在动态的环境竞争中，增长是一种求生的手段，不断的变革能够不断地创造更高的生产经营效率和效益。

（2）扩大规模和销售可以使企业利用经验曲线或规模经济效益来降低生产成本。

（3）寻求发展是企业这种有机组织休的本性，企业家强烈的发展欲望是企业发展的第一推动力。

（4）许多企业管理者把增长等同于多年来，从而追求发展型战略。这种认识上的错误是因为没有意识到简单的总是增长有时可能意味着效率和效益的下降，增长快的企业容易掩饰其失误和低效率。

（5）企业增长得越快，企业管理者就越容易得到升迁或奖励，这是由最高管理者或最高管理集体所持有的价值观决定的。

4. 发展型战略的适用条件

（1）企业须分析战略规划期内宏观经济的景气度和产业的经济状况。企业要实施发展型战略，就必须从环境中获得更多的资源。如果未来宏观环境和行业微观环境较好，企业就容易获得资源，就可以降低战略的实施成本。

（2）增长型发展战略必须符合政府管制机构的政策法规和条例等约束。

（3）采用发展型战略需要较多的资源投入，既包括通常意义上的资源，也包括人力资源、信息资源等。

（4）如果一个企业的文化是以稳定性为其主旋律，那么发展型战略的实施就要克服相应的文化阻力。

第二节 稳定型战略

一、稳定型战略

稳定型战略又称防御型战略或"收割"型战略、维护型战略。稳定型战略的核心是在稳定中求发展。稳定型战略是企业保持生产及经营的原有范围和规模，并通过现有产品取得尽可能多的"果实"的战略。稳定型战略的目标旨在维护企业现有地位，并逐步提高和扩大市场占有率。

稳定型战略主要适用于成功运行在具有可预测性环境之中的企业。采取稳定型战略意味着企业决定仍留在原有的经营活动领域，它以顺其自然的稳定、不作大的变动为标志，将资源集中于企业现有经营活动的领域，以建立与加强竞争优势。此时，企业的经营战略方向和经营战略目标、经营战略方针不变，企业经营战略（方案）的焦点在于提高企业分项经营活动的业绩，争取每年都能保持几乎相同的增长率。

一般来说，稳定型战略可以分为以下几种：

1. 不变战略

不变战略也称无变化战略，它是指企业除了每年按通货膨胀率微调其经营目标外而不作根本性的改变。企业按照既定的战略方向、战略目标、战略方针及战略方案继续经营的稳定战略。企业采取此稳定战略，可能出于以下两个原因：一是企业过去的经营相当成功，并且企业内外部即经营环境基本稳定不变；二是企业不存在重大的经营问题或隐患，或者顾虑战略调整会给企业资源和利益分配带来困难。

2. 利润战略

利润战略也称近利战略。它是企业以牺牲企业未来发展来维持目前企业利润的战略。这种战略注重短期效益而忽视长期利益，其根本意图是渡过暂时性的难关。因此往往在经济形势不太景气时被采用，以维持过去的生产及经营活动和经济效益。但这种战略如果用得不当，会使企业的元气受挫，其结果往往带来企业长期发展的停滞。

3. 暂停战略

暂停战略也称修整战略。它是企业因前期的发展耗尽了各种资源，现在需要养精蓄锐，通过加强管理及经营，提高效率，调整资源，临时性地放低增长目标的要求及发展速度的稳定型战略。一般来说，在企业经过一段时间的快速增长和高速发展之后，企业可能会发现在某些方面显得有点力量不足与资源紧张，从而使企业效率下降或管理及经营不善，这时就采用暂停战略。

4. 谨慎实施战略

谨慎实施战略也称谨慎前进战略。它是企业在因外部环境中的某些重要因素发生了显著变化而企业又暂时对其未来趋势把握不定的情况下，采取放慢某一企业战略的实施进度，步步为营的战略方针的一种战略。例如：企业所需的主要原材料供应突然变得紧张，政府颁布了对企业经营有重大影响的新法规，宏观经济状况变得捉摸不定等，在这些情况下，企业就应采取这种战略，小心谨慎地稳步前行，切勿盲目扩张。

二、稳定型战略的特征

稳定型战略是指在内外环境的约束下，企业准备在战略规划期使资源分配和经营状况基本保持在目前状态和水平上的战略。采取稳定型战略，企业目前所遵循的经营方向、正在从事经营的产品、面向的市场领域、在其经营领域内所达到的产销规模和市场地位都大致不变或以较小的幅度增长或减少。

从企业经营风险的角度来说，稳定型战略的风险是相对较小的，对于那些曾经成功地在一个处于上升趋势的行业和一个不大变化的环境中活动的企业会很有效。

由于稳定型战略在本质上追求的是过去经营状况基础上的稳定，它具有如下特征：

（1）企业对过去的经营业绩表示满意，决定追求既定的或与过去相似的经营目标。比如说，企业过去的经营目标是在行业竞争中处于市场领先者的地位，稳定型战略意味着在今后的一段时期里这一目标作业作为企业的经营目标。

（2）企业战略规划期内所追求的绩效按一定的比例递增。与发展型战略不同，这里的增长是一种常规意义上的增长，而非大规模的和非常迅猛的发展。例如，稳定型增长可以指在市场占有率保持不变的情况下，随着总的市场容量的增长，企业的销售额也增长，而这种情况并不能算典型的增长战略。实行稳定型战略的企业，总是市场占有率、产销规模或总体利润水平上保持现状中有增加，从而稳定和巩固企业现有的竞争地位。

（3）企业准备以与过去相仿或基本相同的产品或劳动服务于社会，这意味着企业在产品的创新上较少。

从以上特征可以看出，稳定型战略主要依赖于前期战略，坚持前期战略对产品和市场领域的选择，以前期战略所达到的目标作为本期希望达到的目标。因而，实行稳定型战略的前提条件是企业过去的战略是成功的。对于大多数企业来说，稳定型增长战略也许是最有效的战略。

三、稳定型战略的优点

（1）企业的经营风险相对较小。由于企业基本维持原有的产品和市场领域，从而可以用原有的生产领域、渠道，避免开发市场的巨大资金投入、激烈的竞争抗衡和开发失败的巨大风险。

（2）避免改变资源分配的困难。由于经营领域与过去大致相同，因而稳定型战略不必考虑原有的资源的增量或存量的调整，相对于其战略态势来说，显然要容易得多。

（3）避免发展过快而导致的弊端。在行业迅速发展的时期，许多企业因无法看到潜伏的危机而盲目发展，结果造成资源的巨大浪费。

（4）给企业一个较好的休整期。适时的稳定型战略将是发展型战略的一个必要的酝酿阶段，以便企业积聚更多的能量，为今后的发展做好准备。

四、稳定型战略的缺点

（1）稳定型战略的执行是以市场需求、竞争格局等内外条件基本稳定为前提的。一旦企业的这一判断没有得到验证，就会打破战略目标、外部环境、企业实力之间的平衡，使企业陷入困境。因此，如果环境预测有问题，稳定型战略也会有问题。

（2）特定细分市场的稳定型战略会有较大的风险。将资源重点配置在几个细分的市场上，如果对这几个细分市场把握不准，企业可能会更加被动。

（3）稳定型战略会使企业的风险意识减弱，甚至害怕风险，这会降低企业对风险的敏感性、适应性和冒风险的勇气，从而增加了以上风险的危害性和严重性。

五、稳定型战略的类别

稳定型战略的划分方法可以有以下几种：

1. 按照偏离战略起点的程度划分

（1）无增战略。无增战略似乎是一种没有增长的战略，采用该战略的企业可能基于以下两个原因：一是企业过去的经营相当成功，并且企业内外环境没有发生重大变化；二是企业并不存在重大的经营问题或隐患，因而没有必要进行战略调整，或者害怕战略调整会给企业带来资源分配的困难。在这两种情况下，企业的管理者和职工可能不希望对企业进行重大的战略调整，因为这种调整可能会在一定的时期内降低企业的利润总额。采用无增战略的企业除了每年按通货膨胀率调整其目标外，其他暂时保持不变。

（2）微增战略。企业在稳定的基础上，略有增长与发展的战略。

2. 从企业采取的防御态势上划分

（1）阻击式防守战略。这一战略的指导思想是"最有效的防御是防止竞争较量的发生"。实施的办法是：一是企业投入相应的资源，以充分显示企业已经拥有的阻击竞争对手进攻的能力；二是传播自己的防御意图，塑造出顽强的防御者形象，使竞争对手不战而退。

（2）反应式防御战略。当对手的进攻发生以后，针对这种进攻的性质、特点和方向，企业采用相应的对策，给对手施加压力，以维持原有的竞争地位和经营水平。

3. 从战略的具体实施来划分

（1）无增战略，与前面相同。

（2）维持利润战略。这是一种以牺牲企业未来发展维持目前利润的战略。维持利润战略注重短期效果而忽略长期利益，其根本意图是渡过暂时性的难关，因而往往在经济形势不景气时被采用，以维持过去的经济状况和效益，实现稳定发展。但如果使用不当，维持利润战略可能会使企业的元气受到伤害，影响企业长期的发展。

（3）暂停战略。在一段较长时间的快速发展后，企业可能会遇到一些问题使得企业的经营效益下降，这时就可以采用暂停战略，即在一定时期内降低企业的目标和发展速度。暂停战略可以让企业积聚能量，为今后的发展做准备。

（4）谨慎实施战略。如果企业外部环境中某一重要因素难以预测或变化趋势不明显，企业的某一战略对策就要有意识地降低实施进度，步步为营，这就是所谓的谨慎实施战略。

六、稳定型战略的适用条件

采取稳定型战略的企业，一般处在市场需求以及行业结构稳定或者动荡较小的外部环境中，因而企业所面临的竞争挑战和发展机会都相对较少。但是有些企业在市场需求以较大的幅度增长，或者外部环境提供了较多的发展机遇的情况下也会采取稳定型战略。这些企业一般来说是资源状况不足以使其抓住新的发展机会，而不得不采用相对保守的稳定型战略。

1. 外部环境

（1）宏观经济状况。如果宏观经济在总体上保持问题不变或问题低速增长，这就势必影响到该企业所处行业的发展，使其无法以较快的速度增长，这就会得该产业内的企业倾向于采用稳定型战略，以适应外部环境。

（2）产业的技术创新程度。如果企业所在的产业技术相对成熟，技术更新速度较慢的话，企业过去采用的技术和生产的产品无须经过较大调整就能满足消费者的需求和与竞争者的抗衡，这样使得产品系列及其需求保持稳定，从而使企业倾向于采用稳定型战略。

（3）消费者需求偏好的变动。如果消费者的需求变动较为稳定，企业可以考虑采用稳定型战略。

（4）产品生命周期或行业生命周期。对于处于行业或产品成熟期的企业来说，产品需求、市场规模趋于稳定，产品技术成熟，新产品的开发和以新技术为基础的新产品的开发难以取得成功，因此以产品为对象的技术变动频率低，同时竞争对手的数目和企业的竞争地位都趋于稳定，这时提高企业的市场占有率、改变市场的机会很少，因此适应采用稳定型战略。

（5）竞争格式。如果企业所处的行业进入的壁垒非常高或所处的竞争格局相对稳定，竞争对手之间很难有较为悬殊的业绩改变，则企业采用稳定型战略可以获得最大的利益。

2. 企业内部实力

（1）外部环境较好时。行业内部或相关行业市场需求增长为企业提供了有利的发展机会，但这并不意味着所有的企业都适于采用发展型战略。如果企业资源不充分、资金不足、研发力量较差或人力资源有缺陷，无法满足发展型战略的需求时，就不能采用扩大市场占有率的战略。这种情况下，企业可以采取以局部市场为目标的稳定型战略，使企业有限的资源能集中在自己有优势的细分市场，维护竞争地位。

（2）外部环境相对稳定时。资源较为充足和资源较为稀缺的企业都应当采取稳定型战略，以适应外部环境，但两者的做法可以不同。前者可以在更为广阔的市场上选择自己的资源分配点，而后者应在相对狭窄的细分市场上集中自身的资源，以求稳定型战略。

（3）外部环境不利时。如行业处于生命周期的衰退阶段时，则资源丰富的企业可以采用一定的稳定型战略；而对那些资源不够充足的企业，如果它在某个特定的细分市场上有独特的优势，那么也可以考虑采用稳定型战略。

第三节 收缩型战略

一、缩紧型战略

缩紧型战略又称撤退型战略或收缩型战略。紧缩型战略的核心是主动撤退。紧缩型战略是企业在现有经营领域中处于不利地位、又无法改变这种状况时，逐渐收缩甚至退出原有经营领域，收回资金，以图东山再起的一种战略。紧缩型战略的目标旨在使企业渡过危机，保证企业的安全性。

紧缩型战略实际上是一种主动撤退战略，即企业经营者及经理人员主动放弃原有战略，然后等待时机转而采取其他战略（方案）的战略。但是，紧缩战略相对来说是最不受欢迎的战略。因为一旦采取紧缩战略，就多少有点意味着企业先前的战略已不太适用了，而承认企业战略的失败，从心理上来说谁都不乐意接受。一般来说，紧缩型战略适用下列情况：①由于经济衰退或经营失误，企业处于严重不利的地位；②市场对企业产品的需求量急剧下降，企业产品已进入淘汰期而企业难以对企业产品进行改进；③资源利用率不高，而且有新的经营机会，其资源利用率较原有的高。

缩紧型战略估计紧缩方式和程度不同，又可分为投资战略、转向战略、放弃战略、清算战略、委托经营战略。

1. 投资战略

投资战略又称消减战略或抽资战略。它是指减少企业在某一效益不高的经营领域的投资，并从中逐步回收资金，投入企业中需要资金的有发展前途的新的或发展中的领域中去的一种战略。这里所指的效益不高的经营领域可以是一个经营单位、一条产品生产线或一种产品。投资战略或削减战略可以完全撤出某一经营领域，也可以有限度消减该领域中的投资，具体程度视环境和情况而定。一般来说，执行这一战略，销售额和（或）市场占有率一般会下降，但投资的收入可由消减的费用来补偿。

2. 转向战略

转向战略又称调整战略。它是企业在经济不景气、财务状况不佳的情况下，不得不采取缩小产销规模和市场占有率，设法从现有经营领域退却的一种战略。其目的在于渡过目前难关，等待时机，然后发展。这种战略只要适用于企业存在很多问题但没有达到致命地步的状况。

转向战略往往是在投资战略基础上的进一步举动，即不仅一般性地削减投入（包括削减资本支出、削减广告和促销费用等），而且更换企业经营者和管理人员（包括最高层和较低层）、重新分配责任和权利、减少开发研究、培训费用、解雇一些员工、拍卖一些资产等，以便从现有经营领域转向新经营领域。

3. 放弃战略

放弃战略是企业在企业某些经营单位已无力或没有必要维持下去时，将其予以转让、出卖或停止经营，以尽快回收资金或尽量减少损失，从而避免企业遭受更大损失的一种战略。

当投资战略（抽资战略）或转向战略失败时，企业可以尝试放弃战略。一般来说，当企业所存在的问题是由下列原因引起时，企业可以采取放弃战略：①企业中某个经营单位（含一条生产线或一个产品构成的经营系统）的业绩不良；②企业中某个经营单位随着企业的发展已经不能继续与企业的其他部分有效配合以产生企业整体的协同效应；③为使某个经营单位具有较强的市场竞争力，所必需投入的资源已大大超出企业的供给能力。

4. 清算战略

清算战略是企业在已无力扭亏为盈、濒临破产的情况下，不得不主动地将整个企业出卖或停止企业运行从而终止企业的生命的一种战略。清算战略是企业在所有战略都遭受失败、别无出路情况下的最后选择，对任何企业来说都不是最有吸引力的战略。但是，从纯粹经济意义上考虑，较早的清算可能要比最终不可避免的破产更能起到保护投资者或股东利益的作用。因此，在企业经营正逐渐趋于恶化并无力扭转时，企业董事会应尽早制定清算战略，作出何时应该停止劳而无获的努力。

5. 委托经营战略

委托经营战略是指本企业发展前景尚可，但由于管理、经营不善而造成亏损，将其委托给有经济实力和有管理、经营能力的机构或企业经营的一种战略。其目的是借助外力来使企业获得新生和发展。

二、紧缩型战略的特征

所谓紧缩型战略是指企业从目前的战略经营领域和基础水平收缩和撤退，且偏离起点战略较大的一种经营战略。与稳定型战略和发展型战略相比，紧缩型战略是一种消极的发展战略。一般来说，紧缩型战略是一种以退为进的战略，企业实施紧缩型战略只是短期行为，其根本目的是使企业渡过困难期后转向其他的战略选择。有时，只有采取收缩和撤退的措施，才能抵御竞争对手的进攻，避开环境的威胁，迅速地实现自身资源的最优配置。紧缩型战略有以下特征：

（1）对企业现有的产品和市场领域实行收缩、调整和撤退。比如，放弃某些市场和某些产品线系列，因而从企业的规模来看是在缩小的。同时一些效益指标，如利润率和市场占有率等，都会有较为明显的下降。

（2）对企业资源的运用采取较为严格的控制和尽量削减各项费用的支出，往往只投入最低限度的经营资源，因而紧缩型战略的实施过程往往会伴随着大量的裁员、大额资产的暂停购买等。

（3）紧缩型战略具有明显的短期性。与稳定和发展两种战略相比，紧缩型战略具有明显的过渡性，其根本目的并不在于长期节约开支、停止发展，而是为了今后发展积蓄力量。

三、紧缩型战略的类型

1. 从采用紧缩型战略的原因划分

（1）适应型紧缩战略。它是指企业为了适应外部环境而采取的紧缩型战略。外部环境的变化主要有：整个国家的经济处于衰退之中，市场需求缩小，资源紧缺，从而导致企业在经营领域中处于不利地位。

（2）失败型紧缩战略。它是指企业由于经营失误造成竞争地位的下降，经济资源的短缺，只有撤退才有可能最大限度地保存实力。

（3）调整型紧缩战略。它是指企业为了利用环境中出现的新机会，谋求更好的发展，不是被动采用，而是有长远目标的积极的紧缩型战略。

2. 根据实施基本途径划分

（1）抽资转向战略。抽资转向战略是企业在现有的经营领域下不能维持原有的产销规模和市场，不得不缩小产销规模和市场占有率，或者企业在存在新的更好的发展机遇的情况下，对原有的业务领域进行压缩投资，控制成本以改善现金流为其他业务领域提供资金的战略方案。另外，企业在财务状况下降时也有必要采取抽资转向战略，这一般发生在物价上涨导致成本上升或需求降低使财务周转不灵的情况下。抽资转移战略会使企业的主营方向转移，这有时会涉及基本经营宗旨的变化，其成功的关键是管理者明晰的战略管理理念，即必须决断是对现存的业务给予关注还是重新确定企业的基本宗旨。

针对这些情况，投资转向战略可以通过以下措施来配合进行：

①调整企业组织。这包括改变企业的关键领导人，在组织内部重新分配责任和权力等，目的是使管理人员适应变化了的环境。

②降低成本和投资。这包括压缩日常开支，实施更严格的预算管理，减少一些长期投资项目等，也可以是适当减少某些管理部门或降低管理费用。在某些必要的时候，企业也会以裁员作为压缩成本的方法。

③减少资产。这包括出售与企业基本生产活动关系不大的土地、建筑物和设备；关闭一些工厂或生产线；出售某些在用的资产，再以租用的方式获得使用权；出售一些盈利的产品，以获得继续使用的资金。

④加速回收企业资产。这包括加速应收账款的回收期，派出讨债人员收回应收账款，降低企业的存货量，尽量出售企业的库存产品等。

（2）放弃战略。在采取抽资转向战略无效时，企业可以尝试放弃战略。放弃战略是指将企业的一个或几个主要部门转让、出卖或停止经营。这个部门可以是一个经营单位，一条生产线或者一个事业部。放弃战略与清算战略不一样，由于放弃战略的目的是要找到肯出高于企业固定资产时价的买主，所以企业管理人员应该说服买主，认识到购买企业所获得的技术资源或资产能给对方增加利润，而清算战略一般意味着只包括有形资产的部分。

在放弃战略的实施中通常会遇到一些阻力，包括：

①结构上或经济上的阻力，即一个企业的技术特征及其固定和流动资本妨碍其退

出，如一些专用性强的固定资产很难退出。

②公司战略上的阻力。如果准备放弃的业务与其他的业务有较强的联系，则该项业务的放弃会使其他有关业务受到影响。

③管理上的阻力。企业内部人员，特别是管理人员对放弃战略往往会持反对意见，因为这往往会威胁他们的职业和业绩考核。

（3）清算战略。清算战略是指卖掉其资产或停止整个企业的运行，而终止一个企业的存在。只有在其他战略都失败时考虑使用清算战略。在确实毫无希望的情况下，尽早地制定清算战略，企业可以有计划地逐步降低企业股票的市场价值，尽可能多地收回企业资产，从而减少全体股东的损失。清算战略在特定的情况下，也是一种明智的选择。清算战略的净收益是企业有形资产的出让价值，而不包括其相应的无形资产价值。

3. 紧缩型战略的适用条件

（1）适应型紧缩战略的适用条件

适应型紧缩战略是企业为了适应外界环境而采取的一种战略。这种外界环境包括经济衰退，产业进入衰退期，对企业的产品或服务的需求减小等。在这些情况下，企业可以采取适应型紧缩战略来渡过危机，以求发展。因此，适应型紧缩战略的适用条件就是企业预测到或已经感知到了外界是环境对企业经营的不利性，并且企业认为采用稳定型战略尚不足以使企业顺利渡过这个不利的外部环境。如果企业可以同时采用稳定型战略和紧缩型战略，并且两者都能使企业避开外界威胁、为今后发展创造条件的话，企业应当尽量采用稳定型战略，其对企业可能造成的伤害要小得多。

（2）失败型紧缩战略的适用条件

失败型紧缩战略是指企业由于经营失误造成企业竞争地位虚弱、经营状况恶化，只有采用紧缩型战略才能最大限度地减少损失，保存企业实力。失败型紧缩战略的适用条件是企业出现重大的问题，如产品的滞销、财务状况恶化、投资已无法收回等。实施紧缩型战略需要对企业的市场、财务、组织机构等方面作一个全面估计，认真比较机会成本，经过细致的成本收益分析，最后才能确定。

（3）调整型紧缩战略的适用条件

调整型紧缩战略的动机既不是经济衰退，也不是经营的失误，而是为了谋求更好的发展机会，使有限的资源分配到更有效的使用场合。因而，调整型紧缩战略的适用条件是企业存在一个回报率更高的资源配置点。为此，需要的是对比分析企业目前的业务单位和实施紧缩型战略后的资源投入的业务单位之间的差别，在存在着较为明显的回报差距的情况下，可以考虑采用调整型紧缩战略。

四、紧缩型战略的优点

（1）能帮助企业在外部环境恶劣的情况下，节约开支和费用，顺利地渡过面临不利的处境。

（2）能在企业经营不善的情况下最大限度地降低损失。在许多情况下，盲目地坚持经营无可挽回的事业，而不明智地采用紧缩型战略，会给企业带来致命的打击。

（3）能帮助企业更好地实行资产的最优组合。如果不采用紧缩型战略，企业在面临一个新的机遇时，只能运用现有的剩余资源进行投资，这样做势必会影响企业在这一领域发展的前景。相反，通过采取适当的紧缩型战略，企业往往可以将不良动作的资源转移部分到有潜力的发展点上从而实现企业长远利益的最大化。

五、紧缩型战略的缺点

与上述优点相比，紧缩型战略也给企业带来以下一些不利之处：

（1）实行紧缩型战略的尺度较难以把握，如果盲目使用紧缩型战略，可能会扼杀具有发展前途的业务和市场，使企业的总体利益受到伤害。

（2）一般来说，实施紧缩型战略会引起企业内部人员的不满，使员工情绪低落。因为紧缩型战略常常意味着不同程度的裁员和减薪，而且实施紧缩型战略在某些管理人员看来意味着工作的失败和不利。

第四节　混合型战略

一、复合型战略

复合型战略又称混合型战略。复合型战略是企业同时交叉、组合使用两种或两种以上的战略的一种战略。实际上，各种战略通过排列组合，可以形成无数种不同的复合型战略（方案）。企业战略决策者可以根据企业所处的经营环境（内外部环境）及生命周期的发展变化情况，在不同的时期选择不同的复合型战略。

关于发展型战略、稳定型战略、紧缩型战略、复合型战略的实际使用情况，美国管理学家格鲁克（Glueck）曾对358位企业经理45年中的战略选择做过研究，他发现企业使用这四种战略的相对频率的大致分布为：发展型战略占54.5%，稳定型战略占9.2%，紧缩型战略占7.5%，复合型战略占28.7%。另外，格鲁克（Glueck）的研究还发现，人们对于上述四类战略选择的倾向，会随着年代的变化而有显著改变，并且可以将上述四类战略的使用情况与经济周期联系起来，得到如下分析结论[①]：

（1）发展型战略在繁荣时期最受欢迎，使用频率高达50%，在衰退期与复苏时期也经常使用，在萧条时期最少使用，使用频率降到大约1/3。

（2）稳定型战略的不受欢迎程度仅次于紧缩型战略，其使用频率与成长型战略相比，在萧条和繁荣时期大概是发展型战略的1/2，在复苏时期为发展型战略的2/3，在衰退时期最不受欢迎，仅为发展型战略的1/3左右。

（3）紧缩型战略为最不受欢迎的战略，其使用频率与发展型战略相比，在萧条时期两者差不多，在繁荣时期约为发展型战略的1/4，在衰退时期约为发展型战略的1/2，在复苏时期约为发展型战略的1/3。

（4）复合型战略在繁荣时期最受欢迎，其使用的频率等于发展型战略的1/3，而在其他时期则不太受欢迎。

（一）混合型战略的特征

（1）混合型战略是稳定型战略、发展型战略和紧缩型战略的组合。事实上，许多具有一定规模的企业实行的并不是一种战略，从长期来看是多种战略的综合使用。

（2）大型企业一般采用混合型战略。大型企业相对来说拥有较多的战略业务单位，这些业务单位很可能分布在完全不同的行业和产业群中，他们所面临的外界环境、所需要的资源条件不相同，若对所有的战略业务单位都采用统一战略态势，就有可能出现战略业务不相一致而导致企业总体效益受到伤害。可见，混合型战略是大型企业在特定历史阶段的必然选择。

（3）不同战略业务单位财务指标不一致。企业遇到了较为景气的行业前景和比较旺盛的消费者需求，可能打算在这一领域采取发展型战略，但如果企业的财务资源并不是很充分，就可以选择部分相对不是令人满意的战略业务单位，对它们实施抽资或转向战略。

（二）混合型战略的类型

根据不同的分类方式，混合型战略可以分为不同的种类。

1. 按照各自战略的构成不同划分

（1）同一类型的战略组合。所谓同一类型的战略组合是指企业以采取稳定型战略、发展型战略和紧缩型战略的一种战略态势作为主要的战略方案，但具体的战略业务单位又是由不同类型的同一种战略态势来指导。因此，从严格意义上来说，同一类型的战略的组合并不是"混合战略"，因为它不过是在某一战略态势中的不同具体类型的组合。

（2）不同类型的战略组合。这是指企业采用稳定型、增长型和紧缩型战略中的两种以上的战略态势的组合，因而这是严格意义上的混合型战略。这种战略要求企业的高层管理者能很好地协调和沟通企业内部各战略业务单位之间的关系。

2. 按照战略组合顺序不同划分

（1）同时性战略组合。这是指不同类型的战略被同时在不同战略业务单位执行而组合在一起的混合型战略。战略的不同组合，最常见的如下：

①在撤销某一战略经营单位、产品系列或经营部门的同时增加其他一些战略经营单位、产品系列或经营部门。这其实是对一个部门采取清算战略，同时对另一个部门实施增长战略。

②在某些领域或产品重视投资转向战略的同时在其他业务领域或产品重视增长战略。在这种情况下，企业实施紧缩型战略的业务单位可能还并未到应该放弃或清算的地步，甚至有些可能是仍旧有潜力的发展部门，但是为了提供其他部门发展所需要资源，只有实施紧缩型战略。

③在某些产品或业务重视稳定战略而在其他一些产品或部门重视增长战略，这种战略组合一般适用于资源相对丰富的企业，因为它要求企业在并没有实施收缩型战略而获取资源的前提下以自己的积累来投入需要增长业务的领域。

（2）顺序性战略组合。顺序性战略组合是指一个企业根据生存与发展的需要，先后采用不同的战略方案，从而形成自身的混合型战略方案，因为这是一种在时间上的战略组合。常见的顺序性战略组合有：

①在某一特定时期内实施发展型战略，然后在另一时期内使用稳定型战略。这样做的目的是使企业能够发挥"能量积聚"的作用。

②首先使用投资转向战略，然后在情况好转时再实施增长战略。采用这种战略的企业主要是利用紧缩型战略来避开外界环境的不利条件。

一般来说，不少企业既采用同时性战略组合，又采用顺序性战略组合。

章末案例

"史氏广告"的故事

近年，略带赌博性质的"史氏广告"所向披靡，创造了一个又一个中国营销神话。而在这些以恶俗著称的"史氏广告"背后，却是史玉柱洞悉人性、缜密策划，敢于投入、精于执行的系统性广告策略思维。

金融海啸席卷全球，经济寒冬如乌云压顶。在大家都感受到阵阵寒意，纷纷收缩战线，减少投入，锐减广告准备过冬的时候，却来了一位胆大不怕"冷"的——2008年11月初，在中央一套黄金广告时段，出现了一则似曾相识的广告——"送长辈，黄金酒"，其广告策略如同脑白金和黄金搭档的同胞兄弟一样，都是围绕礼品营销，都用恶俗的广告情节。黄金酒，是五粮液携手史玉柱联合打造的保健酒。"史大胆"这次逆"寒"而上，将在中央台投入3个亿，维持3个月高密度投放，豪赌中国保健酒市场。

营销天才史玉柱的广告策略，一直备受争议。人们都骂他的脑白金广告恶俗，连年被评为"中国十大恶俗广告"之首。现在，第二位也被他占据了，是他的另一款保健品——黄金搭档。

有讽刺意味的是，就是这样公认的恶俗广告，却把史玉柱缔造成了身价500亿元的商业奇才。恶俗而实效的"史氏广告"背后，到底藏着什么秘密？让他如此自信。我们经过研究他的大量案例和访谈，提炼出"史玉柱10条广告法则"，探索"史氏广告"背后的秘密。

第一条：721法则

"史氏广告"的实效性，来自大量研究消费者心智，以及对消费心理的精准把握。史玉柱主张：花70%的精力关注消费者；投入20%的精力做好终端执行；花10%的精力用来管理经销商。

他曾对《赢在中国》的选手说："品牌是怎么打造的？我建议你本人到消费者中间去。品牌的唯一老师是消费者。谁消费我的产品，我就把谁研究透，一天不研究透，我就痛苦一天。"

脑白金成功不是偶然。在试点城市江阴，他亲自走村串镇，挨家挨户地去走访，和老太老头拉家常。"今年过节不收礼，收礼只收脑白金"的广告语就来自于这些无意的"闲聊"。

《征途》的成功也不是偶然。他玩游戏有 22 年，每天有 15 个小时充当玩家挑毛病。他的竞争对手陈天桥和丁磊都不玩游戏，这就突现了史玉柱的优势。他曾与 2000 个玩家聊过天，每人至少 2 个小时。

网络游戏广告受到法规限制，他就在中央台投放了一个傻笑的"长发女"版的形象广告。如果你不是游戏玩家，很难看懂这个广告到底是什么意思。但只要是玩家，大凡都能体会到游戏中装备升级所带来的这种"只可意会，不可言传"的快乐。

广告战是一场看不见硝烟的战争，战场就在消费者的心智中。只有当把广告策划的重点放在研究消费者的心智，才能打造出一条能影响市场的广告。"史氏广告"就是这方面的典范。

第二条：测试法则

广告的有效性，只有通过与消费者、竞争对手的真正接触后才能判断。通过试销，能给企业带来调整广告策略、营销策略，甚至调整产品形态的机会和时间。史玉柱一向重视试销的作用。

脑白金在江阴和常州，进行了长达一年的试销。期间，尝试各种推广、广告、销售手法。为广告创意提供了足够的依据。"保健礼品营销"的方式和 10 年不变的广告语就来自这些试销活动。黄金搭档更是经过了三轮试销，才确定营销策略、广告策略。刚刚上市的黄金万圣酒，从 2008 年 4 月开始，在山东青岛、河南新乡两个市场试销。这两个市场的成功，完善了营销广告策略，为启动全国市场铺平道路。

市场是多变的，没有一个商业将领能保障自己的战略百分百实效。只有通过实战的检验才能真正测试广告的效应。每条"史氏广告"都不厌其烦、长时间地进行市场测试，可想而知，通过这种"层层历练"的广告的效果威力有多大！

第三条：强势落地法则

高空广告要想起效，必须有终端落地的配合。史玉柱就是"如洪水猛兽一样"地抓终端落地执行与线上广告配合。

脑白金时代，史玉柱在全国的 200 多个城市设置办事处，3000 多个县设置代表处，全国有 8000 多销售员。他要求：脑白金在终端陈列时，出样尽可能大，并排至少 3 盒以上，且要占据最佳位置。所有的终端宣传品，能上尽量上。宣传品包括：大小招贴、不干胶、吊带包装盒、落地 POP、横幅、车贴，《席卷全球》必须做到书随着产品走。

目前，巨人在全国拥有 150 多个销售分支机构、1800 多个县市办事处和 29 万个销售点。在《征途》的推广中，他如法炮制了脑白金的落地方式，推广队伍是全行业内最大的，全国有 2000 多人，目标是铺遍 1800 多个市、县、乡镇。计划这个队伍要发展到 2 万人。

黄金酒的营销队伍：全国将拥有 14 000 人的销售人员，计划经销商覆盖全国 200 多个二、三级城市和上千个县。

在信息爆炸的时代，只有围绕消费者，做到立体的整合营销传播，才能将企业的商业信息输送到消费者的心智中。"史氏广告"正是由于这样细致整合的手法，使得人们对他的广告"无处可逃"、印象深刻。

第四条：长效俗法则

史玉柱对产品的命名，可谓俗不可耐，不是白金就是黄金。他对黄金真是情有独钟。这些产品的广告，更是让人大跌眼镜。脑白金的卡通老人的广告系列，如：群舞篇、超市篇、孝敬篇、牛仔篇、草裙篇及踢踏舞篇，毫无创意，篇篇雷同。而广告词也高度一致，"孝敬咱爸妈"、"今年过节不收礼，收礼只收脑白金"。到现在整整"折磨"了13亿人民群众近10年之久。

2001年，黄金搭档上市，史玉柱为其准备的广告词几乎和脑白金一样俗气透顶：黄金搭档送长辈，腰好腿好身体好；黄金搭档送女士，细腻红润有光泽；黄金搭档送孩子，个子长高学习好。

即便如此，这两个产品依然在保健品市场上稳健成长，畅销多年。2007年上半年，脑白金的销售额比2006年同期又增长了160%。

在总结为什么俗广告能取得好成绩时，史玉柱说："不管消费者喜不喜欢这个广告，你首先要做到的是要给人留下深刻的印象。能记住好的广告最好，但是当我们没有这个能力，我们就让观众记住坏的广告。观众看电视时很讨厌这个广告，但买的时候却不见得，消费者站在柜台前，面对那么多保健品，他们的选择基本上是下意识的，就是那些他们印象深刻的。"

"史氏广告"让城市里的观众难以接受。但这些符合地县级消费者观念的俗广告，恰恰以消费者的认知为基础，深刻地打动、影响了消费者，并进入消费者的心智中，产生了巨大的市场效应。这就是俗的"史氏广告"起效应的深层原因。

另外，虽然广告很俗，但都是原创性的，这个也很关键，因为这样给人深刻的印象。现在我们看到很多模仿脑白金广告形式的广告，大多没有成功的可能。

广告只有经过一段时间的投放，才能看见效果。在消费者的心智中注册一个品牌需要时间。史玉柱打广告，深刻地明白这个道理。所以脑白金的广告一打就是近10年。

史玉柱曾对《赢在中国》的选手说："品牌是需要时间积累的，不能靠一个月、两个月的狂轰滥炸就想取得多大的成效。中国企业创建品牌常有一个毛病：今年一个策略，明年一个策略，后年又换一个策略，费钱费力，还没落个好。"

第五条：公关先行法则

史玉柱曾提示创业者"在弱小的时候，不要蛮干，要巧干"。这里的巧干，指的就是他的公关先行法则：利用软文、事件等软性手法，巧妙地启动传播。

脑黄金时期史玉柱就重视软性宣传，注重收集消费案例进行脑黄金临床检测报告、典型病例以及科普文章的宣传。为了配合宣传，《巨人报》印数达到了100万份，以夹报和直投方式广为散发，成为当时中国企业印数最大的"内刊"。值得一提的是，当时的三株、太阳神还在农村刷墙体广告。

脑白金上市初期，史玉柱做不起广告，他就出了一本《席卷全球》的书，对人们的健康认识进行颠覆性洗脑。但是书中没有涉及脑白金的产品，而是让消费者了解褪黑素。《席卷全球》对脑白金的上市推广起到了关键性的作用。为了更深入用软性的手段灌输脑白金的概念，他又启用了大量的软文。日后，这些软文成为营销界的经典之作，为史玉柱在短短的 3 年内销售额达到十几个亿，立下了"汗马功劳"。

2008 年 10 月 28 日，在北京人民大会堂，以"世界第一瓶功能名酒"为噱头的事件营销拉开了黄金酒上市的帷幕，向世界宣告：世界第一瓶具有保健功能的白酒——黄金酒来了！紧接着，就是媒体的争先免费报道。

公关是品牌塑造的工具，更容易让商业信息进入消费者的心智中。公关打造品牌，广告维护品牌。品牌的打造发生在消费者的心智中，而第三方媒介的力量至关重要。史玉柱聪明地把握住了媒介公关在商业传播中的重要作用。

第六条：塔基法则

史玉柱的产品、广告都是瞄准"8 亿人的塔基"。史玉柱曾说："中国市场是金字塔形，越往下市场越大。大家都重视北京、上海、广州等一类城市，但一类城市占全国人口的比重就是 3% 多点，4% 不到。省会级城市和一些像无锡这样的地区性中心城市加起来，要远远超过一类城市，再小一些的城市，比如各省里的地级市，全国有 380 多个，这个市场又比省会城市更大，县城和县级市更难以估量。"

和"脑白金"、"黄金搭档"、《征途》一样，黄金酒的推广，主要也是瞄准中国白酒消费人群的塔基市场。

中国最大的机遇在塔基。今年，世界金融风暴来袭，跨国集团开始紧盯中国的三、四线城市。而此时，很多本土品牌还在死咬一线城市，紧抓"面子"市场，实则不可取。史玉柱的几个营销神话，都是发生在最宽广、最具潜力的塔基市场，他的商业帝国才得以如此稳固和强大。

第七条：公信力法则

脑白金自始至终都在传播它的"美国身份"来增加产品的可信度。为了更有效地借用报纸本身的媒介公信力，史玉柱要求报纸软文字体、字号要与报纸一致，不能加"食宣"字样，加报花，如"专题报道"、"环球知识"、"热点透视"等，让消费者认为是新闻报道的一部分，而不是广告。

黄金搭档上市筹备期，史玉柱就为其准备好了公信力元素——国家一级学会：中国营养学会、瑞士罗氏维生素公司联合研发的产品背书。

黄金酒这次做得更极致：和销售 250 多亿元的中国白酒大王五粮液合作，这是酒品类中最大公信力元素。黄金酒还采用国家品酒大师、白酒泰斗品尝"黄金酒"的评语"五种粮食，六味中药，古法酿造，开盖清香，入口柔和，饮之大补"直接作为广告语的一部分，增加产品的可信度。

今天的营销，讲求的是可信度，你的品牌、产品是什么不重要，重要的是要考虑消费者为什么要购买你的新产品。它得到了权威、专家的认同、推荐是你最好的营销战略，这是目前在"产品乱世"中突围，打造成功品牌的核心驱动因素。史玉柱将这一商业洞察精彩演绎。

第八条：第一法则

史玉柱常说：哈佛大学有一个营销教育案例，说美国人对第一个驾驶飞机飞越大西洋的人记得很清楚，但第二个是谁，一般人都回答不出来。但对第三个飞越的人又记得很清楚，为什么？因为是第一个女性，所以记住了。在营销方面，一定要把你的

"第一"找出来。

率先成为消费者心智中的第一品牌，将在营销中获得巨大的势能力量。消费者相信第一胜于后来者。首创品牌也往往最后发展成品类的代名词，史玉柱广告中的产品都有这个因素。

脑白金既是产品名又是品类名，创建了一个新的保健品种类。脑白金采用口服液加胶囊的形式，也是独一无二，并把"礼品营销"发挥到极致。黄金搭档是中国第一款复合维生素里添加矿物质，所以才命名"黄金搭档"。

《征途》避开了与丁磊的撞车，不走卡通路线，不针对十四五岁年龄群的人，针对成年人。顺利避开直接竞争。还第一个打出了"给玩家发工资"的广告，塑造"有工资的网络游戏"新品类。

第九条：沸点法则

拿破仑常说"胜负决定于最后五分钟"，西方谚语说"最后一根稻草可以压断骆驼的背"，这里都足以证明沸点的重要性。广告的媒介投放亦然。使广告进入消费者的心智，就需要足够量的重复，这个过程无法缩减。

史玉柱从不吝啬广告媒介费用的投入。巨人汉卡时期，他把第一桶金 2 万元全部投入广告。脑白金更是通过数亿元的媒介投放打出来的。"史氏广告"大额投入，就是在加热水温，试图到达沸点。

脑白金时期，在中央台上投放形象广告，区域媒体选用报纸投放功能广告，三天一期，高密度投放。当时，在华东地区每天的广告费用达到 10 万元。现在媒介投放采用脉冲式广告排期：2 月至 9 月初，广告量很小。每年只集中在春节和中秋节两次高潮。广告密度最大的时段是从中秋节倒推 10 天，从春节倒推 20 天，加起来一共 30 天。到了关键销售旺季，沸点也同步达到了。

史玉柱这次黄金酒砸的 3 个亿，也是试图将广告送到沸点位置。据了解，他正谋划对保健酒市场进行更密集的广告轰炸，力度不亚于脑白金和黄金搭档的广告投放。

第十条：聚焦法则

市场营销中最强大力量来自"聚焦"。市场、渠道、广告都需要聚焦。在收缩战线的时候，会变得更强大。史玉柱极其推崇毛泽东思想："我就觉得毛泽东的原则是对的，我集中全部人力、物力、财力，集中攻一个点，没有把握把一个城市攻下，你就别忙着打第二个城市。"

首先，经营业务的聚焦。史玉柱曾经吃过多元化，拉长战线导致巨人倒塌的亏。"集中资源，集中发力"对史玉柱更有深刻的意义。其次，产品目标人群的聚焦。脑白金最早聚焦失眠的中老年人；《征途》聚焦刚进入社会的成年人；黄金酒聚焦需要"孝敬长辈"的人群。再次，广告火力的聚焦。史玉柱在每个省都从最小的城市开始启动市场。他倾尽所有猛砸广告。地方电视台与报纸的宣传相互交错，对消费者进行深度说服。脑白金先从江阴起步，然后打无锡，接着启动南京、常熟、常州、吉林……这就是"星星之火，可以燎原"。随后就顺利启动了全国市场。

集中资源，集中人群，集中市场，会创造局部优势兵力，这是毛泽东战略思想的精髓，现在史玉柱将它用在了商战上。

"史大胆"再上"黄金"路贯穿整个史玉柱神话的线索，就是他的"史氏广告"，这些广告原则都是一些稀松平常的道理，但就是这些常识，缔造了中国营销天才的黄金帝国。他能把广告的神奇力量，娴熟而巧妙地应用到IT、保健品、网络游戏、保健酒上，甚至更宽泛的品类战略中。

现在，史大胆白天睁着眼，他在赚保健品的钱。晚上睡觉的时候，他在赚游戏产业的钱。现在，他又要进犯到了大众餐桌上，赚保健酒的钱。中国保健酒商战已经吹响号角。史式广告的威力能否再缔造出一个保健酒神话，在这个寒冷的冬天里，让我们一同见证！

复习思考题

1. 现代企业发展战略的具体形式是什么？
2. 采用稳定发展战略的常见原因有哪些？
3. 混合型战略的特征和类型有哪些？

第九章　竞争战略

学习要点：

1. 重点掌握成本领先战略、差异化战略与集中化战略的含义、形式、适用条件以及优缺点，不同产业中的竞争战略；

2. 掌握顾客与生产者价值矩阵；

3. 掌握成本领先战略含义及其形式；

4. 掌握目标聚集战略的适用条件；

5. 掌握顾客与生产者价值矩阵。

开篇案例

索爱的独特战略

索爱"后发制人"攻略坚持音乐战略，在产品上的"与众不同"，无处不在的立体营销，是索爱制胜的法宝，一剑飘红。2006 年 1 月 18 日，索尼爱立信公布了 2005 财政年度的年财务报告。报告显示，索尼爱立信 2005 年净利润达到 3.56 亿欧元，比 2004 年上涨了 12.6%。索尼爱立信中国也宣布，由于音乐手机概念在中国内地和香港受到消费者追捧，索爱在中国手机市场销量排名，已经从 2002 年的 21 名上升到第 4，仅次于诺基亚、摩托罗拉和三星。面对市场上 40 多个手机制造商、700 多款手机，成立才 4 年的索爱如何做到"后发制人"？

独特的音乐战略

2005 年 2 月 16 日，在法国戛纳举办的 3GSM 世界大会上，索爱正式宣布了其 2005 年的移动音乐战略，并将推出 Walkman 品牌音乐手机。5 个月后，全球第一款 Walkman 音乐手机索爱 W800c 在中国率先上市。而索爱的音乐战略也渐渐在人们眼前清晰起来。据透露，索爱音乐手机将占其所有手机的一半以上，全球大概有十五六款，中国市场也有十款左右，其中有低端机，比如 K300c、J300c；也有高端机，比如 K700c、K750c、S700c 和 W800c 等。

在音乐战略上，索爱坚持了其一贯的"与众不同"策略，索爱中国负责人古尼拉曾解释道："谈到音乐，像我们以前做的影像手机一样。不只是把这个功能加进来，而是说把它完全融入到手机里面去，强调的是高品质。我们去研究消费者需要什么，研究他所有的需求之后发现，比如说，在电池能力上，要达到 30 小时不间断收听；在存储上，W800c 有内存，还外带了 500MB 的记忆棒；在 2GB 的情况下，可以播放 130 多首歌、放 12 张光盘进去。不仅是体现消费者的需求，在和运营商的业务结合上，我们也是尽量去推这些新的服务。"在营销推广上，索爱主打的仍是娱乐营销牌。2005 年 7 月，在亚洲第一音乐频道 Channel[V] 主办的"2005 风夏音乐季"上，索爱热力加盟，为 W800c 的上市做好了充分准备，以期将 W800c 打造成具有划时代意义的音乐手机。"索尼爱立信 DJ 派对"也是一个重要单元，来自英国的著名 DJ 大师 Katakana 上场打碟，让现场观众在全球首款音乐手机索爱 W800 所播放出的激烈节奏中，共同狂欢舞动。"索尼爱立信[V] 明星派对"则设在演唱会舞台一侧的一个超级海滩大帐篷内，在这里，获得邀请的幸运歌迷们有幸见到了加盟今年音乐季的歌手，与他们进行零距离的亲密接触。"与众不同"的战略索尼爱立信移动通信有限公司执行副总裁、索尼爱立信移动通信产品（中国）有限公司董事长杨怀博曾经把索爱的成功归结为"与众不同"战略。杨怀博对这种"与众不同"战略的解释是："我们的品牌一直是强调与众不同、很酷的感觉。在推广方面，我们会朝着这个方向发展，比如，音乐手机就是强调娱乐的。同时，我们也非常强调产品设计、产品易用性，产品跟营销主题的结合。"索爱这种"与众不同"战略并非一蹴而就，但是，为这一战略砌上第一块基石的应当是索爱第一任总裁井原胜美。在索爱员工眼里，井原胜美是很有威慑力、很有远见、很坚定的一个人，做事情目标非常明确。井原胜美强调精品战略，总是希望拿出令市场惊叹的产品。而且，这种"与众不同"战略甚至写进了索爱相关公司文件里，索爱一位经理人表示，"在执行层面，有明确的公司文件，公司整个大的方向是通过创新、激情加快速反应，创造与众不同的产品。这相当于企业文化，早就融入在产品的规划设计里面了。"索爱"与众不同"战略的另一关键元素是来自与索尼和爱立信的互补优势和强大支持。正是在此基础上，索爱清晰地制定了自己"与众不同"的战略。杨怀博表示，"我们在 3 年前就清晰地制定了我们的战略——影像手机、娱乐手机；我们也是第一个在手机上推出 3D 游戏以及企业级解决方案的厂商。事实上，在 3 年前我们就树立了这个目标，正好吻合了市场的发展趋势。"而且，考虑到客户的需求多种多样，索爱的产品线也非常广泛，除了非常低端的市场，比如黑白屏幕的手机不涉及外，基本上覆盖了每个细分的市场。除了上述内容，索爱还将针对商业客户对手机的特殊需求，积极开拓这个市场。比如推出聪明手机、能够阅读邮件的手机等。

与众不同的"立体营销"

2005 年 1 月 5 日，索爱和女子网球协会（WTA）签订协议，宣布将以 8800 万美元赞助女网比赛。这个为期 6 年的协议，是迄今为止女网历史上最大的一笔赞助，同时也是索爱第一个全球性的赞助项目。

这次索爱与女网的合作，广度和深度都超过了其他历史纪录。根据协议，索爱将获得 WTA 巡回赛的冠名权，将女网比赛更名为"索爱女网巡回赛"；同时每年 11 月拥有全球播放 WTA 冠军决赛的权利，而且在比赛场地拥有众多做广告的机会。"与 WTA 合作，索爱创造了一种将技术、设计风格、流行趋势、运动、音乐融合起来的自然平台，这同时也是专业网球比赛的特点。"一位评论人士表示。

但更多的时候，索爱的营销没有这样的大手笔，更多是坚持自己的营销特色。索爱 2002 年推广摄影手机的做法堪称公司营销的经典。2002 年 8 月，在国外，当索爱推出摄影手机 T68i 的时候，采用了冒牌旅游者来推广手机。具体的做法是，索爱雇佣了一些男女演员，让他们扮作游客、酒鬼，分布在美国的大城市当中。这些人在各种场合、各个地方与其他人看似不经意地聊天，有意识地展示自己携带的 T68i 手机，用尽各种办法让消费者试试这些手机。这些演员身上没有索爱的标记，也不介绍说自己为索爱工作，除非消费者直截了当问他们。这样，演员接触的消费者很容易认为自己面对的就是另外一个消费者，不仅容易获得这款手机的有用信息，而且很容易建立信任。在国外，除了假冒旅游者的做法之外，索爱不做广告推广这个产品的做法还包括：在大街道上派发出了 600 000 个手机形状的附件产品；在夜总会中向对那些容易受潮流影响的人展示手机；将 200 多个手机复制品留在机场、公共汽车、出租车、公园长凳、酒吧、饭店里，这些复制品屏幕上有个找寻手机的服务程序，能直接将客户引导至介绍手机信息的网站；在棒球比赛、音乐会和商场等场所，有索爱销售代表值班的地方，都能让消费者用索爱的手机向朋友家人发送电子邮件图片。索爱非常重视娱乐营销的威力。虽然有些人认为索爱让娱乐明星来推广手机，破坏了消费者对它的信任。但是，考虑到这样的做法直接面对目标客户，实在是个聪明的办法。市场也证明这种做法的有效性，营销活动后，销售增加 450%，当地市场品牌知名度增加了 110%。

在中国，为了做到"与众不同"，索爱更喜欢尝试一些反传统的做法。比如，索爱与柯达合作过一个活动，有时候，所有用索爱手机拍得的照片到柯达店去冲印都是免费的；有时候，手持索爱手机到星巴克去喝咖啡，就可以免费拿到一张地图。

索爱中国公关总监宁述勇把这种经验归结为立体营销策略。"这是立体营销，包括公关、渠道、产品推广、演示等方式。媒体这方面是报纸、杂志、电台、电视台等，形成立体的有效覆盖。"

思考题：

1. 该公司是如何实施其"后发制人"战略的？
2. 结合本案例，谈谈国内同类型企业如何在竞争激烈的市场中制定自己的战略。

2008 北京奥运的总体战略介绍

中国奥运会组委会——北京奥运行动规划在党中央、国务院的正确领导下，在全国各族人民和海外华人、华侨及国际友人的热情支持下，经过不懈的努力，2001 年 7 月 13 日，北京赢得了 2008 年奥运会的承办权，为北京乃至全国的发展增添了新的强大动力。为了实现承办一届历史上最出色奥运会的承诺，指导和统筹奥运会的各项筹办工作，特制订本规划。

一、总体战略构想

（一）指导思想

以江泽民同志"三个代表"的重要思想为指导，贯彻中央关于办好奥运会的指示精神，以"新北京、新奥运"为主题，突出"绿色奥运、科技奥运、人文奥运"的理念，坚持勤俭节约，全面促进首都经济发展、城市繁荣和社会进步，为中国及世界体育留下独特的遗产，为中华民族的繁荣、昌盛做出应有的贡献。

（二）战略目标

承办一届历史上最出色的奥运会。通过 13 亿人民的积极参与，让奥林匹克精神得到最广泛的弘扬和传播；体育设施符合奥运会的各项技术标准，主体育场及重要场馆建成代表当代一流水平的体育建筑精品；竞赛组织工作科学严谨，高效有序，公平公正，为运动员创造良好的比赛条件；各项服务体现"以人为本"，做到热情周到，方便快捷；在先进可靠的基础上，有若干项最新高科技成果在奥运史上首次采用；文化活动体现中华文明的博大精深和无穷魅力，成为东西方文化交流与融合的广阔舞台；安全保卫部署严密，防范有力，氛围宽松，做到祥和安宁，万无一失；组织管理和市场运作注重创新，并获得良好的经济效益。促进全国以及首都的现代化建设；充分发挥奥运会对全国经济发展的促进作用，推动我国现代化建设事业加快发展；力求首都在经济发展、城市建设、社会进步和人民生活改善等方面实现突破性的变化，到 2008年，全市人均国内生产总值达到 6000 美元以上，经济现代化、城市现代化和社会现代化水平大大提高，构建起现代化国际大都市的基本框架，使北京进入一个崭新的发展阶段。塑造首都改革创新和全方位开放的新形象。以奥运项目为载体，加大改革力度，扩大对内对外开放，实行公平准入、公平竞争，基本形成与国际规范接轨的社会主义市场经济的管理体制和管理方式；完善政策法规体系，加强知识产权保护力度；培养和使用高素质人才，学习和借鉴国际先进经营理念和管理经验，博采中外各家所长；在政府工作中，坚持开放、公正、高效、廉洁，增强务实精神，提高办事效率，力求奥运筹备工作和项目运作成为体制创新、机制创新、管理创新的典范。

努力实现我国体育事业的全面发展；大力提高我国竞技体育科研管理水平，加快建立和培养一支高素质的竞赛组织管理人才队伍，造就一批在科学选才和科学训练方面的优秀研究员和教练员，培养出一批竞技运动的新尖子人才；争取参加 2008 年奥运会所有大项和更多小项的比赛，力争金牌总数有新的突破，综合实力有明显增强；认真实施《全民健身计划纲要》，不断提高全体人民的身体素质和健康水平；加强体育法制建设，不断深化改革，加快体育社会化，促进体育事业持续、快速、健康发展。

（三）战略方针

第一，把举办奥运会与全国人民的广泛参与结合起来。

第二，把举办奥运会与推进现代化建设结合起来。

第三，把举办奥运会与扩大开放结合起来。

第四，把举办奥运会与推进精神文明建设结合起来。

第五，把举办奥运会与提高人民生活质量结合起来。

（四）战略阶段

前期准备阶段：2001 年 12 月—2003 年 6 月。制订并实施《奥运行动规划》；组建奥运会组织领导机构；全面落实奥运场馆、设施的前期工作和施工准备；环保设施、城市基础设施及一批文化、旅游设施开始建设；市场开发工作启动运行。

全面建设阶段：2003 年 7 月—2006 年 6 月。全面完成"十五"计划确定的各项任务；奥运场馆建设和其他相关设施建设全面展开。到 2006 年 6 月，基本完成奥运场馆及设施的工程建设；各项准备工作基本就绪。

完善运行阶段：2006 年 7 月—2008 年奥运会开幕。各项建设工作全面完成，全部场馆和设施达到奥运会要求；对所有建设项目和各项准备工作进行检查、调整、测试和试行，确保正常使用；组织工作、安全保卫工作以及各项服务工作全部就绪。

二、奥运比赛场馆及相关设施建设（略）

三、生态环境和城市基础设施建设（略）

四、社会环境建设（略）

五、战略保障措施

（一）大力发展首都经济，以发展助奥运

雄厚的经济基础是举办奥运会的最基本条件。要牢牢把握"以奥运促发展，以发展助奥运"的原则，充分发挥"奥运经济"的作用，抓住机遇，乘势而上，全力以赴搞好首都经济建设，开创首都改革、发展和稳定的新局面，为办好奥运会营造一个繁荣的经济大环境。

（二）加快推进科技进步，以科技助奥运

从奥运需求出发，加强重点领域的科研攻关、技术集成和引进技术的消化吸收，推动高新技术成果在奥运会各环节的应用。

（三）加强组织领导，科学民主决策

筹办奥运会是一个庞大的系统工程。要组织各方面的力量，树立全局意识、采用民主科学决策、严格按规划落实各项工作，集中全体人民的智慧和热情，把筹办奥运会作为当前和今后一个时期全市的重点工作。

（四）坚持市场化运作方向，加强资金的筹措与管理

要坚持以市场化筹资为主的原则，在充分发挥政府的组织、引导作用的基础上，大胆探索市场筹资的新渠道。同时，要从组织、制度、程序等多方面加强资金管理，确保资金有效、安全使用。

（五）加强人力资源开发，为奥运会提供可靠人才保障

要举办一届历史上最出色的奥运会，必须选拔、培养和使用一大批高素质、国际化、复合型人才。要充分发挥北京人才密集、国际交往活跃的优势，同时，发掘利用国内智力资源，引进吸收国外智力资源，为奥运会提供可靠的人才保障。

（六）建立健全监督约束机制，确保奥运会筹办廉洁高效

按照"关口前移，重在预防，全程介入，严格监督"的原则，建立健全各项规章制度，从体制、制度、机制上预防腐败现象的发生。我们相信，通过执行"北京奥运行动规划"，团结一心、埋头苦干、艰苦奋斗、求实创新，在党中央、国务院的领导下，在全国人民的参与下，21世纪的中国北京，一定能够承办一届历史上最出色的奥运会。我们将为此而努力奋斗！

迈克尔·波特在其经典著作《竞争战略》中，提出了行业结构分析模型，即所谓的"五力模型"：行业现有的竞争状况、供应商的议价能力、客户的议价能力、替代产品或服务的威胁、新进入者的威胁这五大竞争驱动力，决定了企业的盈利能力，并指出公司战略的核心，应在于选择正确的行业，以及行业中最具有吸引力的竞争位置。

著名战略管理学家波特在《竞争战略》一书中曾经提出过三种基本战略，即成本领先战略、差别化战略、集中专业化战略。他认为，企业要获得竞争优势，一般只有

两种途径：一是在行业中成为成本最低的生产者，二是在企业的产品和服务上形成与众不同的特色，企业可以在或宽或窄的经营目标内形成这种战略。见图9-1。

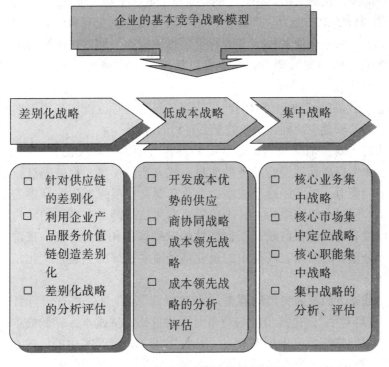

图9-1　企业基本竞争战略的流程

第一节　成本领先战略

1. 成本领先战略的概念和作用

成本领先战略是企业获取竞争优势的战略之一。成本领先战略是指企业通过在内部加强成本控制，在较长时间内保持企业产品成本处于同行业的领先水平，并以低成本作为竞争的主要手段，使自己在激烈的市场竞争中保持优势，获取高于平均水平的利润。它是企业为了成为行业中的低成本生产者，以期在竞争中居于有利地位而采取的战略决策。低成本战略的形式有：

例如，简化产品，改进设计，节约原材料，降低工资费用，实行生产革新和自动化，降低管理费用等等。

企业采用这种战略，可以很好地防御行业中的五种竞争力量，获得超过行业平均水平的利润。具体的讲，主要表现在以下几个方面：

（1）形成进入障碍。由于产品的特色，顾客对产品或服务具有很高的忠实程度，从而该产品和服务具有强有力的进入障碍。潜在的进入者要与该企业竞争，则需要克服这种产品的独特性。

（2）降低顾客敏感程度。由于差别化，顾客对该产品或服务具有某种程度的忠实性，当这种产品的价格发生变化时，顾客对价格的敏感程度不高。生产该产品的企业便可以运用产品差别化的战略，在行业的竞争中形成一个隔离带，避免竞争者的伤害。

（3）增强讨价还价的能力。产品差别化战略可以为企业带来较高的边际收益，降低企业的总成本，增强企业对供应者的讨价还价的能力。同时，由于购买者别无其他选择，对价格的敏感程度又降低，企业可以运用这一战略削弱购买者的讨价还价的能力。

（4）防止替代品的威胁。企业的产品或服务具有特色，能够赢得顾客的信任，便可以在于替代品的较量中比同类企业处于更有利的地位。

企业成功的实施差别化战略，通常需要特殊类型的管理技能和组织结构。例如，企业需要从总体上提高某项经营业务的质量、树立产品形象、保持先进技术和建立完善的分销渠道的能力。为实施这一战略，企业需要具有很强的研究开发与市场营销能力的管理人员。同时在组织结构上，成功的差别化战略需要有良好的结构以协调各个职能领域，以及有能够确保激励员工创造性的激励体制和管理体制。在这里，企业文化也是一个十分重要的因素，高技术的企业格外需要良好的创造性文化，鼓励技术人员大胆的创新。

在低成本战略方面最为突出的就是"春兰空调"，春兰公司有句著名的口号就是"牺牲自己，打垮对手"，是典型的与竞争对手拼价格、拼成本，靠低成本、低价格来取胜。另外，我们熟悉"家乐福超市"、"长虹"等等，都是采用的低成本战略。一个企业要做到低成本战略，那么它必须具备这方面的优势。而企业低成本优势的来源主要有四个方面：第一是规模经济，通过规模化来降低成本。第二是丰富的生产经验积累和低成本管理经验，以及最大限度地减小研究开发、服务、推销、广告等方面的成本费用。尽管质量、服务以及其他方面也不容忽视，但贯穿于整个战略之中的是使成本低于竞争对手，通过管理出效益。第三是掌握了低成本生产要素的来源，诸如与原材料供应方面的良好联系，这些低成本要素难以被竞争对手模仿。第四是政策优势。总之成本领先战略在于借助规模经济、技术创新、运作效率提高、低人工成本、优惠地获取原材料等因素，获得低成本、低价格，并在获得较大市场占有率的同时赚取高于竞争者的利润，或建立进入壁垒把竞争者拒于市场之外。特别是规模经济在企业获取低成本中发挥着重要的作用。

2. 低成本战略的适用条件及其风险

低成本战略是一种重要的竞争战略，但是，它也有一定的适用范围。当具备下列条件时，采用低成本战略会更有效力。

（1）市场需求具有价格弹性。

（2）所处行业的企业都生产标准化产品，从而使价格竞争决定企业的市场地位。

（3）实现产品差异化的途径很少。

（4）多数客户以相同的方式使用产品。

（5）用户购物从一个销售商改变为别一个销售商时，不会发生转换成本，因而特别倾向于购买价格最优惠的产品。

采用低成本战略也会带来一定的风险。例如，技术变革和技术进步会使以往的投资和效率变得无效；竞争对手通过模仿或向高技术装备进行投资，也可以做到低成本；只注意到生产成本的降低，而忽略了服务、技术开发、市场营销等方面的成本，以及忽略产品或市场的变化等。因此，运用低成本战略，一定要考虑技术革新和技术进步的影响，注意竞争对手的战略反应和产品、市场的变化。

3. 成本领先实现的途径

实现成本领先，通常可采用如下途径：

（1）实现规模经济

根据经济学原理，在超过一定规模之前，产量越大，单位平均成本越低。因而，实现成本领先，通常应选择那些同质化程度高、技术成熟、标准化的产品规模化生产。我国一些行业内的企业未达到盈亏临界点规模，其真正的成本优势也就无法形成。我国的市场化中出现了这样的现象，乡镇企业在某些行业借助成本优势与国有大中型企业竞争，但我们认为那种优势并不是真正意义上的战略性的成本优势。因而，这种优势来得快，去得也快。我国汽车行业在差异化（如产品差异、品牌差异、营销手段差异等）方面比不过欧美，在成本上则比不过日本、韩国。后者与规模有很大关系。比如说一汽与丰田同为15万职工，一汽的产量是40万辆，而丰田则是500万辆，规模差距决定了成本的差距。随着规模的扩大，有形成本会降低，无形成本也会降低，如学习曲线下移。

（2）做好供应商营销

所谓供应商营销，也就是与上游供应商如原材料、能源、零配件，协作厂家建立起稳定的聪明关系，以便获得廉价、稳定的上游资源，并能影响和控制供应商，对竞争者建立起资源性壁垒。过去，我们很多企业"大而全，小而全"强调自我配套。今天，则强调专业化分工，最终产品制造商按比较经济原则组织外部配套，比如跨国公司都建立起全球采购体系。我国最终产品制造商和上游供应商的谈判地位在不同时期有所不同，在短缺经济时代，上游供应商往往处于有利地位，其"讨价能力"较高，在今天的过剩经济时代，除了核心产品供应商外，最终产品制造商对一般性上游资源供应商占据有利的谈判地位，不少上游企业长期被打压、挟持。但是，近来的迹象显示，上游供应正在联合起来实施"反挟持"，如彩管企业限产保价举动。面对新形势，最终产品制造商对供应商就更讲究营销策略，在获取供应成本优势的同时还着眼于互动互利平等的长期战略伙伴关系的建立。因而，供应商营销显得日益重要。要获得廉价的上游资源，规模生产带来的规模采购无疑会削弱供应商的讨价能力。适应"全球化"潮流，在全球范围内比较和挑选供应商也会带来供货经济性，B to B 电子商务的发展为全球采购打下了基础。建立有产权和资本纽带联系的垂直供应渠道则只能加强对供应商的实际控制。建立采购比价系统，增大采购透明度，以及库存及采购的计算机模型化管理可从内部管理环节降低采购成本。

（3）塑造企业成本文化

一般来说，追求成本领先的企业应着力塑造一种注重细节，精打细算、讲究节俭、严格管理，以成本为中心的企业文化。不但要抓外部成本，也要抓内部成本；不但要把握好战略性成本，也要控制好作业成本；不但要注重短期成本，更要注重长期成本；不但要讲企业成本，更不能忽视顾客成本。"邯钢模式"或称"邯钢经验"一段时间曾广为推行，我们认为最重要的是其形成了一种文化，这种文化润物细无声，得到了员工的高度认同。从国际竞争的角度，我国企业在相当长一段时间内相当多的企业还只能在成本领域寻求优势，因此，培植企业成本文化尤其重要。

（4）生产技术创新

降低成本最有效的办法是生产技术创新。一场技术革新和革命会大幅度降低成本，生产组织效率的提高也会带来成本的降低。如福特汽车公司通过传送带实现了流水生产方式而大幅度降低了汽车生产成本，进而实现了让汽车进入千家万户的梦想。河南莲花味精集团围绕味精生产先后进行了十几次技术改造，每一次改造，都伴随着生产效率的提高，能源及原材料的节约。用玉米代替大米为代表的替代工程的实施以及发酵与提取技术的提高同样取得了降低成本的效果。值得注意的是，我国企业以往依靠廉价的劳动力、土地资源建立起来的成本优势是不持久的。从世界范围来看，当初日本企业与欧美企业竞争靠的是劳动力、成本低廉，但这一竞争优势很快为东南亚"四小龙"所取代，"四小龙"在劳动密集型产品上的成本优势继而又被中国内地所取代，因为后者较前者劳动力和土地成本更低。有鉴于此，我们认为只有建立在规模经济、供应商营销、管理与文化、生产技术创新基础上的成本领先才是企业可持久的竞争优势。

4. 实施成本领先战略的成功范例

美国西南航空公司进入美国民用航空市场的"杀手锏"是"极低"的票价：它销售的任何机票没有超过100美元。

其实"低价"并不是什么新鲜的竞争策略。处于激烈竞争的航空公司都在努力通过降低内部成本，提高运营效率，从而降低票价吸引乘客。然而却没有一家公司在低价方面能与美国西南航竞争。

美国西南航的低价不仅是一个单纯的策略，在公司内部有很多的配套措施，构成一个低成本运作的运营模式。

极低的票价是策略的核心，首先一个措施是提高飞机的使用率。美国西南航只拥有一种机型波音737，这样做简化了管理，更重要的是简化了维修保养的成本。而且美国西南航的部分飞机是购买的尚未"退伍"的二手飞机（在安全的使用年限内），这两项措施大大地降低了航空公司运营中最大的固定成本支出。为了节约成本，构筑自己和大公司竞争的成本壁垒，他们采取了系列战术，诸如：统一737机型、节省零件费和技师工资；只飞短途航程，不提供行李转机服务、缩短飞机起降时间，增加飞行班次；不提供机上餐饮，空出空中厨房设备，多加座椅，增加载客率；在一系列减低成本的措施下，他们吆喝出了"低票价"策略：同样的航程，别的公司机票150美元，西南航空公司仅售价80美元，吸引了大批工薪族和小公司职员趋之若鹜，纷至沓来。第二个方面是美国西南航只提供在中等城市之间的点对点的航线，并且不与其他航空公司形成联运服务。这不仅降低了管理成本，同时也是决定了快速离港和飞机上限量供应等低成本运作具有可行性。同时，美国西南航的飞机选择中等城市和二流机场降落，也有效降低了运营成本。第三方面是保持地勤人员少而精。飞机降落以后，需要当地机场的地勤人员提供飞机检修保养、加油、物资补给和清洁等工作。美国西南航一般只有 4 个地勤人员提供所有这些服务，人手不够时，驾驶员也会帮助地勤工作。第四方面是可靠的离港率。从顾客开始检票到飞机起飞的离港时间，一般航空公司最少需要 45 分钟，而美国西南航居然能够做到平均 15 分钟。这是因为它没有托运行李的服务，缩短了时间；同时机舱也没有指定的座位，先到先坐，这也促使旅客尽快登机；而且美国西南航还建立了自动验票系统，加快验票速度；当时间非常紧张时，乘务员也会帮助检票，提高乘客登机速度。乘务员帮助检票，驾驶员帮助地勤，员工"学雷锋"的行为，是因为美国西南航的人力资源管理制度的有效激励：灵活的工会合同，员工待遇优厚，较高的员工期权的拥有率。激励机制促成了美国西南航减少了内耗和提高了员工效率。第五方面是限量提供飞机上的供应。美国西南航的飞机上是不提供用餐服务的，但允许自带食品。

美国西南航空姐的服务提问方式也与众不同。大家都熟悉的是"您需要来点什么？果汁、茶、咖啡还是矿泉水？"而美国西南航的提问是"您渴吗？"如果乘客回答"渴"，才提供普通的水。"为什么乘客到了飞机上就会渴、就要饿呢？美国西南航要改变乘客在飞机上吃吃喝喝的习惯。"正是这一套完整的活动体系才使美国西南航的低价竞争战略得以实现。刘持金分析，"低价策略"是基于公司的资源建立的独特的战略，与该企业本身不可分割，从而防止了其他企业的模仿，并使这一策略能够持久有效。

我国实施成本领先战略较为成功的范例，包括格兰仕集团、长虹集团、邯钢集团等，这里我们只分析一下格兰仕集团的成本领先战略。微波炉行业是我国品牌集中化程度最高的一个行业，格兰仕占有国内 60% 左右的市场份额，欧洲 35% 的市场份额。可以说是一个"寡头垄断"行业。由于微波炉这一产品的技术壁垒不大，格兰仕赢取优势靠的是建立"成本壁垒"。他们充分利用当地丰富而廉价的劳动力优势，实施成本领先战略。把美国最先进的微波炉变压器生产线搬到了企业，以每台 8 美元的成本价向美国公司供货（美国企业成本为 30 多美元），又把日本最先进的变压器生产线搬过来，以每台 5 美元供货（日本变压器价格为 20 多美元）。格兰仕算了这样一笔账：引进的生产线在欧、美、日企业的每周开工时间一般为 24～30 小时，而在格兰仕工人三班倒，每周开工时间可以达到 156 小时，产能利用率达到 90% 以上。仅仅通过这样一项，单位产品的固定生产成本就下降了 5～8 倍。从这个角度分析，格兰仕是成本竞争战略的忠实信奉者，它在市场竞争中频频使用降价的手段，以确保总成本领先的优势。生产规模每上一个台阶，价格就大幅下调。当生产规模达到 125 万台时，格兰仕就把出厂价定在规模为 80 万台的企业的成本价以下；当规模达到 300 万台时，格兰仕又把出厂价调到规模为 200 万台企业的成本线以下。凭着成本领先战略，格兰仕在行业中的绝对领先地位使其逐渐垄断了全球的微波炉市场。

格兰仕的成功取决于三条：一是规模化优势。其年产 1200 万台的产量使得其单位产品总成本实现了行业最低，而挑战者要突破格兰仕构筑的成本壁垒很困难。二是上游资源的打造。格兰仕能以绝对优势的产量，第一品牌的光环迫使供应商以超低的价格供货，建立起了有形和无形控制力极强的完整产业链条。三是以超低价格终端市场，并通过"价格战"清理门户。如当其生产规模达到 125 万台的时，就将出厂价定在规模为 80 万台的企业的成本价以下。这样，80 万台以下的企业生产越多，亏损越多；同样地，当规模达到 300 万台时，又将出厂价定在规模为 200 万台的企业的成本线以下。其一，格兰仕的价格战是建立在成本基础上的，虽然价格低，但有利润。其二，自觉地控制利润率水平正是国外不少聪明的企业所为。过高的利润率水平无疑是给潜在进入者发了一个邀请函，降低潜在进入者的预期有利于减少进入者。其三，格兰仕的定价策略极富杀伤力。由于竞争者在微波炉这种技术含量不是很高的的产品上难以获得差异化优势，只能走价格竞争这步棋，新进入者往往在襁褓期、磨合期、适应期即被扼杀。其四，将成本领先优势全球化，立足于全球的大生产、大流通，定位于"全球最大的微波炉生产基地"。随着全球化进程的加快，国内竞争的分界线日益模糊，在很多行业已经融为一体。格兰仕的成本领先优势全球化延伸可以降低国内市场风险，避免像彩电企业那样在单一国内市场相互倾轧。

从格兰仕的起家产品微波炉来看，格兰仕舞动的就是"急剧扩大生产规模——大幅降价"，"大幅降价——再次大规模扩大生产规模"之剑。本来格兰仕没有微波炉的变压器生产线，但格兰仕的优势是，有质优价廉的生产能力。于是，格兰仕在弄清了自己和对手的目标和底线后，充分运用成本优势"一剑封喉"。在国际市场上，日本变压器价格是 20 多美元，美国的是 30 多美元。格兰仕就与美国公司谈判：你把最先进的生产线搬到我那儿，我帮你生产，以每台 8 美元的成本价向你供货。这个报价是美国现有变压器价格的 1/4，真是吓人一跳！格兰仕之所以敢出如此低的报价，道理很简单，中国有比美国便宜得不可比的质优价廉的劳动力。格兰仕提出：设备的使用权归我，在保证你的需求之后，其余时间及产品由我支配。从每台成本 30 美元一下子跌到 8 美元，这几乎是不可抗拒的诱惑，对于美国的微波炉变压器生产厂，这简直就是"天上掉下个林妹妹"，于是，美国人义无反顾地把生产线搬到了格兰仕。从格兰仕的环环相扣、持之以恒的降价战略来看，它走的是一条通过降价占有市场份额，获得扩大再生产的资本，通过扩大规模再降低成本，推动新一轮降价。构筑经营安全线，然后加大研发投入，通过规模分摊研发费用，以持续不断的降价造就持续不断的新品，构筑技术安全线，从而形成一个"中国制造"的良性循环。

总成本领先战略也称为成本领先战略或低成本战略。总成本领先战略的核心是使企业的产品成本比竞争对手低，做到相同的价格的条件下质量和附加值较高，或相同的质量条件下价格较低。总成本领先战略是指企业在某一行业领域中使产品成本低于竞争对手而取得领先地位的一种战略。总成本领先战略的目标旨在尽一切可能降低成本，做到相同质量的前提下价格较低，或相同价格的条件下，质量和附加值较高，从而使企业取得较多的利润后可再行投资，保持和扩大领先地位。

采用总成本领先战略，尽管企业面对着强大的竞争力量，企业仍能在本行业中获得高于平均水平的收益，而且采用总成本领先战略，可以多其他企业或竞争者筑起较高的进入障碍，使企业进入一个"成本—规模"的良性循环。因为，只要企业通过总成本领先战略在行业范围内取得了成本领先地位，一般情况下就会有较高的市场份额，销售量越易扩大，同时赢得较高利润，因而也就越能扩大生产规模并加速企业的设备更新和工艺变革，从而是企业既能享受到规模经济效益又能享受到技术进步所带来的经济效益，反过来这一切都有利于企业成本的再次降低，强化企业的成本领先地位，从而形成一个良性循环。

然而，虽然总成本领先战略可以给企业带来竞争优势，但采用这种战略也将面临风险。首先，自然科学技术的飞速发展所导致的自然技术及工艺突破可能使过去用于扩大生产规模的投资或大型设备、原有工艺失败，可能使得企业原先为保持总成本领先地位所建立的投资和效率优势完全丧失；其次，总成本领先战略可能使企业经营人员、高层管理人员及营销人员将注意力过多的集中在成本的控制上，以致无法看到消费者选择偏好的变化，从而容易失去新的市场机会。最后，为实施总成本领先战略而采用的大规模生产技术和设备过于专一化，适应性差，当经营环境及市场变化特别是用户偏好改变时，这些拥有大规模生产技术和设备的企业往往比小企业更难适应需求的变动、产品结构和技术的变化而难以转向，企业中人员的激励和部门之间的合作一般较差，从而增加监督成本和浪费。

一般来说，总成本领先战略对于以下情况特别适用：①企业产品的市场需求具有价格弹性，购买者对价格敏感，对非价格因素不重视。②行业中所有企业本质上生产的是一种标准化的通用产品，购买者很容易从许多卖方厂商那里获得。③企业很难进行特色经营以使得不同企业的产品之间具有差异。④绝大多数购买者均以相同的方式使用产品。⑤购买者可以非常方便地从一个卖主转向另一个卖主，而承担的转换成本很低。⑥企业产品的市场处于"买方市场"状态，市场上卖主之间价格竞争激烈。

第二节　差异化战略

一、差异化战略的概念

差异化战略也称特色经营战略。所谓差异化战略，是指为使企业产品、服务、企业形象等与竞争对手有明显的区别，以获得竞争优势而采取的战略。实现差别化战略可以有许多方式：设计名牌形象、技术上的独特、性能特点、顾客服务、商业网络及其他方面的独特性。差异化战略是企业通过树立品牌形象、提供特性服务以及优势技术等手段，来强化产品特点，让消费者感觉其支付的费用尽管高于同类产品，但仍然是"物有所值"，甚至"物超所值"，企业也就有合理的利润空间，进一步加强在产品质量、新技术开发和附加值服务方面的投入，从而实现企业成长的良性循环。

对同一行业的竞争对手来说，产品的核心价值是基本相同的，所不同的是在性能和质量上，在满足顾客基本需要的情况下，为顾客提供独特的产品和服务是差异化战略追求的目标。而实现这一目标的根本在于不断创新。只要我们认真分析一下一些来华投资的大跨国公司的做法，就会发现，通过创新活动来创造和开发产品、市场、管理和组织之差别，不断提升产品和服务的新价值创造能力，是这些成熟的大跨国公司广泛采用的市场竞争战略。因此，差异化战略是使企业获得高于同行业平均水平利润的一种有效的竞争战略。由价格战向差异化转变应是我国下一步产品转型升级的方向，差异化战略则要借助于高超的质量、非凡的服务、创新的设计、技术性专长，或不同凡响的品牌形象，以此培养顾客忠诚，获得"溢价"。采取差异化战略是企业必须的、首要的发展战略。当一个企业向其客户提供某种独特的有价值的产品而不仅仅是价格低廉时，他就把自己与其竞争对手区别开来了。差异化可以使企业获得溢价，即使在周期性或季节性经济萧条时，也会有大量忠诚的客户。如果实现的溢价超出了为使产品独特而追加的成本，则差异化就会带来更高的效益。小鸭提出了市场"差异化战略"竞争路线，就是依靠技术创新保持产品个性化、差异化，避免与其他品牌的产品同质化。小鸭利用杀菌技术、纳米技术等十二大健康技术打造小鸭空调"改善室内空气质量专家"形象。另外根据空调细分市场需求，在国内推出"儿童成长空调"和"IC卡空调"，努力营造自己的一片天空。

二、差异化战略的形式与内容

差异化战略包括多种形式，其中最常用的产品差异化战略包括产品质量的差异化战略、产品可靠性的差异化战略、产品创新的差异化战略、产品特性的差异化战略、产品名称的差异化战略、服务的差异化战略和形象的差异化战略。不同的事业部和不同产品，可以同时采用两种或两种以上的差异化战略，但须注意，要对市场进行细分化，根据不同的细分市场选用不同的差异化战略。

三、差异化战略的适用条件及其风险

差异化战略适用于下列情况：

（1）有多种使产品或服务差异化的途径，而且这些差异化是被某些用户视为是有价值的。

（2）用户对产品的使用和需求是不同的。

（3）奉行差异化战略的竞争对手不多。

差异化战略面临的风险：

（1）可能丧失部分客户。如果采用低成本战略的竞争对手压低产品价格，使其与实行差异化战略的厂家的产品价格差距拉得很大，在这种情况下，用户为了大量节省费用，只得放弃取得差异的厂家所拥有的产品特征、服务或形象，转而选择物美价廉的产品。

（2）用户所需的产品差异的因素下降。当用户变得越来越成熟时，对产品的特征和差别体会不明显时，就可能发生忽略差异的情况。

（3）大量的模仿缩小了感觉得到的差异。特别是当产品发展到成熟期时，拥有技术实力的厂家很容易通过逼真的模仿，减少产品之间的差异。

四、差异化示例

表 9 - 1

差异化描述	价值链要素
1. 海尔市场链	价值链重构
2. DELL 直销	价值链重构
3. 上海通用柔性生产线：一条线可同时生产几种类型车辆	生产差异化
4. 乐百氏纯净水：27 层净化	产品功能差异化
5. 娃哈哈非常可乐在周边市场的胜利	营销渠道差异化
6. 厦新手机 V8 的成功	产品功能差异化
7. 酒店服务员穿溜冰鞋上菜	服务差异化
8. 台塑使用大专生比用本科生更好	人力资源差异化
9. P&G 多品牌策略	产品组合差异化

　　如果说传统竞争的主要武器是规模经济的话，那么现代竞争的主要武器则为"差别优势"。所谓"差别优势"有两个基本含义，一是"差别"，即与竞争者不同的，有差异的地方，这突出强调了企业的个性，要求企业在产品质量、价格或者服务、促销等一切竞争手段上选择较少的几项，开发具有特色的长时期利基，这是企业寻求竞争优势，构造竞争堡垒的基础。二是"优势"，即不仅要与竞争者形成差别，而且还需要使这种差别成为我之竞争优势。这要求企业所选择的差别一定是有竞争价值、且有资源能力可以实现的。差别是体现集中的方法，而优势是集中的目的。20 世纪 70 年代，丰田在美国市场面对德国大众的小型车抗衡，丰田用"人有我优"的差异化优势作为回应。首先是质量优。丰田轿车造型优美，内部装饰精致典雅，舒适的座椅，柔色的玻璃，发动机的功率和性能比德国大众提高了一倍，甚至连汽车扶手的长度和腿部活动的空间都是按美国人的身材设计的。由于适合美国消费者的口味，花冠车一进入美国市场，很快就建立起较高的质量信誉。此外，在生产中广泛开展的合理化运动和"QC"小组活动，也保证了丰田车的信誉。其次是价格优。为了吸引客户，丰田在进入市场的早期采用了低价策略，"光冠"定价在 2000 美元以下，"花冠"为 1800 美元以下，比同类车型的美国车和德国车都低得多，经销商的赚头也比别人多。这种进攻型的低价策略，加上质量高、性能好、批量大和维修费用低，产生一种滚雪球效应，为丰田车树立起物美价廉的良好形象，使美国厂商既无还手之力，又无招架之功，大片的市场份额逐渐被丰田所蚕食。最后是服务优。丰田占领国际市场实施的销售策略之一就是力求实行经营、售后服务和零配件供应一体化，以优质的服务来打消客户对使用丰田车的疑虑，从而在售后服务上给丰田车的客户吃了"定心丸"。

　　美国西南航空公司在"缩短门到门的旅行时间"的战略指引下，提出了为顾客创造"快乐旅程"的目标口号。很多乘坐过其航班的顾客都曾亲眼所见：为了大家能够体验到"快乐"旅程的承诺，西南航空公司的董事长曾多次在候机室里扮成兔子模样，逗得大家开怀大笑，这样的服务真可谓是做到了家。为了切实履行"快乐旅程"的承诺，西南航空公司招聘空中小姐时，在所有的必要素质前面加了一条："必须会讲故事、笑话，并且能把顾客们逗乐"，哪怕你所有考试都通过了，这一条达不到标准，也不能通过考试。坐过西南航空公司的飞机的乘客都有深刻的体验，往往是一上飞机就笑个不停，脸上的笑容还未褪去，飞机已经降落在目的地了。西南航空公司将"快乐旅程"的差异化定位切实地落实到了产品、服务、人员、形象等各方面。公司所有人员，上到董事长总经理、下到各级员工都身体力行这一承诺，顾客感受到的是快乐和真实、守信的企业形象。

五、营造产品差异化的竞争优势的途径

1. 提升客户价值，构建产品差异化的竞争优势

产品是企业的生存基础，只有不断营造产品差异化的竞争优势，企业方能在激烈的市场竞争中不断发展壮大。从众多成功企业来看，只有不断推进业务创新和注重客户需求，企业是能生产出具有独特竞争优势的产品的，如宝洁、IBM 等。

在客户导向的经济时代，企业生产的产品只有迎合客户的需求，为客户创造价值，企业方能在激烈的市场竞争中创造竞争优势。客户价值公式为：

客户价值＝（产品的使用价值＋附加价值）/产品的价格

根据上述公式，提升客户价值可从产品的使用价值、附加价值和产品的价格三个方面进行考虑，这也是产品差异化的源泉。

2. 产品和服务创新是营造产品差异化的重要途径

产品是企业生存和发展的基础，企业只有不断进行产品创新，才能不断适应市场，企业才能不断发展壮大。企业要更加注重消费需求的变化。特点和趋势，加强对消费者的研究，切实贯彻 CS 顾客满意战略，要站在顾客的立场，开发令顾客满意的产品，重视顾客的意见，关注客户关心的价值维度，不断改进产品，提高服务质量。产品创新的实质是为客户创造价值。只要企业开发出满足市场需求的产品，就一定能赢得客户，赢得市场，为企业获得丰厚的利润。产品和服务创新不仅是创造新的产品，而且还包括产品的改进和产品的组合。

创新是企业获取持续竞争优势的源泉。我国企业只有坚持持续的产品和服务创新，营造创新的企业文化，适应信息技术的变化趋势，一切以市场需求为产品创新的源头，不断调整和优化产品结构。只有这样，企业才能形成良性的产品开发机制，真正实现产品创新。

3. 把握客户需求是实现产品差异化的关键

如今，我们已进入客户导向的经济时代，客户需求是一切工作的出发点和归宿，营造产品差异化的竞争优势也不例外。我们对市场、客户现有和形成中的需求越了解，把握得越充分，就越能创造出具有竞争优势的产品。因此，提高把握客户市场需求的能力是推进产品差异化的关键。

4. 产品差异化竞争优势的根本是构建独特的商业模式

如今，随着信息通信技术的飞速发展，企业品牌形象不断提高，产品同质化越来

越强，市场竞争不仅是价格的竞争，而是价格与非价格的全方位竞争。产品是企业连接客户的纽带，购买产品的方便性、产品的价格、产品质量、销售人员服务态度及自身素质、对外承诺的实现程度、服务质量、快速响应能力、售后服务水平等等，都是影响产品市场竞争力的重要而不可忽视的因素。可以看出，企业间产品的竞争实质上就是商业模式的竞争。著名管理学大师彼得·德鲁克说："当今企业之间的竞争，不是产品之间的竞争，而是商业模式之间的竞争"。因此，我国企业要营造产品差异化的竞争优势，改变商业模式是其根本出路。

企业经营的目的在于为顾客创造价值。只有为顾客创造更多价值，才能获取和维持竞争优势。要增加提供给顾客的价值，可以采取扩充产品类型功能、提高产品和服务质量等差异化变量，也可以削减成本从而降低价格等低成本变量，也可采用这两种方式的任意组合。其中一种可能的情况是同时提高差异化，降低成本、价格。采取这种战略，难度比较大。那么，把成本领先和差异化融合起来是一个不可逾越的鸿沟吗？很多企业进行的探索给出了这样的答案：能够做到。如日本的丰田、本田汽车公司、松下电器，美国的莱维牛仔、摩托罗拉、戴尔等企业都是成本领先和差异化融合的典范。

成本领先和差异化可以融合，应该得益于现代生产管理模式的革命和信息经济时代信息网络技术的发展。信息网络技术的发展促进了大规模定制生产方式的流行。越来越多的企业在网上设立产品平台，让顾客能设计自己想要的产品。许多汽车、家电和服装等公司邀请顾客访问他们的网站，并根据顾客所填写的选择题式表格，设计出提供市场销售的产品、服务系统和程序等。如戴尔利用互联网为每一位大客户设计了属于他们自己的主页，从而为顾客特别设计出他们所需要的电脑，这项技术同时降低了戴尔和客户的成本，并且客户可以得到专为他所设计的电脑，戴尔可有效地降低库存。针对服装这样一个高度个性化的产品，莱维公司采用顾客定衣技术，顾客只需在公司网页上输入所需求的尺寸、颜色、面料的信息，该公司可在 3 个星期内送货上门，由此既没有库存，又没有销售成本。

信息技术在企业生产层面和管理层面的运用，也使大规模定制、个性化生产成为可能。大量新技术在生产领域的运用，可以在低成本的前提下实现差异化。如 CAD、CAM（计算机辅助设计与制造）、CAPP（计算机辅助工艺计划）、FMS（柔性制造系统）、AM（敏捷制造）、CIMS（计算机集成制造系统）等实现了企业开发、设计、制造的高度集成化，极大地增加了企业生产的柔性、敏捷性和适应性，更好地适应了消费者的不同需求，降低了新产品的设计和生产成本，减少了库存成本。在管理领域，TQM（全面质量管理）、MRP（制造资源计划）、（ERP）企业资源计划、SCM（供应链管理）、CRM（客户关系管理）、电子商务的应用，降低了企业的运营成本、管理成本和交易成本。

在现实生活中，在大多数行业里，如果一个企业既能做到有效的差别，又能保持低廉的价格，那么它就有可能成为市场的领导者。丰田并不是成本最低的汽车制造商，英国航空也不是航空业的成本最低者，但它们都在行业中居于主导地位，其原因就在于他们把差异化和低成本统一起来，为顾客提供了最佳的效用——价格比。在竞争激烈的成熟市场，尤其是竞争者的品牌有很高的知名度和顾客忠诚度的情况时，后来者要取得竞争优势，必须采取成本领先，每一种战略的成功实施都需要组织结构的适应和支持，成本领先战略要求组织结构具有专业化、集权化和规范化的特征，差异化战略要求许多职能的分权化和有限的规范化，成本领先和差异化融合战略在实施上难度很大。为获得比竞争对手更低成本的地位，企业要重视生产过程的控制，为了获得在差异化上的领先地位，企业要强调营销和产品开发。适用于新产品开发和生产过程控制的结构特征是不同的，为了成功实施融合战略，企业就要设计出一种既能开发差异化产品，又使成本低于竞争对手的组织结构。大规模生产模式下的金字塔组织结构模式已不适应现代生产模式的需要，将被创新的组织结构模式所取代。流程再造理论主张对企业的业务流程、管理系统进行重组和再造。差异化融合的战略既要降低成本，又要创造出差异化的价值。

差异化战略的核心是以产品特色赢得竞争优势。差异化战略是指企业提供区别于竞争对手、在其行业范围内具有独特性产品的一种战略。差异化战略的目标旨在通过给市场提供特色产品而超越同类产品，从而使产品获得额外加价并增强其竞争力，提供其收入水平和盈利水平。

差异化战略是企业广泛采取的一种战略。事实上，一个企业将其产品差异化的机会几乎是无限的。因为每个企业都有自己的特点或特色，因而存在很多差异化机会。但差异化战略追求的是增加竞争力和盈利，因此，企业必须分析顾客要哪种差异化，这种差异化所创造的价值是否超过了它所增加的成本。只有那些通过差异化所创造的价格超过了它所增加的成本并为市场所接受的产品才能为企业赢得竞争优势并提高企业的利润，这时，企业差异化战略才是成功的。所以，差异化战略必须关注以下问题，即谁是企业的顾客，怎样才能创造价值，在满足顾客要求并盈利的同时，怎样才能比竞争对手更有效率。

差异化战略的优点，首先，在于这种战略利用了客户对其产品特点的注意，降低了对产品价格的敏感度，并产生了品牌忠诚，可使企业避开竞争或使企业竞争抗衡得到缓冲，在特定领域形成独家经营的市场或竞争不激烈的市场；其次，在于这种战略可以给企业产品带来较高的溢价，这种溢价不仅足以补偿因差异化所增加成本，而且可以给企业带来较高的利润；最后，在于这种战略使企业在对付替代品竞争时比其竞争对手处于更有利的地位。

差异化战略的缺点，首先，在于要保持企业产品的特色，就要以产品的成本提高为代价；其次，在于企业产品的价格较高，很难拥有很大销量，从而使企业不可能提高市场占有率。因此，差异化战略会给企业带来风险。

一般来说，差异化战略特别适用以下一些情况，这些情况包括：企业有可能通过各种途径建立用户所希望的产品的特色；用户对产品的需要与用途具有多样性。行业中还只有为数不多的企业采用差异化战略。

由于产品的特点或特色很多，可采取的差异化战略也很多。但主要有产品质量差异化战略、服务差异化战略、产品品牌差异化战略。

第三节 集中化战略

一、目标集聚战略

目标集聚战略又称专一化战略或集中战略或聚焦战略。目标集聚战略的核心是将企业力量集中于一点以赢得竞争优势。目标集聚战略是指企业将目标集中在某一特定的顾客群或某产品系列的一个细分区段或某一特定地段区域市场，即在行业内很小的竞争范围内建立独特的竞争优势的一种战略。目标集聚战略的目标旨在以高效率为一狭窄的对象服务，从而超过在较广阔的领域内竞争的对手们，增强其竞争力，提高其收入水平和盈利水平。

与总成本领先战略和差异化战略不同的是，目标集聚战略不是以行业范围的整体市场为目标的，而是以整体市场的一个狭窄部分——也即某一细分市场为其目标，集中生产及经营该细分市场所需的产品，以满足该狭窄市场特定的部分购买者的要求，从而比竞争对手更好地服务该细分市场的购买者，并在该细分市场赢得竞争优势。

采用目标集聚战略的逻辑依据是：企业能比竞争对手更好地为其狭窄的市场服务。但企业要在狭窄的市场即某一特定的细分市场取得竞争优势，必须在特定的细分市场谋求产品的低成本或产品质量或性能上的差异或两种兼有之。因此，目标集聚战略可以分为总成本领先战略、差异化集聚战略、混合集聚战略。

总成本领先集聚战略是企业在某一特定细分市场通过低成本战略或总成本领先战略建立竞争优势的一种目标集聚战略，是企业在某一特定市场谋求从产品成本方面取得竞争优势的一种目标集聚战略；差异化集聚战略是企业在某一特定细分市场通过差异化战略建立竞争优势的一种目标集聚战略，或是企业在某一特定细分市场谋求从产品质量、性能方面取得竞争优势的一种目标集聚战略；混合集聚战略是企业在某一特定细分市场综合运用低成本战略（总成本领先战略）和差异化战略而建立竞争优势的一种目标集聚战略，或是企业在某一特定细分市场既谋求从产品成本方面，又谋求从产品质量、性能方面取得竞争优势的一种目标集聚战略。

目标集聚战略是企业特别是实力和技术并不很强的中小企业广泛采取的一种战略。这种战略由于企业将资源或力量集中于某一特定细分市场，有利于企业在某一特定细分市场提高其市场占有率，扩大其产品的销售量，降低其产品成本；同时有利于企业为某一特定细分市场提供最佳质量或性能的产品；从而使企业迅速在某一特定细分市场赢得竞争优势，迅速增加企业的收入和利润。

但是，目标集聚战略也有缺点，采用目标集聚战略也会面临一定的风险。这种风险包括：①向狭窄的某一特定细分市场提供产品会带来高成本的风险。因为有些狭窄的特定细分市场难以支撑必要的生产及经营规模。②在企业所服务的某一特定细分市场当中，肯能会有众多的竞争者找到有效的方法，参与竞争。③顾客偏好与需求的改变，会使得采取目标集聚战略企业服务的市场变窄。④采取目标集聚战略的企业选定的某一特定细分市场与其他的采用总成本领先战略、差异化战略的企业的细分市场并无差异，从而使为整体市场（各个细分市场）提供产品的采用总成本领先战略、差异化战略的企业在服务于其他细分市场的同时也很好的服务了采用目标集聚战略企业的特定细分市场。

一般来说，目标集聚战略对下述情形特别适用：①市场上有明显不同的顾客群，这些顾客群或对产品有不同的需求，或习惯于以不同方式使用产品。②定位于整体市场的竞争者很难满足某个特定细分市场的专业化或特殊要求，或如果要满足这个特定细分市场的话，其代价很高。③没有其他竞争者已在或试图在这一特定细分市场上进行专业化经营。④企业现有资源不允许企业在整体市场或整体市场的多个细分市场上提高产品。⑤行业的各个细分市场在规模、增长率、利润率、竞争力的强度方面参差不齐，使得对于特定企业而言某些细分市场的市场面较另一些细分市场的市场面更具有吸引力。

集中战略是指企业在详细分析外部环境和内部条件的基础上把经营战略的重点放在一个特定的目标市场上，为特定的地区或特定的购买者集团提供特殊的产品或服务，以建立企业的竞争优势及市场地位。集中战略最突出的特征是企业专门服务于总体市场的一部分。重点集中战略与其他两个基本的竞争战略不同，低成本和差异化战略是将注意力放在整个产业上，而集中化战略是将焦点放在某特定市场。

集中战略有两种形式，即企业在目标细分市场中寻求成本优势的成本集中和在细分市场中寻求差异化的差异集中。这两种集中战略都有赖于目标市场与行业中其他细分市场之间的差异性。目标细分市场必须有特定需求的消费群体或者服务于目标市场而与其他行业的细分市场相区别的产品。上述的差异性意味着以广泛的市场为目标的竞争者在该细分市场中缺乏竞争性。因此，集中战略的经营者可赢得独有的竞争优势。

通过实施集中战略，企业能够划分并控制一定的产品势力范围。在此范围内其他竞争者不易与其竞争，所以市场占有率比较稳定。通过目标细分市场的战略优化，企业围绕一个特定的目标进行密集性的生产经营活动，可以更好地了解市场和顾客，能够比竞争对手提供更为有效的商品和服务，以获得以整体市场为经营目标的企业所不具备的竞争优势。企业在选定的目标市场上，可以通过产品差别化战略确立自己的优势。成本领先的方法可以在专用产品或复杂产品上建立自己的成本优势，还可以防御行业中各种竞争力量，使企业在本行业中保持高于一般水平的收益。尤其有利于中小企业利用较小的市场空隙谋求生存和发展。采用重点集中战略，能够使企业或事业部专心地为较窄的战略目标提供更好的服务，充分发挥自己的优势，取得比竞争对手更高的效率和效益。

诺基亚在其发展初期采取的也是多元化的发展战略。但是大约在 1992 年，董事会决定将其他项目剥离，将企业的力量集中投入在了电信产业，并借此抓住了世界市场发展的良机。目前，诺基亚已经拥有了大约 300 亿美元的身价，而在去年，手机的业务占了诺基亚业务总量的 72%，网络占 25%，其他项目只有 3%。这也说明当初决定的集中发展战略在现在收到了可观的成效。

二、重点集中战略的形式与内容

重点集中战备一般有两种形式，即企业在目标细分市场中寻求成本优势的成本集中和在细分市场中寻求差异化的差异集中。重点集中战略可以分为产品线重点集中战略，用户重点集中战略、地区重点集中战略等。

三、重点集中战略的适用条件及其风险

具备下列四种条件，采用重点集中战略是适宜的：

（1）具有完全不同的用户群，这些用户或有不同的需求，或以不同的方式使用产品。

（2）在相同的目标细分市场中，其他竞争对手不打算施行重点集中战略。

（3）企业的资源不允许其追求广泛的细分市场。

（4）行业中各细分部门在规模、成长率、获利能力等方面存在很大差异，致使某些细分部门比其他部门更有吸引力。

重点集中战略也包含一些风险，如众多的竞争者可能找到更有效的方式，在服务于狭窄的目标市场方面，超过实施重点集中战略的企业；用户的需求和偏好从重点集中，企业的特定产品转移到一般产品等。这些会导致重点集中战略丧失效力。

四、重点集中战略示例

集中化战略在联合利华得到了充分体现：一是企业集中化。1999 年，联合利华把 14 个独立的合资企业合并为 4 个由联合利华控股的公司，使经营成本下降了 20%，外籍管理人员减少了 3/4。二是产品集中化。果断退出非主营业务，专攻家庭及个人护理用品，食品及饮料和冰淇淋等三大优势系列，取得了重大成功。三是品牌集中化。联合利华压缩品牌规模是从 2000 个品牌中选出 400 个品牌，其根据是 80/20 规律。那么，如何在众多的品牌中选择出 400 个品牌？联合利华的标准是看"是否有潜力成为有吸引力和有规模的品牌"。当然，没有被选择的品牌并非全部卖掉，有些会根据业务的调整重组到现有的 400 个品牌结构中。四是厂址集中化。2009 年 5 月至 8 月，通过调整、合并，减少了 3 个生产地址，节约了 30% 的运行费用。联合利华日前决定将其在中国的食品零售营销网络转包给第三方公司——尤尼森营销咨询（上海）有限公司。他们计划首先在北京和石家庄进行如下试点：主要由第三方公司负责零售促销计划的实施、样品陈列、现场销售、订单处理等，而自己将集中精力制定战略计划、管理主要客户及分销商。这次将食品零售营销网络转包，可以说是营销环节集中化。实现营销环节集中化，把自己不特别擅长的零售营销转包出去，从而专心制定战略计划、管理主要客户及分销商，有利于迅速提高市场占有率和知名度，实现在华投资的战略目标。向第三方转包零售营销网络是集中化战略的又一重大创新。

在经济全球化和竞争激烈化的形势下，为了向客户提供优质的产品和服务，必须在各个方面善于集中，善于争取和发展相对优势，在任何时候都不要拉长战线、分散资源，不要搞无原则的多元化，更不要盲目进入非擅长的领域。

章末案例

松下"大跃进"——3 年增长 400 亿

对于 20 世纪 70 年代末就进入中国的松下来说，现在它似乎真的急了。2003 年初，松下提出了一个"疯狂"的目标：到 2005 年，在中国的销售额达到 700 亿元。而 2002 年，松下在中国的销售额约为 300 亿元。换句话说，松下要用 3 年的时间，让用 20 多年时间完成的销售额翻 1.33 倍！这是一个"大跃进"式的计划吗？2003 年 1 月 10 日，松下社长中村邦夫宣布，松下经过一系列的"破坏"，现在已经进入了一个新的阶段——"创造"时期。中村邦夫还提出了"建立一个轻盈快捷的新松下"的目标（2001 年中村提出了著名的"破坏与创造——创生 21 计划"）。2003 年 1 月 14 日，松下电器（中国）有限公司（简称 MC）董事长杉浦敏男、副董事长张仲文、总经理浅田隆司等在北京举行的"独资化说明会"上，结合中国市场诠释了松下的新战略。根据此战略，松下对中国市场的目标是，到 2005 年销售额达 1 万亿日元（约 700 亿元人民币）。而 2002 年，松下在中国的销售额约为 300 亿元。换句话说，松下要用 3 年的时间，让用 20 多年时间完成的销售额增长 400 亿元，或者说翻 1.33 倍！为了这个"大跃进"式的目标，松下中国出台了一系列措施。强化"前线"首先是摆脱"笨重迟缓"，追求"轻盈快捷"。浅田隆司认为，迟缓的重要原因是松下金字塔式的组织体系。"在这种组织体系下，前线人员没有多大的决定权。"张仲文说，"比如上海下雨了，通过层层关系传到日本，而决策者会说，日本并没下雨，你干吗要打伞？或者说再研究研究。等要打伞的决策下来后，上海早天晴了，市场机会也失去了。"松下现在正试图变得轻快。中村宣布，在 2003 年度，松下将把原来集中在总公司的权力大幅度下放给各业务部门，总公司只保留战略制定、与其他公司之间的合作及企业收购、各业务领域间的调整等职能。松下总部将不再向各业务部门和各分公司下达业务计划指标，而是让各业务部门自行制订计划；同时，修改使用过程指标和结果指标，采用资金成本管理（CCM）和现金流等两种指标对业绩进行评估。"金字塔的组织结构已经被扁平化的矩阵式管理所替代，1 个报告现在最多只能经过 3 层。"浅田透露，"前线化的管理方式使现场负责人员有权直接作出决定，以最快的方式解决问题。"调整对"前线"的强化，也暗示着松下战略上的改变。在 1 月 10 日的讲话中，中村曾告诫松下全球 20 多万员工，"在全球经济领域，松下已经不是领导者，而是挑战者。"从营销战略的角度来说，市场领导者一般采取防御战，注重的是后方的筹划；而挑战者则会采取进攻的战略，注重的是前线的主动。浅田隆司透露，松下的进攻策略是"针对不同的产品设定不同的挑战目标，通过一步一步的推进来确保目标的实现。"产品是进攻的武器。松下寄厚望予"V 产品"，并在 2003 年将其扩大到 90 种。而为了尽快占领市场，新产品将采取全球同步发售的计划。张仲文举例，松下推出的具有摄像功能的 GD88 手机，在中国市场也同时推出。"其实在中国市场，由于网络的原因，功能的应用并不普及。同步推出，主要是更快地抢占市场。"为了保证产品的进攻性，除了进行本地化研发外，松下也正加大对中国技术转移的度，2002 年便在中国申请技术专利 800 多件，张称"在所有在华跨国公司中应该排在前 3 位。"当然，要中国市场内部完全消化 700 亿元很难做到。松下计划在中国生产的产品中超过 50% 将用于出口，其中整机约占 25%，其余的则为元器件和工业产品。"安内之策"对于 2005 年的销售目标，张仲文也表示了一种紧迫感。"2002 年预计销售额是 300 亿元，3 年时间要提高 400 亿的销售的确是个艰巨的任务。"而松下中国在出口方面的比例，目前还不到 40%。为了更快提高在中国的销售规模，除了加大在中国投资和提升已有企业的规模外，松下将进一步"将海外的产业更多地迁进中国"。由于在元器件方面的优势，国内外许多厂家都在用松下的产品。据张仲文透露，"松下在中国销售的产品一半是供给竞争对手，以后还将继续加大向其他合作厂商在元器件方面的供应。"这也意味着，松下在中国的销售和出口目标很大程度上将通过这种事实上的"捆绑销售"的方式实现。紧迫的任务促使松下采取了"攘外必先安内"之策。独资后，松下面临的一个当务之急就是理顺与合资企业在产权上的关系。松下在华有 42 家制造公司，其中 33 家便是合资。松下中国公司转变为独资后，原来分散的投资要全部收归旗下，同时对股权进行部分转让。"这在一定程度上遭到了中方的抗拒，必须一家一家地去谈，工作量非常大。"张仲文透露，最困难的是几家原来中日双方股权各占一半的合资公司。松下的想法是获得控股权，但遭到了中方的反对。不过据说工作已有进展，并已经成功对其中 1 家控股。"最重要的是，通过改制后带来效益的转变，能使双方都获利。"

　　不过，在人事体制方面松下不会做大的改变。杉浦强调，"本地化也包括人才的本地化，松下会更加强调中方管理人员尤其是中高层管理人员的作用。"

　　思考题：

　　1. 结合本案例材料，说明企业战略目标对企业的指导意义和作用。

　　2. 从案例中，你能看出松下公司的远景、使命和战略目标吗？

　　3. 用图示的方法把松下的战略、目标和计划表示出来，并说明这些概念之间的联系。

　　案例二：

　　对此，陈绍鹏表示，中国农村市场用户信息化需求非常复杂，这个市场更需要厂商长期深入的关注。早在 2004 年联想就开始为广大乡镇地区用户不断开发创新性的产品和方案，以解决农村与城市间信息化发展不平衡的问题。联想圆梦计划分为撬动冻土层、穿透冻土层、冻土变沃土三个发展阶段，整个计划将跨越十年的时间。目前，圆梦计划第一阶段已经圆满完成成功撬动冻土层的阶段性战略目标。下一阶段，为了实现穿透冻土层的战略目标，联想提出了三大战略举措。在产品方面，联想专门为广大农户量身订做更加简便易用的系列农村电脑，包括 1499 元、1999 元、2499 元和 2999 元等不同价位段的产品。同时，联想此次发布的电脑上还配有专门针对农户订制开发的特色应用软件——联想致富通。据介绍，致富通是整合权威农业信息、专业务农知识、优质教育资源，专门针对农户定制开发的特色应用软件，包括农业百科全书、农业行情查询和农业要闻联播等特色内容。在销售及服务网点的构建上，联想将强力打造村镇销售网络，重点建设 5000 家左右的代销点，以方便农户购买产品。为了让农户享受到及时到位的售后服务，联想的售后服务将覆盖 10～30 万个行政村。同时，联想还将建立 2000 家县镇信息服务站，开展长期深入的培训服务，为农户提供便利的电脑学习机会。在市场推广上，联想将开展 1500 站以上的大型"县镇行"普及推广活动，还针对农村市场特点展开刷墙、赶集等一系列富有"乡土气息"、更加贴近农村用户的推广活动。对于联想新农村战略的未来发展前景，陈绍鹏进一步表示："国家新农村战略决策为农业信息化提供了千载难逢的契机。在未来 5 至 10 年时间，广大农村地区将会孕育出一个千万级的市场，面对这样一个庞大的市场，联想将充分发挥自身的品牌优势和市场号召力，整合多方资源，带动整个 PC 产业的发展。"

思考题：

1. 从案例中，你能看出联想新战略的远景、使命和战略目标吗？

2. 假如你是联想的总裁，你会采用这套联想新农村战略吗？为什么？

复习思考题

1. 成本领先战略、差异化战略与集中化战略的含义、形式、适用条件以及优缺点是什么？

2. 不同产业中应当采取什么样的竞争战略？

3. 顾客与生产者价值矩阵的内容是什么？

第十章 职能战略

学习要点：

重点掌握每一种职能战略的含义与具体形式：

1. 市场营销战略；

2. 财务战略；

3. 生产（作业）战略；

4. 研究与开发战略；

5. 人力资源战略。

开篇案例

e 时代的光线传媒

1998 年成立的光线传媒，是一家以电视节目制作为核心业务的传媒娱乐机构，兼营广告、发行、娱乐活动、电视包装、娱乐网站、影视剧制作、演员经济、媒体出版等项娱乐与传媒业务。自成立以来，光线传媒采用市场化的运行机制，成功实现传媒娱乐一体化、传媒娱乐工业化、传媒娱乐品牌化的"三化整合"，显示出了快速而持续的成长力。目前，光线传媒的节目已经实现了工业化流水线生产和经营，组织结构基本上依流程而定，包括策划、制作、包装、发行、广告和增值业务六个环节。光线传媒专注于 15～35 岁这一最有商业价值的观众群体，内容聚焦于娱乐领域，以日播资讯类节目为主，通过创新性的置入式广告和娱乐营销，吸引了 500 多个著名品牌成为线传媒的客户。它现拥有 12 档节目，每日制作量达 5.5 小时，在全国近 300 家电视台 600 台次播放，覆盖中国内地大部分地区。节目领域涵盖娱乐、体育、时尚、健康和电视剧，已经成为中国著名的民营传媒娱乐企业。考察市场外部环境，对电视传媒发展的环境影响主要有如下几个方面。

一、政策环境

长期以来，电视一直是官方的宣传机构。到了 20 世纪 90 年代后半期，传统观念才得到逐步的修正和补充，电视传媒转变为既是党和政府的重要喉舌，又是前途远大的朝阳产业。由于我国传媒业一直受到有关部门的严格规范，社会资本进入这个行业的政策壁垒较高，民营资本进入这个产业更是难上加难。随着广电系统逐步推行制播分离，电视节目制作允许业外资本进入。2004 年 2 月 10 日，国家广电总局发布《关于促进广播影视产业发展的意见》明确指出，加大广播影视市场的开放力度，逐步放宽市场准入，吸引、鼓励国内外各类资本广泛参与广播影视产业发展，不断提高传媒产业的社会化程度。政策的逐步放宽，为致力于传媒业发展的民营资本创造了良好的契机。

二、经济和社会环境

电视传媒是具有广阔市场前景的行业。一方面，据有关统计数字表明，1997 年至 2002 年，我国电视频道数量和播出时间不断增长。电视频道已超过 2000 个，年播出时间达到 1000 万小时，且呈现高速增长的态势。大量的频道需要大量的节目填充，但全国电视节目年产总量不足 300 万小时。另一方面，随着电视媒体的逐步市场化，各电视台正在逐步推行制播分离，从原有的制播一体化的自产自销的运作方式向不再负责一般节目的制作，而把工作的重点放在节目的购买、编排和播出的方式过渡。由于我国城乡居民生活质量稳步提高，恩格尔系数逐年下降，人们精神需求日益丰富和多元化，对电视节目的需要不再单纯体现在量上，更多体现在对传播内容、品位和传播方式的要求上。当观众越来越注重消费品质，以丰富多彩的娱乐休闲来充实生活时，就需要电视节目能从娱乐和消费生活中挖掘新鲜的内容，以新鲜的形式介绍娱乐休闲资讯，传达消费理念。光线传媒在深入了解观众需求的基础上，推出了自己的第一个节目《中国娱乐报道》（后更名为《娱乐现场》）。随后，又陆续推出了《海外娱乐现场》、《音乐风云榜》、《明星》、《630 剧场》、《娱乐中心》、《体育界》、《都市话报》、《电视剧风云榜》、《淑女大学堂》、《我爱十二郎》等。

三、技术环境

互联网的出现和发展，给电视产业的发展带来了新的挑战和机遇。2000 年 8 月，北京光线传媒公司成立了 e 视网（www.netandtv.com），依托光线传媒强大的行业优势和丰富的内容资源，融合电视、报纸、网络等各种媒体，打造跨平台的网络媒体。始终把握时尚风向标，站在娱乐最前沿，借助先进的传媒理念和技术手段，提供高品质、专业性的娱乐资讯和娱乐服务。

另外，数字电视技术的发展为电视制作业带来了更大的空间。近年来，国家广电总局加大了发展数字电视的力度。数字电视技术的发展能给高端用户提供更多个性化的付费频道。付费电视的开办，对电视节目的需求将会越来越旺盛，便于电视制作业形成节目的规模生产，扩大节目经营。卫星传输、通讯技术等的发展，使电视节目的传输能更为方便和快捷。

关键概念

外部环境（External environment）

宏观环境（Macro‐environment）

行业环境（Industry environment）

行业经济特征（Industry Economical Characteristic）

行业关键因素（Industry Key factor）

行业演变（Industry Evolution）

生命周期（Life Cycle）

驱动因素（Actuation Factor）

行业能力（Industry Ability）

行业潜在优势（Industry Latent Superiority）

行业竞争力（Industry Competitive Power）

行业结构（Industry Structure）

规模经济（Economies of Scale）

战略集团（Strategic Group）

第一节　市场营销战略

一、市场营销战略

市场营销活动涉及市场调研、预测，分析市场需求，确定目标市场，制定营销战略，实施和控制具体营销战略的全过程。营销战略决定市场营销的主要活动和主要方向，其基本内容包括：市场细分战略、市场选择战略、市场营销竞争战略和市场营销组合战略。

1. 市场细分战略

（1）市场细分的概念。市场细分是以消费需求的某些特征或变量为依据，区分具有不同需求群体的过程。企业根据消费者明显不同的需求特征，把整个市场分割为两个或更多的分市场（或称子市场），每个分市场都是由需要和欲望相同的消费者组成，从而确定目标市场。

（2）市场细分的作用。进行市场细分，其作用主要体现在以下几点；有利于发现市场机会；有助于掌握目标市场的特点；有利于制订市场营销组合策略；有利于提高企业的竞争能力。

（3）市场细分的依据：

①地理环境因素。地理环境因素包括：洲际区别、国家区别、国内方位区别、省市自治区区别、城乡区别、气候区别、地形区别等。

②人口因素。人口因素包括：性别、年龄、家庭规模、家庭经济收入、民族等。

③心理因素。心理因素包括：生活方式、性格、品牌忠诚等。

④行为因素。行为标准主要有三种分类方式：一是按消费者进入市场程度分为：常规消费者、初次消费者、潜在消费者；二是按使用频率分为：大量使用者、少量使用者；三是按偏好程度分为：绝对品牌忠诚者、多种品牌忠诚者、变换型忠诚者、非忠诚者。

（4）市场细分的步骤：

①选定产品目标市场范围。

②列出目标市场范围内所有潜在顾客的所有需求。

③将各种需求归类并排序，选出两三个需求特征作为初步的细分标准。

④检验每一细分市场的需求，去掉共同需求，寻求具有我的需求作为细分标准。

⑤根据已确定的细分标准划分相应的市场群，并赋予一定的名称。

⑥进一步分每一细分市场的不同需求与购买行为及其原因。

⑦决定细分市场的大小及市场能力，评价、选择企业有机会获得的市场作为候选的目标市场。

（5）市场细分的方法：

①人口统计法。

②单一变量法。如儿童读物市场按年龄划分 为幼儿、学龄前儿童、少儿等几个市场。

③复合变量法。如食品市场可按年龄、用途、民族细分。

④系列变量法。如手表市场可按地理、性别、收入、婚姻价格等细分。

⑤产品—市场方格图法：如冻鸡可按不同产品和不同市场进行细分。

（6）市场细分的模式。按照顾客对产品不同属性的重视程度划分，会形成三种模式的细分市场，即同质偏好、分散偏好、集群偏好。

（7）市场细分的有效条件。有效的市场细分应具备五个特征：可衡量性、可赢得性、可进入性、可区分性、可行动性。

2. 市场选择战略

一般而言，企业有以下几种目标选择模式：

（1）单一市场集中化。企业只选择一个细分市场进行集中营销，便于整个企业的资源更好地服务于特定的目标。将目标集中于特定的部分市场，企业可以更好的调查研究与产品有关的技术、市场、顾客以及竞争对手的各方面的情况，目标集中、明确。

（2）利基专业化。企业有选择性地进入几个不同的具有吸引力且符合企业目标和资源水平的细分市场，向每一个细分市场提供一种产品。

（3）产品专业化。企业集中力量为不同的细分市场提供同一种产品。克雷研究公司只销售超级计算机，但它服务于两个细分市场（由大学和研究性实验室组成的传统细分市场，由石油、汽车、制药等行业的企业构成的工业细分市场），在评价标准和对价格—质量替代的意愿上都有所不同。

（4）市场专业化。企业向一个较窄的地域市场提供一系列相关产品。斯库灵公司提供各种类型的啤酒，包括淡味啤酒、味重啤酒以及超重口味啤酒，但它集中将这些啤酒在辛辛那提市场销售。

（5）全面进入。企业提供全面的一系列相关产品，为市场中的所有细分市场服务。

（6）大规模订制。按照每个用户的要求大量生产产品，产品之间的差别可以具体到每个基本元件。

3. 市场营销竞争战略

按照所处的竞争地位，企业在目标市场上可以"扮演"四种不同的角色，即市场领导者、市场挑战者、市场追随者和市场补缺者，每种不同的角色要求企业不同的竞争战略。

（1）市场领导者。市场领导者是指在市场上占有最大的市场份额，并在价格变动、新产品开发、分销渠道和促销力度等方面均居领导地位的企业。要想继续保持领先地位，市场领导者必须在以下三个方面采取行动：

①扩大市场份额。市场领导者可以通过增加市场占有率来增加收益，但是市场领导者必须比其他企业更注意最佳市场占有率的问题，市场领导者可以采取以下措施：增加新产品、提高产品质量、促销。促销的方法多种多样，一般可用临时降价、赠送样品、商品展销、现金折扣、对销售业给予佣金等。

②发现和扩大市场规模。市场领导者一般采用市场渗透策略和市场发展策略来寻找产品的新使用者、新用途以及更多的使用量。所谓市场渗透策略是指采取积极的营销措施，在现有的市场中增加现有产品的销售。市场发展策略是指把现有产品推到新市场，从而使该产品市场容量扩大，这种策略又可以细分为地理扩张策略（把产品推广到其他国家和地区）和新市场策略（发现和推广现有产品的新用途）。可见采用以上策略是为了寻找新的使用者、新用途和扩大使用量。

寻找新的使用者。每一种产品都有吸引购买者的潜力，而这些购买者也许尚未知道有此种产品存在，也可能因为价格或者缺乏某些特性而拒绝购买。香水制造商可以设法说服不使用香水的妇女去使用香水（市场渗透策略）；或者说服男士开始使用香水（新市场策略）；或者将香水销售到其他国家（地理扩张策略）。

寻找新用途。市场可以经过发现与推广产品的新作用而予以扩张。美国杜邦公司的重要产品——尼龙就是一个典型的例子。最初，尼龙是用来制造降落伞的，然后又成为长筒袜的主要原料，再后来成为衣料。人们以为尼龙早已经到了其寿命成熟期，经过杜邦公司等不懈开拓新作用战略，尼龙进入了汽车制造业，成为轮胎、坐垫的原料。

扩大使用量。说服人们在每次的使用中，使用更多量的产品。如麦片制造商说服消费者每次使用满满的一碗，而不只是半碗；洗发液制造商给予顾客建议，使用洗发液时，使用两次比一次更有效果。

③保护现有市场份额。在努力扩大市场规模的同时，处于统治地位的企业还必须时刻注意保护自己的现有业务不受到竞争者的侵犯，这就需要采取保护现有市场份额的策略。

创新策略。市场领导者为了保护其现有的市场份额，应该拒绝满足现状，在产品、顾客服务、流通手段等各方面不断创新。

筑垒策略。市场领导者即使不展开攻势，至少也必须对各条战线保持警惕，包括合理定价，同时使用同一个牌子和商标大量生产不同尺寸、型号和档次的产品，满足市场上的不同要求，不给竞争对手留可乘之机。

正面对抗策略。当一个市场领导者受到攻击，无论是侧翼还是先发制人的攻击时，它必须对扩张性挑战者做出及时的反应，或者发起推销战，或者以低价击败对手。

（2）市场挑战者。市场挑战者是指其市场地位仅次于领导者，为取得更大的市场份额而向领导者和其他竞争对手发起攻击和挑战的企业。企业可以选择以下进攻策略：

①下面进攻。这种策略主要在价格、形象、分销渠道、市场份额、关键顾客等方面对竞争对手形成威胁。这种进攻可能是代价昂贵的竞争形式，使得行业内的竞争变得残酷而导致行业吸引力的减弱。例如，当百事可乐进攻可口可乐的统治地位时，引

发了价格战，经过 20 多年的斗争，至少使两个企业的国内利润减少一半。

②侧翼包抄。使用侧翼包括的方式，可以避开直接进攻的下面冲突。例如，惠普和 IBM 在个人计算机市场上直接竞争，惠普所有的努力几乎都没有什么成效。但当惠普把重点从生产计算机转向开发与 IBM 计算机兼容的打印机，成为 IBM 一个零件商（IBM 经常把这部分外包给其他企业）时，惠普成为了打印机市场的领导者，顾客把惠普的打印机作为 IBM 计算机系统的一部分。

③包围进攻。进攻型企业在多条战线上同时进攻，通过与大量的顾客接触、更多的产品、更多的渠道、扩大价格变动范围等方面和竞争对手争夺市场份额。

④迂回进攻。迂回进攻是避免面对面的直接挑战，如具有挑衅性的削价、加大广告力度或者花费昂贵的代价等方法来压倒竞争对手，而是与竞争对手周旋，抓住那些没有被占领的或者竞争不太激烈的市场领域，改变竞争规则，并力求使其对行动的发起者有利。例如，网景公司推出的 Navigator 浏览器首次于 1994 年推向市场，一下子就将公司推向了网络浏览器领域（在此之前一直是一个被忽视的领域）领头兵位置，使得微软公司以及其他一些公司纷纷采取措施奋起直追。

⑤游击式进攻。在许多情况下，这种进攻型策略与包围进攻是相对应的，没有打算比竞争对手在所有的竞争方面坚持得更长久，要求的是一种迅速的、打了就跑的策略。如在市场领导者发布新产品系列的同一天投入新的广告。

（3）市场追随者。市场追随者的营销战略的一个重要特征是追随领导企业的经营行为，提供类似的产品或是服务给购买者，尽力维持行业市场占有率的稳定。市场追随者必须了解如何掌握现有的顾客，并且在新的顾客群中争取更多的顾客。每一市场追随者都应该设法为其目标市场带来现实的利益——地理位置、服务、融资等。由于追随者往往是挑战者的主要攻击目标，必须随时保持低的制造成本以及高的产品品质与服务，以免遭受打击。追随者并非是被动地模仿领导者，而必须制订一样不会引发报复的成长途径。

①紧密追随。紧密追随者在尽可能多的细分市场和营销组合领域中模仿领导者，但不发动任何进攻而只是期望能够分享市场领导者的投资。有些追随者甚至可能被说成是寄生者，他们在刺激市场方面很少有主动的动作，而是靠紧密追随领导者而获得。

②有距离追随。有距离追随者会从领导者那里模仿一些事物，但是这种模仿往往是带有差异性的模仿，如在包装、广告、定价等处有所不同。只要有距离的追随者没有积极地进攻领导者，领导者乐意让给他们一些市场份额。

③有选择的追随。有选择的追随者除了生产与领导者相似的产品外，通常也会进一步加以改良。这类企业也会选择不同的市场，以避免直接与领导者发生冲突，这类企业常常会成为未来的挑战者。

（4）市场补缺者。市场补缺者是指市场营销能力薄弱为求得生存而拾遗补缺的企业，其以避实就虚集中力量为原则，将目标市场指向竞争对手力量相对不足或未注意到的细分市场上，可以是单一补缺，也可以是多种补缺。市场补缺者的主要战略是专业化市场营销，可供选择的方案如下：

①按最终用户专业化。专门致力于某类最终用户服务，如计算机行业有些小企业

专门针对某一类用户（如诊所、银行等）进行市场营销。

②按垂直层面专业化。专门致力于分销渠道中的某些层面，如制铝厂可专门生产铝锭、铝制品或铝质零部件。

③按顾客规模专业化。专门为某一规模（大、中、小）的客户服务，如有些小企业专门为那些被大企业忽略的小客户服务。

④按特定顾客专业化。只对一个或几个主要客户服务，如美国有些企业专门为西尔斯百货公司或通用汽车公司供货。

⑤按地理区域专业化。专为国内外某一地区或地点服务。

⑥按产品或产品线专业化。只生产一大类产品，如美国的绿箭（Wrigley）公司专门生产口香糖一种产品，现已发展成为一家世界著名的跨国公司。

⑦按客户订单专业化。专门按客户订单生产预订的产品。

⑧按质量价格专业化。专门生产经营某种质量和价格的产品，如专门生产高质高价产品或低质低价产品。

⑨按服务项目专业化。专门提供某一种或几种其他企业没有的服务项目，如美国有一家银行专门承办电话贷款业务，并为客户善款上门。

⑩按分销渠道专业化。专门服务于某一类分销渠道，如专门生产适于超级市场销售的产品，或专门为航空公司的旅客提供食品。

4. 市场营销组合策略

市场营销组合策略是企业对自己可控制的各种营销战备的优化组合和综合运用，这些营销策略包括：产品策略、定价策略、分销策略和促销策略。

（1）产品策略

①产品组合策略。产品组合是指企业向全部产品线和产品项目的组合或搭配，它表明企业经营范围和结构。

②新产品开发策略。新产品主要是指能给顾客带来某种新满足、新利益的产品，可分为新发明、改新后的产品、改进后的产品、新牌号的产品四种类型。

③产品生命周期策略。产品生命周期是指产品在市场的寿命，即一种新产品进入市场到退出市场的全过程。产品生命周期一般分为导入期、成长期、成熟期、衰退期四个阶段，不同阶段具有不同的特点。

④品牌策略。品牌是指企业为自己的产品规定的商业名称。它包括两个部分；一是品牌名称，即品牌中可用语言表达的部分，如"康佳"、"松下"、"索尼"等名称；二是品牌标志，即品牌中不能用语言表达的符号、图案、特殊色彩或字体等。

（2）定价策略

①新产品定价策略。新产品定价分为受专利保护的创新产品的定价和仿制新产品的定价。就前者而言，有两种定价策略可供选择，即撇脂定价和渗透定价。对于仿制新产品而言，可选择：优质高价、优质中价、优质低价，中质高从、中质中价、中质低价，低质高价、低质中价、低质低价。

②产品组合定价策略。当企业生产的系列产品存在需求和成本的内在关联性时，可采用产品线定价策略。

③折扣与折让策略。企业为鼓励顾客及早付清货款及大量购买、淡季购买，还可以酌情降低其基本价格，这种价格调整称作价格折扣与折让，具体包括现金折扣、数量折扣、功能折扣、季节折扣与让价折扣。

④差别定价策略。差别定价策略也称为价格歧视，是指企业按照两种或两种以上不反映成本费用的差异的某种产品或劳务，包括顾客差别、产品差别、地点差别和时间差别定价四种类型。

⑤心理定价策略。心理定价策略包括声望定价、尾数定价和招徕定价三种类型。

（3）分销策略

分销渠道是指产品从生产者向消费者或用户转移过程中经过的中介组织和个人，包括：批发商、代理商、零售商、商业服务机构（交易所、广告公司、市场调研公司、银行和保险公司）。企业根据产品的特点、经营能力和条件、市场容量大小和需求面的宽窄，可以选择不同的销售渠道和分销策略，如独家分销、密集分销、选择性分销。

（4）促销策略

所谓促销就是企业将自己产品的信息通过各种方式传递给消费者和用户的行为。促销组合就是企业为达到预期有促销效果，有目的、有计划地把广告、宣传、报道、营业推广、人员推销等促销工具配合起来应用的策略。

第二节　财务战略

1. 财务战略的含义

财务战略是根据企业战略、竞争战略和其他职能战略的要求，对企业资金进行筹集、运用、分配以取得最大经济效益。其目的是使各项财务工作均与企业总体战略和业务单元战略的要求相一致，支持总体战略和业务单元战略。财务战略通过最低成本的资金，以及灵活的融资能力提供资金支持战略而带来竞争优势。财务战略确定之后，各项具体财务工作就有了指导方针，所有的财务制度、财务流程的建立以及财务事项的决策，都要以财务战略作为标准。凡是符合财务战略的财务制度、财务流程和财务事项，都是具有战略支持性的；凡是不符合财务战略的，都是不能操作的。

财务战略的内容包括：

（1）筹集资金。以企业战略目标为基础，利用最佳方式筹集企业所需的资金，实现资金筹集的合理化。

（2）保证资金合理运用。根据企业战略计划的要求，有效分配和高度交错，确定合理的资金结构，确保资金高度的合理化的财务结构健全化。

（3）促进企业成长。利用适当的财务计划与控制方法，配合各个职能部门，充分有效地利用各种资金，加速资金周转，讲求资金运用的效率化，促进企业的成长。

（4）进行财务控制。制定和实施财务战略，确定长期和短期财务目标，在合理筹集、分配和运用资金的同时，力求实现资金收益的最大化。

2. 财务战略的制定

企业财务战略的制定须首先分析企业内外部的财务环境。

为了适应复杂的环境，企业在总体战略的指导下，需要制定出适合企业特点的财务战略。企业财务战略主要包括四个方面：

（1）筹资战略。选择有利的筹资渠道和方法，力示降低资金成本，提高借入资金的使用效果。

（2）投资战略。在长期和短期间，研究如何分配资金，发掘市场中最具有发展潜力的产品，同时为发挥资金效益而合理运用流动资金。

（3）利润分配战略。根据市场金融状况和企业财务状况分配政策，处理好集体利益和个人利益、短期利益和长期利益的关系。

（4）财务结构战略。结合企业经营的状况，拟定有利于企业长远发展的资本结构，并在安全性、灵活性和有效性中寻求最佳结合点。

3. 筹资战略

资金筹集战略是关于企业从什么渠道、以什么方式获取企业所需资金，如何以较低代价、较低风险筹集较多资金和长期资金。

（1）长期资金筹集方式。长期指企业一年或一个经营周期以上的资金。从资本市场看，企业长期资金来源主要有普通股、优先股、公司债券三种。三种资金来源在收益、风险与控制方面各有利弊。

（2）短期资金筹集方式。短期资金是指企业短期（一般在一年以内）以使用的资金。短期资金的筹集来源较多，通常有以下三种方式：商业信用、银行信用、应付费用。

4. 投资战略

（1）投资战略的内容。

①投资产业方向。虽然投资项目主要是由经营者来决定，但股东对拟投向的产业应该做出明确规定。投资产业方向和企业准备采取的经营战略有关，如果准备采取多元化经营，则产业方向可能会有多个，即使如此，股东对拟投资的立业方向也应该予以明确规定。当然，对于不准备采取多元化经营的企业，投资的产业方向更应该明确规定。产业方向不是产品方向，规定拟投资决策不是规定拟生产产品。

②投资地区方向。投资产业方向确定之后接下业的问题是投资地区。不同的地区有不同的投资环境，也就会有不同的和风险特点。例如，国外和国内有不同的风险和收益特点；沿海和内地有不同的风险和收益特点；经济特区及经济开发区与一般地区有不同的风险及收益特点。所以为了维护自己的利益，股东应该对投资地区方向做出原则性的规定。

③投资限额。投资产业方向及地区方向确定之后，股东应该规定经营者有权决定的最高投资限额，这样可以在一定程度上降低股东的风险。在这个限额之内，由经营者决定投资与否，超出这个范围，则应该由股东大会决定投资与否。投资限额空间多少要视企业拟的产业方向和地区方向而定，没有一个统一的标准。例如，投资劳动密集型产业，则投资限额就可以低一些，而投资资本密集型产业，则投资限额就应该高

一些。

④投资收益率。投资的最终目标是为了取得收益。股东应该对投资项目整个寿命周期的投资收益率作出规定，只有当预期收益率超过要求的投资收益率时，方能接受这个投资项目。一般来说，股东参考同期银行贷款利率、同行业平均投资收益率来确定要求的最低投资收益率。

⑤特殊资产配置。这里的特殊资产使用主要指与个人享受相关的资产，主要包括：小汽车、个人住宅、办公设备配置等，这些资产具有两个特点，一是和个人享受密切相关；二是相似功能的不同产品之间价格差异很大。例如，小汽车是和个人享受密切相关的，并且不同的小汽车之间价格相差极为悬殊。股东为了维护自己的利益，防止"经理主义"，必须对上述特殊资产的配置做出明确规定，不能由经营者自行决定自己的享受水平。当然，股东在决定上述特殊资产之配置时，不能一味地向低标准看齐。如果标准过低，一方面会有损于企业形象，另一方面可能会影响经营者的工作积极性，对股东反而不利。所以股东应该本着与企业规模相适应原则来决定特殊资产配置。

（2）投资战略的分类。

①长期投资。长期投资战略是对有一定限度的资金来源的长期投放上规定其合理、有利和有效的运用的战略。

②短期投资战略。短期投资战略是对企业短期投放上，规定其合理、有利和有效的运用的战略。

③投资组合战略。投资组合也称为长期投资结构，是指企业的投资中有多少资金应投于长期资产，多少资金应投于短期资产，两者保持什么样的比例。

5. 利润分配战略

利润分配是利用价值形式对社会剩余产品进行的分配。利润分配战略应遵循既有利于股东又有利于企业的原则。

（1）满足企业利润的再投资。以利润作为资本来源，使企业自富自强，解除企业负债的苦衷。

（2）保证稳定的股利。在正常的股市，人们多从投资角度购买股票，而不把它视作一种投机。股利有利于稳定现有股东队伍，稳定股价。

（3）保证命题的股利基金。在利润多的年份，拿出部分利润作为股利基金，既不分给股东，也不作为其他的投资，以弥补未来股利的减少和企业的亏损，有利于塑造企业良好的信誉。

6. 财务结构

（1）财务结构类型。企业的筹资渠道有股东权益筹资、负债筹资、而负债又有长期负债流动负债两种形式。一般而言，企业筹资主要领先股东权益和长期负债两种形式，它们之间的比例结构叫酱结构，这是因为这两种筹资都是资本市场上进行的。如果企业的流动负债在企业的资金来源中占有较大的比重，此时，仅考虑资本结构就不行了，而必须将流动负债也包括进去。流动负债、长期负债、股东权益三者之间的比例结构就叫财务结构。此时企业的生产经营活动必然会被动，从而对资金的需求也会有波动，此时就必然和流动负债发生联系，可见财务结构比资本结构更为有用。资产结构是企业的投资分布结构，也就是各种资产在企业总资产中的比例关系。资产结构既可以按账面价值计算，也可以按市场价值计算。

①全额负债型。企业生产经营所需资金全部由负债的方式筹集。这种方式有两个明显的弊端；一是举债比较困难。因为债权人要对企业进行贷款的可行性分析；二是企业财务风险大。一旦出现经营劣迹，就往往导致企业经营终止。所以企业一般不宜采用这种财务结构。

②高负债型。企业生产经营所需资金大部分通过负责方式取得，一般来说，负债率在70%左右，这种企业的财务风险也是很大的，采用这种财务结构时要特别慎重。

③适度负债型。企业生产经营所需资金主要由权益方式解决，负债作为补充方式，其额度的大小视企业需要及获得能力和偿债能力等多项因素而决定。一般来说，这种财务结构的负债率在40%～50%，最多不超过60%。

④低负债型。企业生产经营所需资金的大部分由权益方式提供。这种方式下，企业的财务风险小，但也推动了财务杠杆的税收规避收益，一般适用于那些不愿冒风险且经营状况不稳定的企业。

⑤无负债型。企业生产经营所需资金全部由权益渠道提供，这是一种极端的财务结构。适用于特殊情况下的企业，一般不宜采用。

（2）财务结构政策。所谓财务结构政策，就是战略确定以后，解决企业内部的流动负债和长期负债的关系。对债务人来说，流动负债具有成本低风险大的特点，而长期负债则具有成本高而风险小的特点。这两种负债的成本、风险特点必须制约企业的综合资金成本，从而影响企业价值。所以必须确定负债结构。这种负债结构可用流动负债率来表示。流动负债率越高，企业的资金成本越低，但财务风险越大；相反，流动负债率越低，则企业资金成本越高，但财务风险越小。所以企业必须有一定的负债及其政策，也就是要采用一定的负债结构。负债一般要由流动资产来清偿，所以资产结构必然会制约财务结构。在负债率已定的情况下，也就是制约流动负债率。企业资产可以划分为流动资产和非流动资产两种类别。流动资产又可分为两部分：一部分是永久性流动资产，即企业长期稳定使用的那部分流动资产；另一部分是波动性流动资产，即季节性或周期性、临时性用于企业生产经营过程中那部分流动资产。非流动资产和永久性流动资产构成企业的永久性资金需求，波动性流动资产构成企业的临时性资金需求。

（3）合理财务结构。企业不负债也不好，负债率也不是越高越好，那么就必然有一个适当的负债范围，这个范围内的财务结构就是合理财务结构。合理财务结构不是最优财务结构，前者是一个区间，而后者则是一个点，但这个点一定在这个区间范围内。在各种负债水平中，有两个层次的负债额度特别值得关注。

①负债极点额度。根据有限责任原则，企业应以其全部资产来清偿其债务。所以企业负债的最高限额也就是限于其资产总额。但在企业的总资产中，有些资产与企业本身的存在相依存，能为企业创造价值，但无交换价值，如各种无形资产和递延资产。此外，企业的待摊费用和待处理财产损失也无交换价值。这些无交换价值的资产是不能用来清偿债务的。企业负债的极点额度应按如下公式计算：

负债极点额度 = 企业总资产 - 无交换价值的资产

企业一旦监控或达到这个额度，一时找不到新的资金来源或原有债权人不愿和解或延期，企业则面临破产清偿的境地。

②盈亏临界额度。保本是企业持续经营的基本条件，而负债是要支付利息的，所以企业的负债应当限于企业获得能力的负荷水平之内，即能够以经营收益抵负债利息成本。盈亏临界负债额度就由如下为公式确定：

盈亏临界负债额度 = 息税前收益/负债利息率

可见，在息税前收益已定的情况下，企业负债超过这个额度应为亏本而在负债成本已定的情况下，负债额度可以随息税前收益的变化而变化。

第三节　生产（作业）战略

一、生产战略的作用

（1）生产战略服务于整体战略。生产战略作为一种重要职能战略，其仍在于生产领域内取得某种竞争优势的总体战略。生产战略需要服务于整体战略，其战略规划是在总体战略的框架下，通过制定和构造整体作业活动来实现的总体目标。生产战略的制订，首先需要分析企业所拥有的各种资源和外部环境，根据对目标市场的需求预测分析，以及对企业作业管理和生产作业系统相关的基本问题进行分析判断，确立生产中一系列决策、规划及计划。

（2）生产战略服从于整体战略。企业到底采用何种生产战略，大规模的批量生产还是根据目标市场的需求生产差异化的产品，需要根据企业的经营战略而定。如果企业采用低成本战略，相应的生产战略就是规模化的生产；如果企业采用差异化战略，相应原生产战略就是柔性生产方式。无论采用何种生产方式，都需要不断修正生产战略，改进生产工艺流程，降低生产成本，提高产品的质量水平。这需要相应地重组企业人员、流程、组织机构，同时进行技术的研发，使生产战略与企业的经营战略相匹配。

（3）生产战略决定着产品的成本和质量。企业的生产战略决定着企业产品的成本和质量，是企业竞争能力的内核。目前，生产方式经过了系列的变化：从手工作坊到批量生产，到柔性制造系统，再到专用流水生产线。同时出现了系列的生产技术，如：CAD/CAM、柔性制造系统、自动定位系统、机器人、企业资源计划（ERP）、准时交货制（JIT）、精益制造等。不同的生产方式和技术需要不同的投资额度，决定着企业的产品成本和质量。企业的生产战略定位是基于低成本的规模化生产来满足市场不断增长的需要，还是基于灵活性生产来满足不同顾客对产品差异化的需求，是企业生产战略首先要考虑的问题。

二、生产战略决策

生产战略的决策由两部分组成：一是生产系统功能目标决策，包括根据用户的需求特性和企业的竞争为定义产品的功能，再由产品将这些功能转换为对生产系统的功能目标；二是生产系统结构的决策，它是根据既定的系统功能目标和生产系统固有的结构功能特性，进行生产类型的匹配，这种匹配过程是通过调整系统结构和非结构化要素来实现的。通过以上的两个步骤，便可实现生产系统对其产品市场竞争优势的保证。

三、生产战略的模式

1. 采购向战略性获取资源的转变

供应商对许多组织来说，扮演着至关重要的角色。如个人电脑制造商的采购商品一般占营业收入的80%～85%，这个比率在消费性电子产品制造商中占70%～85%，在制药公司为50%，在服务业中占40%，传统的管理采购的标准方法，就是与供应商保持适当的距离。供应商收到详细的规格说明书决定愿意成交的价格。价格投标的决定性因素，中标的供应商必须严格遵守顾客所提供的价格。这种关系是假设供应商与顾客之间的关系是对立的。然而企业已经与供应商结成联盟一同对抗竞争对手，彼此相互运用对方的专长，这种联盟方式被称作是从采购向战略性获取资源转变的过程。

摩托罗拉公司由于采取合伙的途径，使得采购过程产生了戏剧性的变化。该公司将它的供应商视为创意与能力的重要来源，这些将有助于提高摩托罗拉公司的竞争地位。为了增强供应商的能力，摩托罗拉公司将他们送到"摩托罗拉大学"进行密集型培训，但是该公司并不希望所有学习都是单向的。事实上摩托罗拉公司已经集合了十五家供应商组成了一个委员会，定期研讨摩托罗拉公司本身的过程并提出如何改进的建议。这些成果包括了改善一产议程的精确程度，以及改进新产品的生产方式。

2. 标准化收益和个性化生产之间的权衡

传统上生产过程活动的管理就是标准化产品的大量生产，这种方式影响成本的因素包括：连续的生产流程缩短为生产另一种产品所需要的安装设备的时间；生产产品的单一组合让过程设计的效果提高；所有产量都集中于狭窄的产品范围，有助于业务以相当快的速度达到学习曲线的下降北温带。但是强调差异化的企业往往采用不同的路径，将小批量生产的个性化产品提供给顾客，并且以高价格抵消相关的额外成本。企业想获得成功，就必须以"低成本"或"差异化"来获得竞争优势。有些企业以"大量个别化生产"的方式来实现"低成本"和"差异化"二者的权衡，这种生产方式需要重新设计生产流程。

3. 大量生产向精益生产的转变

生产方式主要有"大量生产"和"精益生产"。大量生产是较为普遍的一种，但是企业已经开始意识到精益生产也有重要的战略优势。这两种生产方式的主要差别在于生产出一种可比较产品所需要的资源量有所不同，精益生产包含许多管理上与技术上的创新，主要包括：①取消不必要的、不能增值的作业。②由原来的推式生产方式（建立在存货基础上）转变为通过整个订单履行过程的拉式生产方式（建立在订单的基础之上）。③尽可能将任务与职责转移给从事产品生产的员工。④以期望成果为中心，而不是以任务为中心。⑤针对问题的原因开发识别系统。

表 10 - 1 对汽车制造商的四种类型进行了比较。这四种类型分别为;一是在日本经营的日本工厂，此时精益生产的要素最为普遍；二是日本在北美经营的工厂，此时混合了大量生产和精益生产；三是北美经营的美国工厂，仍以大量生产技术为主流；四是欧洲的汽车制造厂，此时仍可发现某些工艺生产要素。精益生产需要较少的资源，如工厂空间与存货，他们的员工的生产能力、建议与出勤率较佳，他们所生产的汽车也较好。

表 10 - 1　　　　　　　大量生产与精益生产过程之间的比较

	在各区域的工厂平均值			
	在日本的日本工厂	在北美的日本工厂	在北美的美国工厂	欧洲工厂
需要空间（平方米/辆/年）	5.7	9.1	7.8	7.8
存货（8 种零件的天数）	0.2	1.6	2.9	2.0
生产力（小时/辆）	16.8	21.2	25.1	36.2
每个员工的建议	61.6	1.4	0.4	0.4
缺勤率	5.0	4.8	11.7	12.1
质量（装配缺陷/100 辆）	60.0	65.0	82.3	97.0

第四节　研究与开发战略

研究是指用科学方法，探求未知事物的本质和规律，而开发则是指充分利用现有科学技术成果，把生产、技术或经营方面的某种可能性变成现实的一系列活动。研究与开发是企业科技进步的原动力，强化研究开发工作，对促进企业科技进步，加快产品更新换代，降低成本，增强市场竞争能力，提高经济效益都有重要的推动作用。研究与开发（R&D）战略涉及技术、产品和工艺创新及其改进，该战略的选择就是要做技术创新者还是做技术的跟随者。

研究与开发包括科学技术基础研究和应用研究，以及新产品、新工艺的设计和开发。对于企业来说，研究与开发涉及市场、技术、产品、生产、组织等各方面，其中主要是技术、产品和生产方面的研究与开发。企业要根据其总体战略来选择研究开发的方式，根据企业的外部环境以及内部条件来决定应该如何向研究开发活动分配企业的资源。企业的研究开发战略共分为四种：即进攻开进战略、防御型战略、技术引进开进战略及依赖型战略。

1. 进攻型战略

这种战略的目的是要通过开发或引入新产品，全力以赴地追求企业产品技术水平的先进性，抢占市场，在竞争中保持技术与市场的强有力的竞争地位。

（1）进攻型战略的重点：①通过科研包括基础研究和应用研究进行创新、开发新产品；②集中力量，通过对市场潜在的有效需求的调查研究、促使技术知识转化为新产品；③引发并促成技术创新，开发出新产品。

（2）进攻型战略的条件：①企业应该有独立的研究和开发机构，有较强的技术研究能力和雄厚的财务。②要求企业能够从技术上预见到未来市场的潜在需求。③企业应该有能力生产新产品，去占领较大的市场。

（3）进攻型战略的不足。采用该战略的企业为了保持垄断地位，要对创新产品及技术进行专利保护。这种战略代价高，风险大，对企业的要求也高，但企业研制的新产品在技术上是先进的，所占领的市场不会轻易被竞争对手夺走，该战略成功后会给企业带来巨大的利益。

2. 防御型战略

防御型战略又叫追随战略，即企业不抢先研究和开发新产品，而是在市场上出现成功的新产品时，立即对别人的新产品进行伪造或者加以改进，并迅速占领新市场。

（1）防御型战略的条件：①信息收集能力。企业要有高水平的技术情报专家，能够迅速地掌握别的企业的研究方向和研究成果，要有计划地收集信息，信息收集的范围要包括所有能够影响本企业竞争力的领域。②消化、吸收、能力新能力。企业要具有效率特别高的消化、吸收、创新的能力，能够迅速而巧妙地对别人的研究成果加以利用、改进和提高，在目标市场受到严重影响之前，拿出与竞争对手水平相当的或者更为先进的产品。③研究与开发条件。企业要有较强的研究与开发条件，企业的工程师们必须具有理解与发挥别人科研成果的能力，研究与开发重点放在不断提高通用技术的水平上，研究与开发组织应该极富有弹性，当企业决策者一旦做出决定，研究与开发机构应该与企业各部门立即组成研究小组，在短期内选出与创业厂商相当的或者更为先进的产品。

（2）防御型战略的优点：①避免了应用研究以至可能进行的基础研究的长期性而研究前途又不明确的大量投资，大大减少了投资的风险性。②对新产品加以改造后推向市场，克服了新产品在其最初形态所带来的缺陷而使企业后来居上。③尽管在科学技术上没有什么重大的发明创造，但这种战略以见效快、成本低、高性能、高质量来占领市。

（3）防御型战略的缺点：①新产品技术受到专利的影响，企业一时难以进入该领域经营，直到专利失效为止。②市场开拓的有限性。即当企业获得情报以后，立即进行消化、吸收及创新，当制成品进入市场时，则市场的很大一部分已经被领先企业所占领，因此市场占有率较小，在价格上也难以占有优势，收益也会受到相当大的影响。

3. 技术引进型战略

这种战略的目的是要利用别人的科研力量来开发新产品，通过购买高等院校、科研机构的专利或者科研成果来为本企业服务。通过获得专利许可进行模仿，把他人的开发成果转化为本企业的商业收益。

（1）技术引进战略的条件：①当企业缺乏技术专家、实验设备，没有独立的研究开发机构时，企业应当采用技术引进型战略。②当企业财务有限，或者在对某一产品改进所产生的利润不足以抵补研究开发费用时，企业应当采用技术引进型战略。③企业应该具有较好的信息系统，能够迅速及时地掌握其他研究机构研究开发的动向和成果，具有进入市场竞争的能力。

（2）技术引进战略的优点。技术引进可以达到收效快、成本低、风险小的效果。据统计，直接引进技术所需的时间仅为独立研究开发时间的 1/5，所需经费为独立研究开发的 1/30，因此有时大企业往往也采用这一战略。

（3）技术引进战略的不足。技术引进战略有可能利润较少，同时企业技术水平将永远落后在技术输出的企业的后面，一般大中型企业不能够在较长的时间里以此战略作为本企业研究与开发战略的主体。从长远来看，过多的依赖引进，势必逐渐削弱企业科技队伍的独创能力和活动，因此技术引进战略在大企业中一般只能用作辅助性的战略。

（4）技术引进战略需要注意的问题：①引进适用技术。指适合于本国、本地区或者本企业技术经济条件和环境条件的，能够产生最佳社会经济效益的一种技术，亦称适宜技术，一般要考虑技术条件、资金条件、环境条件和社会条件。②引进软件。从技术引进的角度来划分，一般可以分为硬件引进和软件引进，硬件在技术贸易中往往是指设备、零件等技术实体，它可以迅速地形成生产能力，较快地产出产品，但是在硬件交易中得不到技术专利和技术专门知识。软件引进主要是引进技术专利、技术诀窍、技术设计、数据及科研成果等，这种引进所需费用少，有利于促进企业技术水平的提高。③重视消化、创新。从技术引进到能够自己创新一般要经历操作阶段、维护阶段、修理并进行小的改良阶段、设计阶段、能够自己制作阶段、自主开发阶段。自主开发才是技术引进的最终目的。④重视智力的引进。一个有远见的企业家应当特别重视人才引进，特别是关键优秀科技管理人才，依靠他们，企业才能够较快地开发出新技术和新产品。

4. 依赖型战略

依赖型战略主要是为特定的大型企业服务，企业用自己的工程技术满足特定的大型企业或者母公司的订货要求，不再进行除此以外的其他技术创新和产品的研究开发，只要不失去为之服务的特定的大企业，就可以不必追求各种冒险创新的事业，就能够安全稳定的经营。

（1）依赖型战略的条件：①一般都是大企业的卫星企业或者子公司采用此种战略。②企业研究开发机构较小，重点是对材料技工以进行研究与革新。③企业专业化生产能力很强。

（2）依赖型战略的优点。按照订货的要求或母公司专业化的需要，在条件允许的情况下，模仿现在已有的开发成果。一般企业不进行新产品的研究开发工作，只完成专业化协作部分的生产任务。这类企业的研究开发重点是在材料及生产工艺方面进行革新以达到降低成本的目的。

（3）依赖型战略的缺点。一旦特定的大企业的产品或者生命周期进入衰退期，则为之服务的企业经营也将陷入困境，因此要求企业要具有适合不同用户要求的灵活性。

第五节 人力资源战略

（一）人力资源是战略性资源

经济全球化的不断深入，科技发展的日新月异，世界已经进入了以全球化和信息化为基本特征的知识经济时代。所谓知识经济，是指直接依据知识和信息的生产、分配和使用的经济，是以人的知识和智能为依托的经济。知识经济以知识的基础，决定了知识经济就是人才经济。

在知识经济时代，人力资源是企业的战略性资源。人力资源作为知识的载体和知识的创造者、传播者、应用者和发展者，已经成为企业最为关键的战略资源。在企业资源中，物质资源、财务资源、信息资源等都是被动性资源，都需要人认识和利用。只有在人力资源的主导下，其他资源才能创造出财富。虽然企业的科技和知识是无形的，但是代表企业知识、技能和能力水平的人力资源却是可以管理、培训和开发的。可见，人力资源具有主动性和能动性，是生产活动中最为活跃的因素，决定了企业拥有的知识，进而决定了企业能否创造和维持竞争优势，是企业重要的战略资源。

美国著名石化企业 AMOCG 的人力资源总监魏纳·安德森指出，适应未来经济发展和市场竞争的需要，理想的人力资源应该是用 25% 的时间可以进行有关人力资源管理的行政性、事务性工作。新型人力资源管理应该着眼于有效地促成组织与员工个人的绩效改革和潜力开发上。

（二）从人力成本到人力投资

由于人力投资（工资、资金、福利、培训费等）计入生产成本，过去企业想方设法减少人力投资以降低成本来提高产品竞争力。随着经济的发展，人力资源不仅是自然性资源，而且更重要的是一种资本性资源，人力资本的投资收益率高于一切其他形态资本的投资收益率。众多的西方企业不再一味地降低人力投资为目标，而是看准人力所蕴藏的巨大潜在的能量，对人力资源进行开发投资。如美国摩托罗拉公司每年用于如工培训开支超过 10 亿美元。所以，21 世纪是知识经济的世纪，它要求人力资源管理理念跟上时代的脚步，实现从人力成本向人力投资的变革。

（三）从人力资本管理到以知识资本管理

从以人力资本管理为中心转到以知识资本管理为中心，重点是如何开发管理知识型员工。知识管理就是运用集体的智慧提高应变能力和创新能力，是为企业实现显性知识和稳性知识共享提供的新途径。知识管理就是企业对其所拥有的知识资源进行管理的过程，而如何识别、获取、开发、分散、储存、传递知识，从而使每个员工在最大限度地贡献出其积累的知识的同时，也能享用他人的知识实现知识共享则是知识管理的目标。在员工管理方面，应该善于把具有价值的人才和一般劳动力、核心人力和边际雇用人才区分开来，切实加强知识型人才的管理和开发，使核心人才拥有更好的工作环境。

（四）从静态管理到动态管理

由于人力资源管理真正在中国的理论和具体实践中得到研究和应用是在 20 世纪 90 年代中期，所以在很大程度上受传统的人事管理体制的影响。对人员的管理方法传统发展，如孤立的、静态的管理方法，把人力资源划归各部门所有、切块式管理，没有从整体利益上考虑人员的统筹规划，人力资源规划、录用、培训、考核、调整等相互协调也不够，管理效益最大化原则体现不出来等。随着人力资源管理的不断发展，在方式、方法上出现了许多变革，它将各项管理职能有机地联系起来，分工协作，克服了以往分工就分家的弊端，进行全过程动态管理；同时视角也跨越了团队内部门分割的界限，将全部人力资源作为一个整体进行全方位动态管理，充分发挥出管理的功效。这些变革可以用表 10 - 2 来描述。

表 10 - 2　　　　　　　　　　人力资源管理的传统观念和新兴观念

传统观念	新兴观念
仅强调实体技能	强调对企业的整体贡献
对可预测的、重复行为的预测	对有创意的、创造性的行为预期
提倡稳定性与一致性	容忍模糊性与变革
避免责任和决策	接受决策的责任
针对特定的任务进行培训	开放性承诺：广泛、持续地发展
强调成果和结果	强调过程和手段
高度关注数量与产出	高度关注整体顾客价值
关注个体效率	关注整体效果
功能与子功能专业化	跨功能整合
将劳动成本视为必要的支出	将劳动成本视为主要的投资
员工与管理者处于敌对状态	员工和管理者是合作伙伴关系
仅以工作产出为依据来考核和奖惩	以战略为依据来考核和奖励

（五）人力资源管理过程

战略性人力资源管理就是在分析外部环境和企业内部环境的基础上，进行人力资源管理的过程，主要是考虑目前的状况以及企业未来发展对人才的需求，为企业生产经营活动预先准备人力，持续和系统地分析企业在不断变化的条件下对人力资源的需求，并开发制订出与企业组织长期效益适应的人事政策的过程。在人力资源规划中应该对可能出现的情况做出预测，包括风险和变化，最好能有面对风险的应对策略。

（1）进行人力资源规划和招聘。人力资源规划和招聘是为了确保企业的人力资源，企业的人力资源保障问题是人力资源管理中应解决的核心问题，只有有效地保证了对企业的人力资源供给，才可能去进行更深层次的人力资源管理与开发。

（2）人员的培训和能力开发。人员的培训和能力开发使企业和员工都得到发展，取得预期目标，企业的发展和员工的发展是互相依托、互相促进的关系。如果只考虑企业的发展需要，而忽视了员工的发展，则会有损企业发展目标的实现。

（3）绩效考评和激励机制的设计。绩效考评和激励机制的设计，能够有效激发员工的积极性，提高员工的自主性和能力，促进企业效率的提高。

（4）薪酬福利设计。薪酬福利设计能解决员工的后顾之忧，让员工能够安心工作。

章末案例

悠悠诺基亚

还是在上上个世纪的 1865 年，在北欧芬兰南部诞生了一家普普通通的造纸厂，它以当地的一条河流的名字命名，叫"诺基亚"。

100 年后，诺基亚仍稳稳当当地经营着，并在 1967 年组建成了为芬兰人提供包括纸尿布、高统皮套靴、轮胎、电话电缆等多元化产品的集团公司。

进入 80 年代，随着世界电子时代的到来，诺基亚集团也开始大量投资电信。由于它适应了芬兰国家地势崎岖，人烟稀少，架线不便的无线通信业出现很早的客观情形，把简陋的步话机发展成了一种成熟的移动通讯系统。与此同时，诺基亚也有了家用电器、计算机、传呼机等系列产品。

然而不久，诺基亚的事业陷入了危机。这个名不见经传的北欧企业，所拥有的市场终归有限，尤其是 80 年代末近邻贸易伙伴前苏联的衰败，加之国内综合工业基础不如其他大牌国家，尤其像摩托罗拉在技术研发、批量生产和广阔市场等方面的优势，都不是诺基亚一时可以比拟的。诺基亚的总裁凯雷莫承受不住了，这位对诺基亚发展功不可没的技术型人物以一颗子弹结束了自己的生命，那是 1988 年的冬天。

1991 年，诺基亚在爱立信的嗤鼻声中，并购失败。

把握机遇的奥利拉

1992 年，诺基亚手机分部负责人、42 岁的奥利拉临危受命，担纲起诺基亚集团 CEO 的重任。奥利拉，这位伦敦经济学院的 MBA，曾是花旗银行伦敦分公司负责诺基亚客户的主管，1985 年加盟诺基亚，先后担任国际事业部副总裁和总财务长，被誉为"很有国际眼光"的人。

奥利拉的机遇要比凯雷莫好。此时，柏林墙已被推倒，冷战结束，全球市场正在走向开放。奥利拉敏锐地看到了前景，兴奋地说："要永远记住这一天。"他进行了大量而周密的可行性调查，从较早的北欧移动电话市场，意识到了它将会在全球掀起热潮。他吸取了前任的教训，在几年中拍卖掉了诺基亚所有的枝节公司，甚至是赚钱的公司，将业务重点放到了电信上来，全力以赴地推动着诺基亚移动通讯业的发展。

诺基亚在寻找突破口。奥利拉果断地把科技新生代的年轻人推上了关键岗位；奥利拉在手机研发项目档案中发现了 GSM 标准，直觉告诉他，这个尚未成熟的数字化手机通讯标准极有可能取代摩托罗拉的第一代模糊式手机，成为第二代的标准制式；奥利拉与同僚们在技术领域夜以继日地奋战着，他们很快确定了以手机和手机网络设备为公司的战略发展方向；谙熟财务运作的奥利拉，避开了欧洲人对诺基亚带有偏见的眼光，飞奔美国，一次次地向那里的投资人描绘着诺基亚的美好前景："我们将全身心地投入到全球电讯行业这一高科技领域，我们正在开发的产品含有很高的附加值。"

打败摩托罗拉

1994 年，诺基亚公司股票在纽约上市，诺基亚迈出的第一步成功了。源源不断的资金激活了诺基亚的造血功能，使它焕发出了无比的生命力，而它也使美国人手中股票的含金量不断地攀升。

与此同时，欧洲各国已开始采用 GSM 数字手机通讯标准，首先问世的就是诺基亚的"2100"。清晰的音质，灵巧的外形，大比例显示屏面和滚动式文字菜单，2000 万只的销售量使全世界第一次认同了这个名字：诺基亚。

1996 年以后，诺基亚在移动通信领域取得了飞速的发展。"6110"系列第一次实现了长时间电源供应的功能；为开辟全球市场，诺基亚推出了分别能适应欧洲大陆 GSM 制式、美国 TDMA 制式和日本、韩国 PDS 制式的三种数字通讯标准的手机。

到 1998 年，诺基亚直追摩托罗拉，生产出第一亿部移动电话，成为了世界上最大的移动电话生产商。而此时的摩托罗拉还沉浸在"决不会犯错误"的行业老大的心态中。从 1998 到 2000 年，诺基亚在全球的手机市场份额，连续三年处于三巨头中的领先地位，市场份额为 22.5%、26.9%……一路攀升。

1999 年，"7110"系列诞生，这是世界上第一款支持 WAP（无线上网协议）的手机。

诺基亚取得了巨大成功，诺基亚已成为移动信息时代的跨国企业巨子。

诺基亚成功了，诺基亚不失时机地把握住了成功！

坚守诺基亚性格

人们不禁要问：成功，为什么属于诺基亚？

诺基亚也时刻在问自己：诺基亚为什么成功？

诺基亚人在苦苦地追求中找到了自己的信条，并在后来的良性运作中坚守着自己的信条：第一，致力于创新，首要准则就是应用最新的先进技术；第二，始终不渝地遵循诺基亚人自己的方式做事。这两条恰恰是摩托罗拉在一段时期里所丧失的。

让我们先来认识诺基亚技术创新的窍门。

诺基亚每个时期的奋斗目标都非常明确，从以手机通讯为发展方向，追求全球高附加值的产品；到创造移动信息社会的名牌；再到提出"把互联网放在每个人的口袋里"，至今诺基亚始终处在全球技术领先的前沿地带。

诺基亚目前的主营业务有三块：手机，网络，与英特尔联合研发信息集成。人们现在刚开始认识"蓝牙"无线通讯技术，诺基亚则早已瞄向了无线通讯的第三代——无线互联网技术。

要想始终保持技术领先的地位，就不能片刻地停下脚步，稍示歇息。由此形成了诺基亚的企业性格：敏捷的反应速度，快速地作出决策，永远创新。诺基亚一贯认为：要在高科技领域、在激烈的市场竞争中生存下去，唯一途径，就是永远走在别人前面。

诺基亚公司有员工 5 万多人，其中 1/3 的员工在从事技术开发工作，他们分布在包括中国在内的全球 12 个国家的 44 个研究与开发中心，这些研发中心形成了一个全球合作网络，从而保证了诺基亚对技术发展的快速反应，保证了诺基亚公司在技术上的领先地位。

诺基亚公司极舍得在研发方面花钱。1998 年时，诺基亚用于研发的经费就占全年销售额的 8.6%，即 13.5 亿美元；1999 年又以 50%的比率递增。从 1996 年起，这些研发中心就已在开发 2005 年的产品了。

正是基于这样的开发实力、开发网络，诺基亚才能敏锐地洞察并掌握移动通讯的技术趋向。他们预见：移动性和互联网将给人类社会带来方便与自由，从而改变整个人类社会，移动通讯大有可为。正是基于这样的预见和自信，才使得诺基亚始终保持技术领先，并为成百倍地提高现有网络传输速度作出贡献，全力进入到开发第三代移动通信技术标准制式 WCDMA 的时期：网络传输速率将成百倍提高，将会轻松实现声音、图像、视频等的实时传输，移动电话用户可以随时随地进行网上购物、移动办公、接受教育、收发电子邮件，人们将被带入个人"随心所欲"的移动多媒体世界。2000年 3 月，诺基亚通过公众电话交换网实现世界上首次 WCDMA 呼叫，这是诺基亚在移动通讯技术研究领域取得的又一重大突破，是第三代移动通讯历史性的突破。WCDMA网络将很快在中国、芬兰和日本安装扩建。

同时，要真正实现移动与高速互联网连接以及进行宽带数据传输，还要依赖 GPRS技术，它是实现个人多媒体功能的一个重要里程碑，是为向第三代移动网络升级铺平了道路。在 2000 年全球签署的 16 个 GPRS 建网合同中，诺基亚就赢得了其中的 7 个。诺基亚人知道"这一市场大得足以容下我们所有的人。"

诺基亚创新的基础

诺基亚创新是以三项工作为基础的。一是对尖端技术与科技动态的追求与把握；二是有很高的顾客满意度；三是有员工高度的自觉意识。而后两项中包含着诺基亚深厚的文化内涵，诺基亚认准的是"科技以人为本"。

人们是从那设计典雅、功能齐全、操作简便、价格适宜、彩色机壳的移动电话开始认识诺基亚的，但要真正了解诺基亚，就不能不看看在诺基亚手机悦耳铃声的背后蕴藏着什么，不能不研究诺基亚的管理文化。

这里，我们可以通过诺基亚企业价值观很好地去体会它的企业文化。

第一条就是顾客满意。诺基亚人认为要随时能够发现顾客的需要；要尊重和关怀顾客；而更重要的是要为顾客带来价值。

在实际工作中又该如何使顾客满意呢？一，诺基亚人十分鄙视循规蹈矩的工作方式，即不能只知道遵守规章制度，而不重视在工作中想办法解决顾客的问题，或提出好的建议。二，诺基亚人也不欣赏有想法但没有信心，不愿也不敢大胆实施想法的行为。诺基亚鼓励员工从各方面努力学习，用知识去改善自己的工作；诺基亚更赞赏永无止境地为顾客创造价值的行动。如时时问自己："我怎样改善我的工作？我怎样才能帮助顾客？怎样才能使他们的事情办得更好？"在诺基亚，创造价值是最受尊敬的行为。对每位员工来说，满足客户的各种需求，不能有半点虚掩之心和作态，已成为共识。而这在以速度为王的高科技领域，在竞争激烈的市场中，也正成为共识。

诺基亚"以人为本"的价值观中，突出了尊重人，即尊重客户，尊重员工。尊重员工，又在于不仅仅是尊重人格，而且尊重员工的责任感和成就感，尊重员工独立作出决定的意愿，因为这是人的需求本质。

诺基亚鼓励员工在实际工作中时时拥有成就感，始终保持旺盛的工作热情；但同时员工也应有很清醒的意识：工作是为了共同的愿景和目标，我要考虑的是如何为总目标做贡献，我们共享知识就能解决问题，我要向网络系统中的一个组成部分那样去发挥作用。

诺基亚的追求是永做典型的学习型组织。在诺基亚的企业价值观中，"不断学习"永远是对公司与员工的鞭策。它的具体要求是：勇于创新，不怕失败；头脑清醒，永不自满，思维开放。那种把发展看作是公司考虑的事情，对学习没有兴趣的人没有出路。只有在各种情况中都能抓住机会学习，愉快地享用知识的人，才是诺基亚人。

靠文化驱动的领导理念

诺基亚遍布全球的员工达 5 万之多，芬兰本部有 2 万余人。我国的东莞、苏州、北京都有它的生产基地，共有员工 4000 多人。如此庞大的跨国公司如何进行管理？如何让企业价值观浑然融入员工自身的价值行为中去？诺基亚人有一套自己的做事方法，这就是著名的"诺基亚之路"。

"以价值观为基础的领导，以事实为基础的管理"，这是诺基亚领导企业的准则。

诺基亚很重视领导与管理之间的区别和平衡。领导是靠影响力，管理则是靠权力，影响力与权力是不一样的。诺基亚的部门与部门之间、经理与员工之间，从没有谁有权力说：你应该怎么做！而是在员工做出决定前，影响他去做出好的选择。诺基亚非常强调怎么去影响别人，而不是靠权力来管理人。

因此，在实现"以价值观为基础的领导"时，诺基亚始终在寻找和保持一种领导与管理之间的平衡，也就是通过领导的影响力，使企业的价值观渗透到员工的价值观中去。

由此而来，也就形成了诺基亚的管理是"以事实为基础的管理"，即重在看效果。效果是什么？就是员工的聪明和才干、员工的潜能、员工的创造力得以充分发挥，从而使整个公司、整个团队能不断地创造新的价值。

在独特的领导观念下，就有了独特的管理机制、管理模式，它可以由四句话构成：一是一切企业活动都以价值观、个人潜能为基础；二是企业要给员工一个广阔的活动平台；三是时时刻刻要让每一位员工都在从事最能产生效果的活动；四是要有步骤地走向成功。

诺基亚为了保证员工都是志同道合的人，他们把招聘看得非常重要，认为只有请到了个人价值观相类似的人，才有可能使公司的价值观和每个人的价值观一致，才有可能双赢。这好比海上冰山，人的知识、能力、交际等外在的表现犹如露在水面的部分，是可以看得见的；但人的内心世界，犹如海水下面的部分，是一种更丰富多彩的东西，如个性、激情。人被什么东西所激励？人的兴奋点在哪儿？人最感兴趣的是什么？等等，这些都是人内心深处的东西，这之中有些是后天难以改变的。对公司来说，运营、管理、财务等，这些东西也是外在的，公司的价值观则是内在的，是要得到每个员工认可的。个人要在公司取得成功，公司要保证自身的成功，关键就在于个人内在的东西与公司内在的东西能保持很多的一致。因此，诺基亚招聘时非常看中个人价值观的取向，而在往后的培训中，公司也会在这方面给以极大的重视。

系统的员工生涯规划

诺基亚每半年会做一次调查。这时，经理会与员工坐下来交谈：你上一时期的目标是什么？你做得怎样？你现在的知识、水平怎样？能力怎样？与你工作需求的关系怎样？你职位的技术要求怎样？随后会整理成系统文件，从中可以了解到员工的目前状况，或许他有6项符合要求，有3项不符合要求。这样，经理可以和员工继续讨论出他下一个阶段的发展计划：需不需要上课？需要上什么样的课？也许他暂时不需要上课，而只需要与人交谈，谈技术、谈心理；也许他只要更多地读些书，或者掌握更新的信息；或许他不需要与直线经理交谈，而需要跟其他的负责人交谈。诺基亚充分尊重员工个人的选择，同时每年保证员工有三个星期的专门学习时间。

公司根据调查和详细的投资分析，每年会投入庞大、精确而又符合员工需要的培训费。诺基亚有自己的诺基亚大学，这里每年会随时从外界选择各类课程，经过改善使之符合公司需要，然后由专业教师授课；有时诺基亚也会聘请世界顶级专家进行教学或讲座。诺基亚还建立了网上学习，诺基亚有一个遍布全球的内部公共网络，虽然对外界有很多的保护系统，但公司信奉以最小化的秘密面对员工，员工可以从网上下载大量的最新资料。从课堂到网上，诺基亚每年要针对员工的各种不同需要开出400多门课，这就给员工提供了很多学习机会。只要你是一个愿意学习的人，诺基亚的这些课程设置就能保证你在这个变化很快的世界里，随时抓住最新的东西。

自我激励的用人管理

诺基亚在用人管理上是极其宽松的。除了总部、工厂外，诺基亚的员工，也就是技术工人、工程师等，大部分是在外面、在分布很广的网点上工作，因此诺基亚是一种全新的管理方式。诺基亚的员工完全不需要靠任何强制的压力去做事，同时，由于技术工作性质所决定，员工的工作效率也不可能用时间来限制。那么靠什么来管理？诺基亚人力资源部经理常杨先生谈道：诺基亚公司有很明确的目标，诺基亚员工自己也有很明确的目标。越是技术化程度高的公司，就越是要发挥员工自己的主动性，价值观对我们来说是最重要的。任何强迫管理都必将带来员工的反抗，其结果是降低员工的自我激励性，因此唯一要做的是靠员工自我内在的激励去做事。

员工的自我激励，本质上体现在员工要求不断地自我创见、自我发展，同时也需要公司承认。因此公司对即使是做最普通工作的工程师，对每个职位都会有不同级别的肯定。如果你达到了最高一级的工作能力，就会被称为世界级水平。如果世界上有什么项目的时候，都需要你去做支持，尤其要做答疑解惑的大师。每个人的想法也许不一样，公司也就为员工的发展提供了基本的三种方向：第一种，做管理者，发挥出善于日常管理、调配各种资源的能力；第二种，做专业技术尖子，追求世界级的技术水平；第三种，做项目经理，这需要有技术、管理等更全面的锻炼。项目或者一年，或者时间更长，但随着项目的完成更易给人一种成就感。同时，公司无论是地区性部门，或功能性部门，很重要的一项工作就是去了解员工的想法，并帮助他们去实现。员工如果在某一岗位上不是很适合做这项工作，这并不意味着没有发展，而是意味着可以向很多方面去选择，所以公司做的不是去管员工，而是真的去帮员工。

诺基亚的员工在工作调动上是开放式的，有很大的自由度。你可以在公司的全球网络上查寻工作岗位，公司的内部招聘系统也极其完善。只要在公司干够两年，你认为某一个岗位更适合你，你甚至不用跟部门经理商量，而只要经过对方部门考核同意就行，也无论这个部门是在美国，还是在英国。而你现在的工作也很快会通过系统，调配来合适的人选。诺基亚鼓励员工在尽可能多的岗位上学习、锻炼、提高，诺基亚也从来不在员工进修培训后，要求他为公司提供有偿服务期限。

被命名为"诺基亚之路"的各种讨论会，则是诺基亚每年从下至上、从上到下的头脑风暴会。正是通过这种团队内部的交流与整合，迸发出新的思想火花，形成新的行动策略，而又迅速传达到全球每个区域、每个站点、每个员工。常杨先生很肯定地说："只要你走进诺基亚，你碰到任何一个诺基亚员工，他都能很好地向你讲述公司的价值观，公司当前的工作宗旨是什么。"

"诺基亚之路"，是保证诺基亚高效运转的特有方式，它包括诺基亚的价值观、诺基亚的组织能力、诺基亚的运作步骤与过程。在这个基础上，诺基亚奠定了它今天和未来的强大实力，不断提高着诺基亚的管理水平，而这一切的本质，是为了推进诺基亚的整体能力，是为了适时地形成公司最好的运作模式，是为了诺基亚忠实的顾客和诺基亚自身的成长。

诺基亚永恒的追求

诺基亚，是当今世界高科技领域成功企业的缩影。它启示着人们，科技与文化，越来越成为企业叱咤沙场的两把利剑，而文化这把剑更具有钢的柔韧性。

诺基亚的企业价值观，诺基亚特有的做事方式，促成了诺基亚所追求的伙伴关系：公司对员工的期望，也正是公司所给予员工的；员工与公司共同成长，相互满意，由此达到最佳平衡。

这样的团队协作，打开了每一位员工聪明智慧的脑袋。他们追求创新，他们有条件创新；他们追求自我价值的实现，同时他们更追求企业价值的实现。这样的团队协作，使尊重人体现在了最本质的方面。诺基亚认为：每一位员工，都是一个独立的人，是自己能够作出决定的人，是能够负责任的人。当然，每一位员工站在一个点上，他对问题的看法、考虑，可能会不够成熟，不太清楚，甚至对自己的发展不太明确，这就需要公司适时地提供各种帮助，从而达到把员工个人的发展与公司未来的发展很好地联系在一起。沟通，成为了诺基亚公司人际网络中密切上、下、左、右联系的最好纽带。总裁奥利拉在谈起他多年工作的成功体会时，真诚地说：最有意义的事是学会了怎样与周围的人一道工作。

这样的团队协作，使诺基亚每一位员工真正有了主人翁的感觉，因为他可以自觉地、最大限度地把自己的志趣、才智与公司的需要、社会的需要有机地结合在一起。每一位员工、每一位经理，直到总裁，各司其职，各主其事，真正体现了只有岗位的不同，没有等级的高低。那种陈旧的资本剥削意识已丝毫不存在于这里的人们头脑之中，每个人都在创造价值，实现价值。

这样的团队协作所创造的价值得到了社会的认可，公司也就提供给了员工极具市场竞争力的工资和待遇。员工有了物质上的保证，得到了人的价值的肯定，成就了事业上的追求，他们对公司是眷念的，他们在公司是自豪的。从 80 年代至今，诺基亚在全世界的公司几乎没有辞退现象，没有人才流失现象。

诺基亚确信，它的核心价值观，有助于全体员工建立起第一流的行为准则；它对于在诺基亚一起工作的员工来说，无疑构成了一个共同的契约，使大家有了共同的语言，形成了一种共享哲学。

危机管理

爱立信在 2001 年 1 月 26 日宣布退出手机自制市场，这项高竖白旗的败退行动，无疑是将制造手机的广大利润拱手让人。同为手机制造商的诺基亚，从此将顺利接收爱立信退出的市场占有率，稳坐占有率第一的宝座。然而，诺基亚得以有今日的龙头地位，可说得来全不是侥幸。

据《亚洲华尔街日报》1 月 30 日报道，芬兰的诺基亚以及瑞典的爱立信，在通讯市场上早已缠斗多年。然而去年的一场芯片厂大火意外，成为诺基亚和爱立信分出高下的转折点。

2000 年 3 月 17 日晚上 8 点，飞利浦位在新墨西哥州阿布逵圭（Albuquerque）的半导体厂，突然失火，虽然火势在 10 分钟内就顺利扑灭，但是损失却极其惨重。尤其飞利浦的两大客户，诺基亚和爱立信手机中的无线频率芯片，主要都由这个芯片厂生产提供，面对手机需求殷切的庞大市场，这两家大厂，都不能浪费分秒流失商机。

在 3 天之后，诺基亚与爱立信都知道了这个火灾消息。飞利浦自知不能得罪大客户，管理阶层向双方表示，这条生产线将会在一个礼拜内重新恢复，并且优先供应这两大手机厂。飞利浦并将朗讯等其他公司的顺位后移。

不过，双方的反应速度与处理方式，却是大不相同。爱立信获知消息的方式是"口耳相传"，管理阶层也没有发布正式的消息，似乎没有人认为这场火灾有什么了不得。然而诺基亚在知道消息之后，随即向员工公布消息，因为他们的原则是"处理坏消息的方式，就是尽快让它传布出去"。并且即刻派员特别监督飞利浦厂的善后工作。而在双方高层的数次会谈中，诺基亚也表现出强硬而积极的态度，让飞利浦无法轻忽。

到了 3 月底，事态更加严重。芯片厂还是无法正常运作，恐怕还要拖上好几个的礼拜，而恢复正常的产量，更需要好几个月的时间。问题如何解决？处理危机的小组成员，几乎都成了空中飞人。失火的芯片厂中，一共提供了 5 项产品，其中有 2 项是不可或缺的组件。其中之一，可以透过其他美日厂商加工，以解决生产需求，然而另一个组件则是飞利浦的独家专利，就是用以调整无线频率的 Asic 芯片。诺基亚的高层开始强烈施压，希望可以赶工制造，以顺利补充失血过度的产能；飞利浦其他地区在荷兰以及上海的工厂，旋即加入赶工的生产线，1000 万个 Asic 顺利出厂，也得以赶上市场的需求。

然而，没有备案，就势必要随时面临意外与损失。先前诺基亚已经在飞利浦之前发现了芯片供应可能出现问题，因此诺基亚紧急召集了芬兰、中国与美国的优秀工程师，在两个礼拜的时间中，设计出了新款芯片，只待新墨西哥州厂的生产线恢复，就可以加工生产，弥补之前的损失产量。

4 月初，爱立信终于发现此事件非同小可，但是却已经束手无策。因为他们在 90 年中期曾经精简生产线，完全没有其他的替代厂商可以紧急补充货源。虽然在这次事件后，爱立信改弦易辙，重新与其他厂商签订生产合约，但是因为芯片厂大火而流失的 4 亿美元收入，却再也无法弥补。而这场宛如商业管理教科书的危机处理战，也证明了爱立信的企业应变能力不足，在十倍速的时代，也就必须黯然败阵退出。

注：资料来源除了案例本身之外，多收集相关外部资料予以补充。

案例讨论题：

1. 通过竞争定位分析与企业内部自我分析的过程，诺基亚公司的核心竞争能力为何？

2. 自行收集资料，通过同样的方式，摩托罗拉公司的核心竞争能力为何？

3. 自行收集资料，通过同样的方式，（新）索尼爱立信公司的核心竞争能力为何？

复习思考题

1. 市场营销战略的主要内容有哪些？

2. 财务战略 和生产（作业）战略具体内容是什么？

3. 现代企业如何应用研究与开发战略？

5. 人力资源战略的核心内容是什么？

参考文献

1. 徐二明. 企业战略管理 ［M］. 北京：中国经济出版社，2001

2. 刘冀生. 企业战略管理 ［M］. 北京：清华大学出版社，2004.

3. 王方华，吕魏. 企业战略管理 ［M］. 上海：复旦大学出版社，2001.

4. 孙占源. 国际经济合作 ［J］. 2001（7）.

5. ［美］约瑟夫·M. 普蒂. 基础学精要 ［M］. 北京：机械工业出版社，1999.

6. ［美］波特. 竞争战略 ［M］. 北京：清华大学出版社，1988.

7. 吴世经，陈乙. 市场营销学 ［M］. 成都：西南财经大学出版社，2005.

图书在版编目(CIP)数据

战略管理学/石江华主编 . —成都:西南财经大学出版社,2010.3
(2014.11 重印)
ISBN 978 - 7 - 81138 - 698 - 1

Ⅰ.①战… Ⅱ.①石… Ⅲ.①企业管理—高等学校—教材
Ⅳ.①F270

中国版本图书馆 CIP 数据核字(2010)第 038545 号

战略管理学

主 编:石江华

责任编辑:刘佳庆
封面设计:杨红鹰
责任印制:封俊川

出版发行	西南财经大学出版社(四川省成都市光华村街55号)
网 址	http://www.bookcj.com
电子邮件	bookcj@foxmail.com
邮政编码	610074
电 话	028 - 87353785 87352368
印 刷	郫县犀浦印刷厂
成品尺寸	185mm × 260mm
印 张	15.75
字 数	355 千字
版 次	2010 年 3 月第 1 版
印 次	2014 年 11 月第 4 次印刷
印 数	7001— 9000 册
书 号	ISBN 978 - 7 - 81138 - 698 - 1
定 价	29.80 元